中国法院2022年度案例

国家法官学院　最高人民法院司法案例研究院 / 编

人格权纠纷

（含生命、身体、健康、姓名、肖像、名誉、一般人格权纠纷）

中国法制出版社
CHINA LEGAL PUBLISHING HOUSE

《中国法院2022年度案例》通讯编辑名单

凌　巍　北京市高级人民法院
刘晓虹　北京市高级人民法院
董　扬　天津市高级人民法院
王　佳　河北省高级人民法院
刘冬梅　山西省高级人民法院
杨智勇　内蒙古自治区高级人民法院
周文政　辽宁省高级人民法院
张功岩　吉林省高级人民法院
孙学诗　黑龙江省高级人民法院
牛晨光　上海市高级人民法院
戴鲁霖　江苏省高级人民法院
缪　芳　江苏省高级人民法院
符东杰　江苏省南通市中级人民法院
周耀明　江苏省无锡市中级人民法院
杨　治　浙江省高级人民法院
蒋　莹　浙江省高级人民法院
吴　婧　安徽省高级人民法院
林文君　福建省高级人民法院
章光园　江西省高级人民法院
王露爽　山东省高级人民法院
郭宇凌　河南省高级人民法院
宋淼军　湖北省高级人民法院
杨晓彤　湖北省宜昌市中级人民法院
唐　竞　湖南省高级人民法院
谢佩宏　广东省高级人民法院
邹尚忠　广西壮族自治区高级人民法院
韦丹萍　广西壮族自治区高级人民法院
李周伟　海南省高级人民法院
谭中平　重庆市高级人民法院
任　梦　四川省高级人民法院
李丽玲　云南省高级人民法院
石　瑾　云南省昆明市中级人民法院
龙　媛　贵州省高级人民法院
施辉法　贵州省贵阳市中级人民法院
王丽萍　西藏自治区高级人民法院
郑亚非　陕西省高级人民法院
吴　莹　甘肃省高级人民法院
央　措　青海省高级人民法院
康　莹　宁夏回族自治区高级人民法院
马小菊　新疆维吾尔自治区高级人民法院
王　琼　新疆维吾尔自治区高级人民法院生产建设兵团分院

序

党的十八大以来，以习近平同志为核心的党中央高度重视法治在推进国家治理体系和治理能力现代化中的重要作用，党的十九届六中全会通过的《中共中央关于党的百年奋斗重大成就和历史经验的决议》指出，必须坚持中国特色社会主义法治道路，贯彻中国特色社会主义法治理论，坚持依法治国、依法执政、依法行政共同推进，坚持法治国家、法治政府、法治社会一体建设，全面增强全社会尊法学法守法用法意识和能力。人民法院始终坚持以习近平法治思想为指导，把加强司法案例研究作为推进全面依法治国的重要途径，通过发布具有普遍指导意义的典型案例，统一法律适用、提高审判质效，提升司法公信力，努力让人民群众在每一个司法案件中感受到公平正义。《中国法院年度案例》丛书，旨在总结提炼典型案例的裁判规则和裁判方法，发挥司法规范、指导、评价、引领的重要作用，大力弘扬社会主义核心价值观，增强全民法治意识和法治素养，展现新时代我国法治建设新成就。

《中国法院年度案例》丛书自2012年编辑出版以来，已连续出版11年，受到读者广泛好评。近年来，为更加全面地反映我国司法审判执行工作的发展进程，顺应审判执行实践需要，响应读者需求，丛书2014年度新增金融纠纷、行政纠纷、刑事案例3个分册，2015年度将刑事案例调整为刑法总则案例、刑法分则案例2个分册，2016年度新增知识产权纠纷分册，2017年度新增执行案例分册，2018年度将刑事案例扩充为4个分册。自2020年起，丛书由国家法官学院与最高人民法院司法案例研究院共同编辑，每年年初定期出版。在全国各级人民法院的大力支持下，丛书编委会现编辑出版《中国法院2022年度案例》系列丛书，共23册。为助力实施环境资源审判专门化的司法政策，推进生态文明建设与绿色发展，自今年起，丛书将土地纠纷（含林地纠纷）分册改为土地纠纷（含环境资源纠纷）分册。

《中国法院年度案例》丛书以开放务实的态度、简洁明快的风格，在编辑中坚持以下方法，努力把案例书籍变得“好读有用”：一是高度提炼案例内容，控制案例篇幅，每个案例基本在3000字以内；二是突出争议焦点，剔除无效信息，尽可能在有限的篇幅内为读者提供有效、有益的信息；三是注重对裁判文书的再加工，大多数案例由案件的主审法官撰写“法官后语”，高度提炼、总结案例的指导价值，力求引发读者思考，为司法工作提供借鉴，为法学研究提供启迪。

《中国法院年度案例》丛书编辑工作坚持以下原则：一是广泛选编案例。国家法官学院和最高人民法院司法案例研究院每年通过各高级人民法院从全国各地法院汇集上一年度审结的典型案例近万件，使该丛书有广泛的精选基础，优中选优，可提供给读者新近发生的全国各地多种类型的典型性案例。二是方便读者检索。为体现以读者为本的宗旨，丛书分卷细化，每卷下还将案例主要根据案由分类编排，每个案例用一句话概括裁判规则、裁判思路或焦点问题作为主标题，让读者一目了然，迅速找到目标案例。

中国法制出版社始终全力支持《中国法院年度案例》丛书的出版，给了作者和编辑们巨大的鼓励。2022年，丛书将继续提供数据库增值服务。购买本书，扫描前勒口二维码，即可在本年度免费查阅往年同类案例数据库。我们在此谨表谢忱，并希望通过共同努力，逐步完善，做得更好，真正探索出一条编辑案例书籍、挖掘案例价值的新路，更好地服务社会主义法治国家建设、服务法治社会建设、服务学习研究法律的读者。

《中国法院年度案例》丛书既是法官、检察官、律师等法律工作者的办案参考和司法人员培训的实用教材，也是社会大众学法用法的经典案例读本，同时是教学科研机构案例研究的良好系列素材。当然，案例作者和编辑在编写过程中也难以一步到位实现最初的编写愿望，客观上会存在各种不足甚至错误，欢迎读者批评指正。我们愿听取各方建议，不断扩宽深化司法案例研究领域，立足新发展阶段，实现中国特色司法案例研究事业的高质量发展。

国家法官学院

最高人民法院司法案例研究院

2022年1月

目　录

Contents

一、生命权、身体权、健康权纠纷

（一）过错的认定

1. 委托监护的认定及赔偿责任 …… 1
——曹某某诉姜某某、何某平生命权、健康权、身体权案

2. 存疑民事法律事实的司法认定和相应责任承担 …… 5
——潘某清诉新某公司、福某公司健康权案

3. 导游接受非法经营的旅行社委派参与旅游经营行为的侵权责任认定 …… 10
——王某占诉温某霞等生命权、健康权、身体权案

4. 第三人介入侵权致旅客受伤的责任承担 …… 16
——孙某诉博某旅行社、某信旅行社生命权、健康权、身体权案

5. 公开个人信息的判断标准及侵权认定 …… 20
——孙某某诉甲公司人格权案

6. 因醉酒后回家途中突发疾病死亡，共同饮酒人责任的认定 …… 25
——闫某某、李某诉朱某某生命权案

7. 共同饮酒活动中同饮人侵权责任认定 …… 29
——嵇某勤等诉陈某明、时某顺生命权、健康权、身体权案

8. 野游同行人未尽合理义务的应当按照过错程度对参与者的损失承担责任 …… 34
——兰某某、杨某某诉杜某某生命权案

9. “过错”认定不应对正常通行者强加过高注意义务 …… 39
——刘某华诉刘某乡生命权、健康权、身体权案

10. 外卖骑手在工作过程中致人损害由用人单位承担责任 …… 44
——刘某某诉张某某等生命权、健康权、身体权案

11. 同饮者责任应以具有可预见性为限 …… 49
——刘某等诉张某等生命权、健康权、身体权案

12. 新业态用工模式下用工法律关系认定及责任分配 …… 53
——赵某诉章某、李某生命权、健康权、身体权案

13. 帮工人遭受被帮工人侵权情形下归责原则的适用及责任划分 …… 58
——夏某洪诉飞某公司等健康权案

（二）因果关系的认定

14. 用人单位不得以尽到选任、管理义务抗辩免除雇主责任 …… 64
——李某锋诉万某公司健康权案

15. 安全保障义务人与第三人均对损害后果发生有原因力可承担按份责任 …… 67
——王某诉刘某、张家口某公司生命权、健康权、身体权案

16. 侵权责任法律上因果关系的认定 …… 71
——王某甲、王某乙诉赵某生命权案

17. 非经营性公共场所安全保障义务的认定 …… 74
——文某某诉北京某大学健康权案

18. 交通侵权行为与精神疾病因果关系的认定 …… 78
——柳某山诉秦某军生命权、健康权、身体权案

19. 用人单位体罚劳动者侵权行为的认定 …… 81
——张某诉北京某文化传媒有限公司生命权、健康权、身体权案

20. “语言暴力”致人猝发疾病死亡的责任承担 …… 86
——回某云等诉叶冬某等生命权案

21. 高等院校在其学生伤亡事故中的责任认定 …… 90
——童某、李某诉某学院生命权案

（三）其他

22. 校园事故案件责任性质的认定 …… 94
——杨某月诉张某等健康权案

23. 学生为完成教师交办任务所致侵权赔偿责任由学校承担 …… 97
——王某诉北京市顺义区某小学等生命权、健康权、身体权案

24. 自甘风险规则的适用 …… 101
——王某某诉某某体育发展有限公司、卢某生命权、健康权、身体权案

25. 擅自进入消力池造成自身受损，管理人不承担赔偿责任 …… 105
——肖某薇等诉益阳某水利局、益阳某大闸事务中心生命权案

26. 团体意外险赔偿与雇主责任的抵扣问题 …… 109
——唐某某诉无锡市某公司生命权、健康权、身体权案

27. 网络货运平台司机提供劳务受害的赔偿责任认定 …… 112
——董某正诉上海某灵公司、上海某瑞公司健康权案

28. 保姆受雇佣期间侵权家政公司是否担责 …… 116
——刘甲等诉北京某家政服务有限公司、崔某某生命权、健康权、身体权案

二、姓名权纠纷

29. 股权转让及公司自治失灵情形下是否侵犯监事姓名权之认定 …… 121
——廖某明诉某富公司姓名权案

30. 判断姓名权侵权的审查逻辑 ………………………………………… 125
——庄某某诉赵某姓名权案

31. 大数据背景下侵害姓名权的精神损害认定 ………………………… 130
——王某诉北京国某有限责任公司姓名权案

三、肖像权纠纷

32. 摄影作品中肖像权的行使与保护 ………………………………… 135
——郭某某诉某服饰商贸（上海）有限公司肖像权、姓名权案

33. 使用明星肖像造成虚假代言效果时应承担更重的赔偿责任 ……… 142
——孙某某诉浙江某安防科技有限公司网络侵权责任案

四、名誉权纠纷

34. 网络服务提供者侵权责任的认定 ………………………………… 147
——郑某愚诉北京某某创科网络技术有限公司名誉权案

35. 动态系统论在微信聊天言论是否构成侵犯名誉权认定中的适用 ……… 152
——孙某诉周某名誉权案

36. 发布微信朋友圈侵害他人名誉权的司法认定 …………………… 156
——李某某诉崔某某名誉权案

37. 个人信息和隐私应予合理区分 …………………………………… 160
——黄某诉某讯科技（深圳）有限公司等隐私权、个人信息权益网络侵权责任案

38. 个人信息与隐私的区分 ………………………………………… 164
——陈某某诉北京某某科技有限公司网络侵权责任案

39. 网络言论脱离基本事实表达构成名誉权侵权 …………………… 169
——某某堂公司诉梁某某、某讯公司名誉权和不正当竞争案

40. 自媒体发文侵害他人名誉权的认定 …… 176
——李甲、李乙诉王某网络侵权责任案
41. 不实举报是否侵犯名誉权的认定 …… 180
——周某诉王某名誉权案
42. 不实举报是否构成侵犯名誉权 …… 184
——沈某东诉刘某相名誉权案
43. 企业信息查询平台公示错误信息侵害名誉权的，应考虑其公益性减轻赔偿责任 …… 187
——江苏某船务有限公司诉北京某科技有限公司名誉权案
44. 不正当维权可构成侵权 …… 192
——某药房公司名都分店诉莫某名誉权案
45. 公众人物名誉权保护的边界 …… 196
——毕某某诉郝某某等名誉权案
46. 消费者给予经营者差评是否构成名誉权侵权的认定 …… 200
——北京某商贸有限责任公司诉李某网络侵权责任案
47. 个人信息保护规则在认定信用权侵权中的适用 …… 205
——孙某利诉河南某农村商业银行股份有限公司名誉权案
48. 未经许可使用明星肖像用于医疗美容广告是否侵害其名誉权 …… 208
——王某某诉岳阳市某某养生服务有限公司肖像权、名誉权案
49. 如实作证不构成名誉侵权 …… 212
——汤某某诉刘某名誉权案
50. 生效刑事裁判所确认的基本事实可作为认定侵害名誉权行为的判断标准 …… 215
——杨某诉艾某某名誉权案

51. 侵犯消费者人格尊严和名誉权的认定 …… 219
——苏某某诉洛阳某某公司一般人格权及名誉权案

五、一般人格权纠纷

52. 祭奠权行使优先顺序之认定 …… 224
——廖某某、王某某诉高泽某某人格权案

53. 祭奠权人格权益保护及精神损害赔偿之司法认定 …… 229
——杨某平诉杨甲华、杨乙华人格权案

54. 侵权纠纷的可仲裁范围 …… 233
——许某、王某诉博天环境集团人格权案

55. 生活安宁权的法律保护与侵权责任认定 …… 238
——丁某诉徐甲、徐乙一般人格权案

56. 后人对祖辈尊称的名号能否重复使用的问题是否属于法律调整范畴 …… 242
——郑某甲诉郑某乙人格权案

57. 侵扰自然人生活安宁的行为构成对隐私权的侵犯 …… 247
——牛某辰诉某银行朝阳公园支行隐私权案

一、生命权、身体权、健康权纠纷

（一）过错的认定

1

委托监护的认定及赔偿责任

——曹某某诉姜某某、何某平生命权、健康权、身体权案

【案件基本信息】

1. 裁判书字号

浙江省台州市中级人民法院（2020）浙10民终3118号民事裁定书

2. 案由：生命权、健康权、身体权纠纷

3. 当事人

原告（上诉人）：曹某某

被告（被上诉人）：姜某某、何某平

【基本案情】

死者系曹某某的独生子，事发时4周岁。姜某某、何某平系夫妻关系，与曹某某两家系同村邻居，事发前两家关系较好。经曹某某母亲与姜某某沟通、商议，同意由姜某某从2020年5月6日开始照管曹某某儿子日常生活，照管费

用为1100元/月，除曹某某接走儿子外，其儿子平时吃、住等日常生活均在姜某某家并由其负责，何某平在家空闲时一起参与照管曹某某儿子的日常生活。姜某某收取了曹某某母亲支付的两个月照管费用2200元，曾为曹某某儿子支付医疗费用182.14元。2020年8月4日下午，曹某某儿子与姜某某、何某平儿子趁无人看管时外出玩耍，曹某某儿子不慎溺水被冲走，当天天气为台风雨天。次日，曹某某儿子的遗体被打捞上岸。曹某某认为，因姜某某、何某平作为委托监护人严重不负责任，导致曹某某儿子不幸溺水身亡，给曹某某及其家庭造成无法形容的伤痛和损失，故请求判令曹某某、何某平赔偿死亡赔偿金、丧葬费、精神抚慰金等各项损失1081195元。

【案件焦点】

1. 曹某某的损失是否应由姜某某承担全部赔偿责任；2. 何某平是否应当承担共同赔偿责任。

【法院裁判要旨】

浙江省天台县人民法院经审理认为：针对争议焦点一，根据我国现行法律及司法解释规定，未成年人的父母是未成年人的监护人；父母因外出务工或者其他原因不能履行监护职责的，应当委托有监护能力的其他成年人代为监护。监护人可以将部分或全部职责委托给他人，监护人对其他履职监护人致被监护人伤害或死亡的，可以主张侵权赔偿责任。曹某某因自身原因不能照管其儿子，故将儿子委托给姜某某照管的行为构成委托监护关系，姜某某在接受照管曹某某儿子期间因未正确履行监护义务致使曹某某儿子意外溺水死亡，曹某某有权提起侵权赔偿诉讼。姜某某在接受照管曹某某儿子时确实收取了曹某某方支付的两个月托管费2200元，但其照管行为并不是以营利为目的，仍属于邻居间互帮互助的范畴。互帮互助是中华民族的传统美德，法律应当倡导民事主体积极从事互帮互助的民事行为，鼓励民事主体互谦互让，据此可减轻姜某某在本案中的民事赔偿责任，本院结合本案实际情况酌情确定减轻姜某某20%的赔偿责任，其应当承担80%的赔偿责任。

针对争议焦点二，何某平并未参与接受照管曹某某儿子沟通商议过程，亦未收取曹某某方支付的照管费用，且姜某某提供照管并不是以营利为目的。何某平平时亦以外出务工为主，虽其在家空闲时一起参与照管曹某某儿子的日常生活，根据合同相对性原理及何某平对曹某某儿子本次溺水身亡事故没有过错，故对曹某某要求何某平承担共同赔偿责任的诉讼请求，不予支持。

浙江省天台县人民法院判决如下：

一、限姜某某于本判决生效之日起十日内赔偿曹某某因其儿子溺水身亡死亡赔偿金、丧葬费、精神损害抚慰金共计 867215 元；

二、限姜某某于本判决生效之日起十日内支付曹某某保全申请费 5000 元、保全保险费 500 元，合计 5500 元；

三、驳回曹某某的其他诉讼请求。

曹某某不服一审判决，提出上诉。因曹某某未按时缴纳上诉费，浙江省台州市中级人民法院裁定：

本案按撤诉处理。

【法官后语】

委托监护是监护人难以履行监护职责的产物，其实质是一种以监护人和受托监护人为主体，以监护职责的代为行使为主要内容的委托合同。从我国现行法律规定来看，监护是保障无民事行为能力人和限制民事行为能力人的权益，弥补其民事行为能力不足的法律制度，其设立目的在于最大限度地保护被监护人，除非基于被监护人的教育或受照顾的必要，原则上不允许委托。但在现实生活中，委托监护已成为十分普遍的现象，例如将孩子委托给邻居、亲戚、朋友照看等，故在我国的司法实践中是承认委托监护的。

委托监护的成立以监护人与受托人之间达成明示或默示的代为履行监护职责的合意为基础。因委托监护的内容是监护职责的代为行使，受托人亦相应地承担了监护人责任。《中华人民共和国民法典》第三十四条第三款对监护人的责任即有明确规定："监护人不履行监护职责或者侵害被监护人合法权益的，应当承担法律责任。"因此，监护人可以将部分或全部监护职责委托给他人，监护人对其他履职监护人致被监护人伤害或死亡的，可以主张侵权赔偿责任。

在委托监护关系中，受托人的侵权赔偿责任认定适用过错责任原则，即必须要看受托人是否有过错，有过错有责任，无过错无责任。在委托监护期间，受托人应当认真履行监护职责，如确因其疏于履行监护职责的消极行为而导致被监护人人身、财产损害的，受托人应当承担赔偿责任。但在认定受托人的赔偿责任时，亦应考量委托合同的有偿、无偿等因素，决定受托人承担赔偿责任的范围。本案中，受托人在委托监护期间并未认真履行监护职责，因其疏于履行监护职责的消极行为导致被监护人死亡，受托人应当承担相应的赔偿责任，但考量到受托人收取的照看费用相对低廉，其受托监护的行为并非以营利为目的，更多是出于邻里互助的好意，帮忙照管委托人的孩子。“远亲不如近邻”，邻居间互帮互助是中华民族的传统美德，是我国社会的优良传统和善良风俗，法律应当倡导民事主体积极从事互帮互助的民事行为，鼓励民事主体互谦互让。而倡导、培育和维护良好的邻里关系，亦是互相关照、互相理解、和谐相处的社区建设的重要内容。因此，在赔偿上适当减轻受托人的责任比例，也符合社会公平正义以及善良风俗的理念。

因监护权作为一种身份权，只有法律规定的特定主体才享有，基于身份权的专属性，监护权不得让渡他人，故委托监护并不是与《中华人民共和国民法典》规定的法定监护、指定监护并列的一种监护制度。《最高人民法院关于适用〈中华人民共和国民法典〉总则编若干问题的解释》第十三条对此也进行了明确，规定：“监护人因患病、外出务工等原因在一定期限内不能完全履行监护职责，将全部或者部分监护职责委托给他人，当事人主张受托人因此成为监护人的，人民法院不予支持。”在司法实践中，委托监护的诉讼纠纷如处理不当，极易影响家庭关系甚至社会关系的和谐稳定，裁判者需尽力在法、理、情的矛盾冲突中作出衡量和抉择。本案的裁判可以对委托监护相关的案例或行为起到相应的引导及规范作用。

编写人：浙江省天台县人民法院　庞淇方

浙江省仙居县人民法院　郭奕嫱

2

存疑民事法律事实的司法认定和相应责任承担

——潘某清诉新某公司、福某公司健康权案

【案件基本信息】

1. 裁判书字号

上海市第一中级人民法院（2019）沪01民终12960号民事判决书

2. 案由：健康权纠纷

3. 当事人

原告（上诉人）：潘某清

被告（被上诉人）：新某公司、福某公司

【基本案情】

新某公司将位于上海创某塑料厂所在地（以下简称涉案工地）的厂房拆除工程发包给福某公司，双方签订有《工程施工合同》，福某公司具备相应工程资质，其中负责挖掘机操作工程的工作人员胡某持有相应的上岗资格证。2018年5月5日上午9时许，胡某在涉案工地清理遗留的建筑垃圾，潘某清在涉案工地内捡拾建筑垃圾时被化学液体灼伤，后被送至医院治疗，其伤情经鉴定构成九级、十级伤残。潘某清主张事故发生系因胡某操作不慎导致挖掘机机械臂将多个装有液体的塑料桶中的一个戳破，塑料桶中的液体溅至潘某清面部，导致潘某清受伤，福某公司因此未尽相关安全保障义务，故要求其全责承担由此产生的损失，新某公司亦因疏于监督管理，对相关损失承担连带赔偿责任。新某公司、福某公司辩称，潘某清诉称系因胡某操作不当导致硫酸溅到其面部的说法，无事实依据，涉案工地周围已竖立相关警示标志，现场管理人员再三劝

阻潘某清不能进入涉案工地甚至因此与潘某清发生冲突，但是潘某清趁人不备进入涉案工地并窃取原本属于福某公司的建筑垃圾，故潘某清的损失与新某公司、福某公司无关。

【案件焦点】

1. 潘某清进入涉案工地捡拾建筑垃圾的行为性质如何认定；2. 潘某清进入涉案工地时福某公司是否已经尽到相关安全保障义务。

【法院裁判要旨】

上海市浦东新区人民法院经审理认为：一方面，根据“谁主张，谁举证”的一般举证规则，潘某清主张其系向福某公司购买建筑垃圾，而非窃取建筑垃圾，理应承担相应举证责任，但对此潘某清未提供任何证据，且根据公安机关及有关部门向证人胡某等所作的询问笔录以及涉案工地现场至少竖立过一块“非施工人员禁止进入”的警告标志等事实，依法认定潘某清进入涉案工地捡拾建筑垃圾属于恶意侵占福某公司合法财产的行为。另一方面，安全保障义务的保护对象是受安全保障义务人邀请的人员或误入者等善意第三人，潘某清无视涉案工地现场警告标志，不听福某公司工作人员再三劝阻，执意偷偷进入危险的涉案工地，名为捡拾建筑垃圾，实为侵占福某公司合法财产，故其不是善意第三人，而是恶意第三人，显然不属于安全保障义务的保护对象，且根据镇安全生产监察所、上海市公安局浦东分局某派出所对胡某等人的询问笔录，福某公司亦已尽到相关安全保障义务。

综上，潘某清的损失系由其自身的诸多不当甚至违法行为导致，且其作为恶意第三人，不属于相关安全注意义务的保护对象。依照《中华人民共和国侵权责任法》[①] 第六条第一款，《中华人民共和国民事诉讼法》[②] 第六十四条，

---

① 《中华人民共和国民法典》于2021年1月1日起实施，《中华人民共和国侵权责任法》《中华人民共和国合同法》《中华人民共和国民法总则》等同时废止。本书收录的部分案例裁判于《中华人民共和国民法典》生效前，适用的是当时有效的法律规定，下文将不再对此进行提示。

② 《中华人民共和国民事诉讼法》已于2021年12月24日修改，于2022年1月1日实施。本书收录案例均裁判于该法修改之前，适用的是当时有效的条文，下文将不再对此进行提示。

《最高人民法院关于民事诉讼证据的若干规定》第二条规定，判决如下：

驳回潘某清的全部诉讼请求。

潘某清不服一审判决，提起上诉。上海市第一中级人民法院经审理认为：涉案事故发生时，福某公司已进入房屋拆除后的清理阶段，工地内的遗留物由福某公司占有、管理。鉴于工地上被拆除标的物原为服装辅料厂，其性质决定该处拆除遗留物应为一般的建筑垃圾和废旧物资，危化品显然超出施工单位对工地状况的预知范围。该案没有证据证明福某公司在施工伊始已明知或应知工地上存有硫酸桶，即使硫酸出现于涉案工地，亦不能证明福某公司是硫酸的占有人，因此，难以苛责其应对危化品负有相应管理责任和防范注意保护义务。福某公司在施工工地上竖立警示牌，并有工作人员巡防，该措施与其对工地所负有的安全保障义务相当。潘某清擅自进入施工工地，无视福某公司的警示标志及工作人员的劝阻，系放任对自身安全的保障。鉴于潘某清对受伤过程主张存在相互矛盾的表述，且无相应证据加以证明，一审法院未作认定并无不当。潘某清于二审中提供的证据，不能证明福某公司系在掩埋处置危化品，故其认为福某公司缺乏资质，存在不当处置的过错，不予采信。据此，依照《中华人民共和国民事诉讼法》第一百七十条第一款第一项规定，判决如下：

驳回上诉，维持原判。

【法官后语】

本案主要涉及对案件相关事实存疑且无法确认的情况下，法官严格遵循“程序正当、客观中立”的基本审判原则，通过庭审中原、被告双方当事人对相关事实的陈述和举证情况，充分听取双方的诉辩意见，恰当运用一般证据规则，结合一般生活经验法则和论理法则，综合考虑“法律不强人所难”的基本法理，进而充分发挥法官利用“自由心证”这一原则方法的积极作用，并从否定性角度对存疑事实进行司法认定以及由此确定相关不利法律后果的责任承担。所谓“自由心证”，是指法官在认定案件事实过程中，对于相关证据和事实推定等事项，在法律不做一般规定的前提下，由法官依照经验法则予以判断。无论在民事诉讼法学理论界，还是司法实践中，充分利用法官“自由心证”对民事法律事实进行司法认定已然成为共识。需要明确的是，“自由心证”原则运用的重点和核心不是自由，而是制约和限制，包括外在制约和内在制约，外在制约是指虽然法律一般不对证据认定和事实推定作出具体规定，但在我国民事诉讼法和《最高人民法院关于民事诉讼证据的若干规定》的相关司法解释中有原则性规定，一旦作出规定，法官就必须遵循适用；内在制约是指在法律没有对证据认定和事实推定作出规定的情形下，法官必须依照经验法则作出认定，即要割舍个人体验，追求群体共识。

“自由心证”原则在存疑民事法律事实认定中的具体运用，主要包括以下三点：

第一，民事诉讼“一般证据规则”对“自由心证”原则的外在法律制约性。“谁主张，谁举证”系2022年1月1日起施行的《中华人民共和国民事诉讼法》第六十七条第一款明确规定的一般举证规则，2020年5月1日起施行的《最高人民法院关于民事诉讼证据的若干规定》第三条第一款也规定：“在诉讼过程中，一方当事人陈述的于己不利的事实，或者对于己不利的事实明确表示承认的，另一方当事人无需举证证明。”本案中，针对原告潘某清真实的受伤过程，根据现有证据，法院无法作出明确认定，但是结合潘某清本人对其受伤过程存在前后相互矛盾的陈述，且潘某清就其陈述无法提供证据予以佐证，故法院依法从否定性角度对该存疑民事法律事实进行相对司法认定（不排除潘某清在捡拾垃圾过程中不慎碰到装有硫酸的塑料桶导致受伤），并在此事实认定基础上，对由此可能产生不利法律后果的责任承担进行确定（由潘某清自行承担）。

第二，“经验法则”和“论理法则”对“自由心证”原则的内在天然制约性。基于“经验法则”是人们从日常生活经验中归纳出来的一般知识或认识，其在很大程度上或基本上反映了事物性质和状态，属于事物常态，反映了事物之间联系的高度盖然性，故将“经验法则”作为法官认定案件事实的根据就具有正当的必要性。同理，“论理法则”主要是指人们在认识和分析过程中所运用的逻辑规则或法则，其反映了人们思维分析法则的客观性，因此也应当是法官在认定案件事实时所必须遵循的法则。本案中，无论针对潘某清受伤过程如何认定，还是施工工地是否存在硫酸桶问题，通过潘某清及证人对事故现场的相关陈述，依照一般生活经验法则和推理法则，法官认定潘某清系因施工工地于事故发生时存在硫酸且因硫酸溅出导致受伤这一事实，同时否定潘某清陈述的其系因福某公司员工操作失误导致受伤这一事实。

第三，社会主义核心价值观之自由、平等、公正、法治理念对“自由心证”原则的方向引领。《中华人民共和国民法典》侵权责任篇第一千一百九十八条第一款在沿袭原《中华人民共和国侵权责任法》相关规定、总结相关司法实践经验的基础上规定：“宾馆、商场、银行、车站、机场、体育场馆、娱乐场所等经营场所、公共场所的经营者、管理者或者群众性活动的组织者，未尽到安全保障义务，造成他人损害的，应当承担侵权责任。”由此可见，其虽以法律形式对未尽到安全保障义务的侵权责任作出明确规定，并且针对负有安全保障义务的主体以列举形式作了相对确定性规定，但是对于安全保障义务的保护对象仍然只是笼统以“他人”以蔽之。故需要在司法实践中，查明相关案件的具体情况，结合请求权基础的相关理论，尤其在考虑“他人”主观善恶基础上，结合社会一般价值评价体系，作出符合社会公众朴素的公平正义观念的法律认定，同时基于司法审判具有的价值引导作用，无论从法理还是情理出发，对于具有违规进入、非法占有等情形的恶意第三人（譬如本案原告）不应当被认定为安全保障义务的保护对象。

综合上述，公正司法裁判的前提是正确的事实认定和法律适用，但其中司法认定的事实只能是相对法律事实，尤其要求在民事审判中对相关存疑法律事实的司法认定必须绝对符合事实真相、达到主客观完全一致是不现实的，也不符合“实践理性”的要求，法官能够做到的是基于现有证据的高度盖然性，排除一切合理怀疑，充分发挥法官自由心证的积极主动性，通过正当的法律程序依法确认相对法律事实，并在此基础上，正确适用法律，从而实现民事审判“定分止争”的法律效果和社会效果的有机统一。

编写人：上海市浦东新区人民法院　朱露露

3

导游接受非法经营的旅行社委派参与旅游经营行为的侵权责任认定

——王某占诉温某霞等生命权、健康权、身体权案

【案件基本信息】

1. 裁判书字号

北京市第一中级人民法院（2020）京 01 民终 744 号民事判决书

2. 案由：生命权、健康权、身体权纠纷

3. 当事人

原告（被上诉人）：王某占

被告（上诉人）：姜某亮、李某宇、范某刚

被告（被上诉人）：温某霞、盛某公司、某旅行社、赵某、仝某松、张某飞

【基本案情】

温某霞组织王某占等 41 人到北京旅游，收取团费共计 16400 元，并给每人投保了人身意外伤害保险。2017 年 3 月 21 日，该 41 人乘坐由温某霞提供的客车前往北京，于当晚 7 时 30 分左右到达住宿地盛某源酒店，王某占和其岳父母被安排入住 1507 号房间。次日凌晨 0 时 30 分左右，王某占从五楼的房间坠落至楼下。抢救治疗后，经司法鉴定中心鉴定王某占构成一级伤残。涉案酒店系盛某公司建造，未取得建设规划审批手续。张某飞在未办理旅馆业特种行业经营行政许可手续的前提下，经营酒店住宿业务。经现场勘验，涉案房屋窗台、窗户设计存在缺陷。

关于温某霞、赵某、姜某亮、李某宇、范某刚及某旅行社的关系问题，温

某霞称自己认识赵某，并联系赵某接待王某占参加旅游团，赵某联系了盛某源酒店。赵某称其系“中某假期旅行社”的导游，其联系上该团后告知了“中某假期旅行社”的负责人李某宇，并让李某宇派导游姜某亮来接待该团。“中某假期旅行社”未进行工商注册登记，也未取得相关经营旅游业的资质，李某宇称其挂靠某旅行社马连道分社对外经营，某旅行社对此不予认可。李某宇称其并不知晓赵某接下温某霞的该旅游团，“中某假期旅行社”未出具任何行程单，也未收到任何费用、未派导游接待。范某刚称知道赵某接了这个团，并给姜某亮打过电话问其是否愿意接待该团，姜某亮表示愿意，但并非代表“中某假期旅行社”指派姜某亮接团，只是向姜某亮提供赵某处有该团的信息，接待与否由姜某亮自己决定。姜某亮自称是“中某假期旅行社”的导游，系“中某假期旅行社”合伙人范某刚指派其接待该旅行团，其收到温某霞支付的3000元团费后并未与李某宇核销。姜某亮曾与赵某、李某宇、范某刚等七个人创建“中某假期旅行社”，2015年开始接团，2017年3月出事后姜某亮和赵某就离开了，李某宇和范某刚系合伙经营。事发时，赵某、姜某亮的导游证挂在旅游人才市场，其二人未与“中某假期旅行社”签订劳动合同，但通常作为导游接待“中某假期旅行社”的旅行团。赵某表示其有时也会给“中某假期旅行社”介绍一些团，王某占所在的旅游团就是其介绍给“中某假期旅行社”的。

【案件焦点】

1.“中某假期旅行社”未取得旅游主管部门的许可，未依法办理工商登记，对王某占的损失应如何承担责任；2. 作为导游的姜某亮是否应承担责任。

【法院裁判要旨】

北京市昌平区人民法院经审理认为：旅游经营者、旅游辅助服务者未尽到安全保障义务，造成旅游者人身损害、财产损失，旅游者可以请求旅游经营者、旅游辅助服务者承担责任。温某霞作为该次旅游的组织者，在选择地接社时，未对地接社的相关资质、服务质量等进行考察，只是与赵某个人联系，且并未与地接社签订服务合同，对王某占的损害结果存在一定过错，应当承担相应的赔偿责任。设立旅行社，招徕、组织、接待旅游者，为其提供旅游服务，应当具备下列条件，取得旅游主管部门的许可，依法办理工商登记：（一）有固定的经营场所；（二）有必要的营业设施；（三）有符合规定的注册资本；（四）有必要的经营管理人员和导游；（五）法律、行政法规规定的其他条件。旅行社应当与其聘用的导游依法订立劳动合同，支付劳动报酬，缴纳社会保险费用。“中某假期旅行社”未取得旅游主管部门的许可，未依法办理工商登记，便接待旅游者，其亦未与赵某、姜某亮签订劳动合同。赵某、姜某亮为了获取利润，明知“中某假期旅行社”未经行政部门许可，擅自经营旅游业务，还为其招徕、接待旅游者，其与“中某假期旅行社”应为合作关系，充当旅游辅助者的角色，故赵某、姜某亮应与“中某假期旅行社”共同承担责任。因“中某假期旅行社”并未进行合法的工商注册亦未取得经营旅游业的相关资质，故合伙人李某宇和范某刚应承担相应的责任。作为接待旅游者的旅游辅助人，赵某、姜某亮、李某宇、范某刚选择未办理旅馆业特种行业经营行政许可手续，违法经营的盛某源酒店，其在选择酒店时未尽到谨慎注意义务和安全保障义务，存在一定过错，对王某占的损害后果应承担相应的赔偿责任。

综合考虑王某占受伤的直接原因系在酒店住宿时开关窗导致，酒店作为安全隐患的制造者，其对损害结果发生的过错要大于对安全隐患存在疏忽未尽到必要注意义务的王某占及未尽到安全保障义务的旅游经营者和旅游辅助服务者。结合本案的实际情况及各方当事人的过错，本院酌情确定盛某源酒店（张某飞）承担40%的责任，温某霞承担15%的责任，李某宇、范某刚、赵某、姜某亮共同承担15%的责任，王某占自身承担30%的责任。

北京市昌平区人民法院依照《中华人民共和国侵权责任法》第六条、第十六条、第二十六条、第三十七条，《中华人民共和国旅游法》（2016年修正）第二十八条、第三十八条，《最高人民法院关于审理旅游纠纷案件适用法律若干问题的规定》[①] 第三条、第七条，《中华人民共和国民事诉讼法》第六十四条规定，

---

① 该司法解释已于2020年12月29日修改，并于2021年1月1日起实施。此处是指修改前的司法解释，下文不再对此进行提示。

作出判决如下：

一、张某飞于本判决生效之日起七日内赔偿王某占各项经济损失共计616743元；

二、温某霞于本判决生效之日起七日内赔偿王某占各项经济损失共计226637.24元；

三、李某宇、范某刚、赵某、姜某亮于本判决生效之日起七日内赔偿王某占各项经济损失共计231279元；

四、驳回王某占的其他诉讼请求。

一审判决后，李某宇、范某刚、姜某亮不服，提起上诉。北京市第一中级人民法院经审理认为：第一，关于李某宇与范某刚是否应承担赔偿责任。二审法院同意一审法院裁判意见，并认为，王某占将旅游团费直接交给温某霞，温某霞为王某占办理了人身意外伤害的投保手续，王某占与温某霞之间形成旅游服务合同关系，温某霞虽为无经营资质的个人，但其对于王某占处于组团社的法律地位，属于无资质的旅游经营者。温某霞通过赵某联系“中某假期旅行社”作为地接社，此时李某宇与范某刚代表“中某假期旅行社”协助温某霞履行对王某占的地接旅游服务义务，李某宇与范某刚对于王某占处于旅游辅助服务者的法律地位。李某宇与范某刚在具体提供导游服务、安排游览项目、选供住宿餐饮等旅游服务过程中，其二人所代表的“中某假期旅行社”自身虽无法定资质，但亦属于旅游经营者，受旅游法等相关法律规范的调整。《中华人民共和国旅游法》（2016年修正）第五十条第一款规定，旅游经营者应当保证其提供的商品和服务符合保障人身、财产安全的要求。国家旅游局（现已撤销）公布的《旅行社条例实施细则》第三十八条规定，旅行社招徕、组织、接待旅游者，其选择的交通、住宿、餐饮、景区等企业，应当符合具有合法经营资格和接待服务能力的要求。第四十五条第一款规定，旅行社及其委派的导游人员、领队人员，应当对其提供的服务可能危及旅游者人身、财物安全的事项，向旅游者作出真实的说明和明确的警示。李某宇与范某刚选择张某飞经营的盛某源酒店作为王某占所在旅游团的住宿地点，该住宿经营主体不具有合法经营资质，该酒店经营者是否能够提供符合保障人身、财产安全要求的商品或服务并未经过行政许可部门的初步审查，李某宇与范某刚亦未举证证明其在与盛某源酒店合作时对该酒店设施设备的安全情况进行过核实。因此，李某宇与范某刚未谨慎选择具有合法资质的住宿经营主体作为旅游辅助服务者，存在未尽到安全保障义务的过失。在具体提供旅游服务过程中，李某宇与范某刚安排的导游姜某亮并未实地查看本案事故发生地的酒店房间陈设情况，对于涉案房间的窗户开合范围较大、床体摆放位置导致床面与窗户下框距离较近等存在安全隐患的因素未能进行核查、说明及警示，亦存在未尽到安全保障义务的过失。李某宇与范某刚作为地接社的旅游辅助服务者，其在选择住宿酒店以及提供导游服务的过程中均存在违反安全保障义务的过失，故一审法院根据其过错程度酌定其承担15%的责任比例并无不当。

第二，关于姜某亮是否属于履行职务行为。《中华人民共和国旅游法》（2016年修正）第三十八条第三款规定，旅行社安排导游为团队旅游提供服务的，不得要求导游垫付或者向导游收取任何费用。第四十条规定，导游和领队为旅游者提供服务必须接受旅行社委派，不得私自承揽导游和领队业务。姜某亮经范某刚通知联系温某霞成为王某占所在旅行团的地接导游，姜某亮直接联系了盛某源酒店的工作人员王某，收取了温某霞支付的3000元旅游费用，其中包含了事发当日的住宿费、事发次日欲支出的餐饮费及游览门票等费用，但未能提供相应证据证明其将收取的该笔款项向李某宇或范某刚核销。姜某亮在本案中的陈述及举证均不足以证明其仅为接受旅行社委派的导游，其实质上参与多环节的旅游经营行为，与李某宇、范某刚、赵某一致，对于王某占处于旅游辅助服务者的法律地位，姜某亮应基于其参与旅游经营的行为在15%的赔偿责任范围内与李某宇、范某刚、赵某共同承担。

北京市第一中级人民法院依照《中华人民共和国民事诉讼法》第一百七十条第一款第一项规定，判决如下：

驳回上诉，维持原判。

【法官后语】

近年来，随着旅游业的蓬勃发展，旅游纠纷也不断涌现，已经成为影响和制约旅游业发展的问题之一。本案凸显了实践中旅游行业多方主体存在违法或不规范的情形，具有典型性，各方主体承担何种责任、如何承担责任是本案需要解决的一大问题。

旅游经营者——旅行社（包括组团社和地接社）的违法经营。因旅游行业涉及不特定旅游者的人身及财产安全，故我国对于旅游行业采取行政许可经营的监管方式，旅游经营者须具备一定安全保障与风险赔付能力等法定条件才可进行旅游行业经营。本案中，李某宇与范某刚共同经营的“中某假期旅行社”不仅未取得国家旅游行政许可，还未经工商注册登记，完全不具备最基本的合法经营条件，其二人应连带承担违法开展旅游经营业务时对外应承担的赔偿责任。

旅行社作为安全保障义务人，其对旅游者负有的保障义务是先行为义务，且仅当旅行社违反了该义务时才对旅游者承担相应的赔偿责任。因此，在制定法没有明确适用何种归责原则的情况下，对于违反该义务只能实行过错原则而非严格责任原则（无过错原则或者过错推定原则）。本案中，李某宇、范某刚在未核实酒店实际情况的前提下，选择未按照法律规定办理旅馆业特种行业经营行政许可手续的盛某源酒店作为王某占所在旅游团的住宿地点，其安排的导游姜某亮亦未对酒店房间陈设情况，是否存在安全隐患进行核查、警示，二人存在未尽到安全保障义务的过失，应承担相应责任。

导游人员从业的不规范。当前，由于导游管理制度不健全、薪酬缺乏保障以及旅行社恶性竞争等因素，一些地方的导游私拿回扣、诱骗消费、强制购物等行为屡禁不止，造成了恶劣的社会影响。国务院颁布的《导游人员管理条例》第四条第一款、第二款明确规定：“在中华人民共和国境内从事导游活动，必须取得导游证。取得导游人员资格证书的，经与旅行社订立劳动合同或者在相关旅游行业组织注册，方可持所订立的劳动合同或者登记证明材料，向省、自治区、直辖市人民政府旅游行政部门申请领取导游证。”导游人员取得导游人员资格证书后，要与旅行社签订劳动合同或者在相关旅游行业组织注册，才能进一步向旅游行政部门申请领取导游证。《中华人民共和国旅游法》第四十条明确规定:“导游和领队为旅游者提供服务必须接受旅行社委派,不得私自承揽导游和领队业务。”本案中,姜某亮应否承担责任,需要分析其接待旅行团的行为是代表“中某假期旅行社”的职务行为还是个人行为?职务行为是指单位雇员在其职务范围内,依靠雇主所提供的资源和条件,遵循雇主意志,为雇主利益执行职务、提供服务的行为。姜某亮未与“中某假期旅行社”签订劳动合同,其虽受范某刚委派接待旅行团,但结合其与赵某、李某宇、范某刚平时的经营模式,即可以由赵某或姜某亮招徕旅行团、姜某亮直接联系酒店及未将收取旅游者的费用按照规定与旅行社即李某宇、范某刚核销的情形,无法证明姜某亮的行为系完全代表“中某假期旅行社”,其实际上也参与了多环节的旅游经营行为,与赵某、李某宇、范某刚应属于合作关系,对于旅游者其处于旅游经营者的地位。姜某亮联系并选定未经特许经营、存在安全隐患的酒店入住,未尽核查、说明、警示的安全保障义务,故其应对自身的过错与赵某、李某宇、范某刚在法院确认的15%的赔偿责任范围内共同承担责任。

编写人:北京市昌平区人民法院 田倩

4

第三人介入侵权致旅客受伤的责任承担

——孙某诉博某旅行社、某信旅行社生命权、健康权、身体权案

【案件基本信息】

1. 裁判书字号

北京市海淀区人民法院(2017)京0108民初30867号民事判决书

2. 案由:生命权、健康权、身体权纠纷

3. 当事人

原告：孙某

被告：博某旅行社、某信旅行社

【基本案情】

2016年9月14日，孙某与博某旅行社签订《团队出境旅游合同》，约定于2016年9月23日至30日前往俄罗斯旅游。9月28日，孙某在旅行过程中因交通事故导致重度脑挫裂伤、脑干受损，被送往当地医院进行神经重症监护。就该起交通事故的责任认定，俄罗斯圣彼得堡市法院作出的上诉决定书除判决肇事司机自由刑之外，还判处其给付孙某赔偿款120万卢布。该判决已生效，赔偿款已给付至当地法院，孙某未领取。事发后，某信旅行社立即把孙某送到医院抢救，当地的合作伙伴派周转领队和导游全程陪护就医，妥善解决家属滞留、签证、法律咨询以及回国等一系列问题，并垫付了孙某家属在俄期间的部分食宿费用。11月3日，某信旅行社安排保险公司送孙某回国。次日，孙某入住朝阳急诊中心神经外科病房治疗至2017年7月19日出院。孙某现起诉要求博某旅行社和某信旅行社连带赔偿相关损失。

某涛旅行社与博某旅行社为同一控制人控制，相当于“一个主体两块牌子”。某信旅行社与某涛旅行社签订有《出境旅游合作协议书》，某信旅行社根据合作协议负责俄罗斯当地的地接工作；某涛旅行社的业务由博某旅行社承担。

【案件焦点】

1. 旅客在境外因第三人侵权受伤，旅行社应否承担责任；2. 如应承担责任，承担何种责任。

【法院裁判要旨】

北京市海淀区人民法院经审理认为：1. 孙某遭遇交通事故时系其经领队同意逛街过程中，当时过马路的不仅孙某一人，还有其他旅游者，但只有孙某一人受伤。故从事故起因来看，导致孙某受伤的系一起发生在自行安排活动期间旅游经营者和旅游者均不可预见且无法避免的意外事件。某信旅行社在自行安排活动之前已对包括孙某在内的旅游者进行了必要的安全提示，事发后亦履行了积极的救助义务，包括联系就医、安排保险理赔、协助家属办理赴俄探望事宜等。甚至在救助之外，某信旅行社还从人道主义出发，帮助孙某家属处理在俄境内非法滞留事宜、为孙某家属提供一定期间的在俄食宿及地陪服务。在某信旅行社对孙某已尽到必要提示义务和救助义务的情况下，孙某要求某信旅行社对其在自行安排活动期间所受损害承担相应赔偿责任之诉请，缺乏事实和法律依据。2. 事发后，孙某在俄罗斯当地对相关肇事者提起了诉讼，虽然该裁判结果尚未经过国内相关司法程序的承认，但赔偿款已给付至当地法院，只是孙某还未领取。从侵权赔偿责任的角度来讲，因损害系由第三人的侵权行为导致，管理人或组织者只有在未尽到安全保障义务的情况下，才承担相应的补充责任，且补充责任的范围仅限于其能够防止或制止损害的范围。现无证据证明某信旅行社对于本次事故的发生存在过错，在此情况下，即便是要求某信旅行社承担侵权补充责任，亦缺乏法律上的依据。综上，依据《中华人民共和国旅游法》第七十条，《最高人民法院关于审理旅游纠纷案件适用法律若干问题的规定》第七条、第十条、第十九条，《中华人民共和国民事诉讼法》第六十四条第一款规定，北京市海淀区人民法院判决如下：

驳回孙某的全部诉讼请求。

【法官后语】

本案系一起有关旅客在境外受伤时，旅行社应承担直接侵权责任还是补充责任的案例，涉及补充责任的适用及安全保障义务的边界。应当说，补充责任制度在保护赔偿权利人的权益、平衡第三人介入类侵权案件中直接侵权人与安全保障义务人的利益方面，具有十分重要的意义，且对于培育公民的规则意识、自我保护意识也有不可小觑的作用。以本案为例，孙某在庭审中仅明确其诉请的法律依据为《最高人民法院关于审理旅游纠纷案件适用法律若干问题的规定》（以下简称旅游纠纷司法解释）第七条[1]。但该第七条第一款与第二款对应的安全保障义务性质完全不同，前者为直接侵权责任，后者为补充责任，而适用不同条款必然会导致不同的裁判思路和裁判结果。补充责任的识别以及举证责任分配问题一直是民事审判领域的一个难点，对此笔者认为可以结合以下几方面因素予以考虑：

一、违约之诉与侵权之诉的竞合问题

补充责任是侵权责任法领域的内容，故如果当事人提起的系违约之诉，则不存在考虑补充责任的适用问题，而应转为审查相关当事人之间是否具有合同关系、具体为哪一种类的合同、合同中对于违约责任是否作出了明确约定以及本案是否出现了合同约定的特定情形等。即应根据合同约定以及合同法的相关规则来判断原告一方主张的损害赔偿责任是否能够成立。

二、第三人介入侵权的方式

第三人介入侵权的方式决定了补充责任人注意义务的大小及安全保障义务的边界。因此，在审查判断安全保障义务人是否应当承担补充责任的过程中，应重点审查第三人的侵权行为是否在补充责任人可预见、可避免和可控制的范围内，是否属于不可抗力或者意外事件。通常而言，第三人侵权行为的可预见性一定程度上与补充责任人注意义务的范围成正比关系，即可预见性越小，注意义务越低；反之，则越高。本案中，与孙某同过马路的有六七人，只有孙某一人遭遇交通事故，且孙某本身不存在违反交通规则通行的情形。对于这样一起意外事件，我们难以苛责旅行社就此负有高度的注意义务。

三、补充责任人是否存在过失

从法理角度而言，补充责任人之所以要对第三人的侵权行为承担中间责任，就是考虑到其作为公共场所的管理者、经营者或活动的组织者，自身最有可能从源头上预防危险的发生，也最有能力在危险实际发生后采取紧急救助措施或

---

① 《最高人民法院关于审理旅游纠纷案件适用法律若干问题的规定》第七条规定，旅游经营者、旅游辅助服务者未尽到安全保障义务，造成旅游者人身损害、财产损失，旅游者请求旅游经营者、旅游辅助服务者承担责任的，人民法院应予支持。因第三人的行为造成旅游者人身损害、财产损失，由第三人承担责任；旅游经营者、旅游辅助服务者未尽安全保障义务，旅游者请求其承担相应补充责任的，人民法院应予支持。

减损措施。因此，在能为的情况下是否有所作为且恰当作为，是考量补充责任人是否应承担补充责任的一个重要因素。

四、举证责任的分配规则

涉补充责任案件中，关于过失的有无，原则上应由请求损害赔偿的原告负举证责任。法谚有云："举证之所在，败诉之所在。"但基于补充责任系不作为侵权的特殊性，该证明内容对于原告而言实为困难。因此，从实现实质意义上的平等角度出发，可通过一定方法缓和原告的举证责任。例如，在原告已提交了初步证据或者法院依据已明了之事实可以推定待证事实存在的情况下，应由补充责任人提交反证，证明其尽到了善良管理人的注意义务。

综上，第三人介入类侵权案件中补充责任的识别应主要结合以上四方面因素予以考虑。本案中，根据查明的事实可以认定，某信旅行社作为旅游服务提供者已经尽到了充分的安全保障义务，故根据旅游纠纷司法解释第七条第二款之规定，不应承担补充责任。

编写人：北京市海淀区人民法院　黄杨　张慧

5

公开个人信息的判断标准及侵权认定

——孙某某诉甲公司人格权案

【案件基本信息】

1. 裁判书字号

北京互联网法院（2019）京0491民初10989号民事判决书

2. 案由：人格权纠纷

3. 当事人

原告：孙某某

被告：甲公司

第三人：乙公司

【基本案情】

本案原告为网络用户孙某某，被告为甲搜索网站运营者甲公司。根据原告取证显示，原告在被告提供的搜索引擎页面上输入其姓名“孙某某”作为关键词进行图片检索，在搜索结果第一栏可获取原告清晰面部证件照，呈现原告照片页面的URL地址均为被告的服务器地址。该照片系原告此前在第三人乙公司运营的校友录网站中上传的个人账户头像，该校友录网站已于2013年停止服务。诉讼中查明，被控侵权行为于2019年4月16日停止。

根据庭审查明的事实，涉案情况出现的过程为：涉案照片系由孙某某上传至第三人乙公司运营的校友录网站，存储于校友录网站的服务器中；虽校友录网站的门户地址已无法访问，普通网络用户不能通过门户网站常规访问的方式查找到涉案照片信息，但由于校友录网站存放照片的精确服务器地址仍向用户开放，通常的搜索引擎爬虫技术仍可访问到涉案照片；甲网站在提供搜索引擎服务的过程中，爬取到校友录网站的涉案信息，当孙某某对其发出相关搜索指令时，甲网站搜索结果页面便提供了包含孙某某照片的涉案网页。孙某某于2018年10月23日提交问题反馈，请甲公司删除该个人证件照，并删除与关键词“孙某某”的关联，未获回复。被控行为于2019年4月16日停止。

孙某某主张，涉案照片以及其与孙某某姓名的关联关系涉及个人隐私、个人信息，在校友录网站图片源地址已关闭的情况下，甲公司上述行为构成侵权，要求判令甲公司赔偿经济损失1元和维权费用40元。

【案件焦点】

1. 涉案姓名、照片及其关联关系等信息是否属于个人隐私或个人信息；2. 甲公司是否存在违法使用个人信息的行为，是否应基于“通知删除”规则承担相应责任。

【法院裁判要旨】

北京互联网法院经审理认为：一、涉案姓名、照片及其关联关系等内容构成个人信息。在民法典对隐私权和个人信息采取二元保护的体系下，应精准划定二者的界限，以明确不同权利类型下社会行为的自由和界限。一般认为，个人信息的认定标准为具有“可识别性”。涉案信息通过关键词搜索加结果展示的形式，将“孙某某”的自然人姓名和带有其面目特征信息的头像照片进行关联，成为可识别为唯一特定自然人的信息，该信息属于个人信息。个人信息和个人隐私的保护范围存在交叉关系，构成私密信息的个人信息应通过隐私权加以保护。本案中涉及的孙某某姓名和证件照，并不属于私密照片。孙某某主观上并无强烈的将涉案信息作为隐私隐匿的意愿，客观上该信息亦未处于私密状态，故将涉案场景中利用的信息划入个人信息的保护范畴，更符合立法原意和当今网络社会下对上述信息利用的社会普遍认知。

二、被控侵权行为属于违法使用个人信息的行为。现行法律明确规定不得非法处理信息，收集、处理个人信息的行为，应在明示使用信息范围并经自然人同意的前提下进行。亦即，信息处理者不得超范围传输、公开、使用个人信息。双方均未就孙某某对涉案信息授权的使用范围进行举证。鉴于第一，乙公司缺乏明示告知授权范围的证据；第二，乙公司系涉案电子数据的信息管理者和信息处理者，其表示存储涉案电子数据的网站门户早已对外关闭，不清楚具体权限；第三，根据现有事实追溯的信息运用场景，校友录网站主要用于实现校内社群社交功能而非全网传播。因此认定，孙某某仅授权乙公司在一定权限范围内使用和公开涉案信息。乙公司将涉案信息置于公开网络后，甲公司的搜索行为使得涉案信息可被全网不特定用户检索获取，在客观上导致该信息在孙某某授权范围之外被公开，属于未经同意处理个人信息的行为。

三、甲公司应基于通知删除规则承担相应责任。根据侵权责任法第三十六条第二款的规定，对于网络技术服务提供者，通知删除的情节系考量侵权责任认定的关键因素。在通知删除前，甲公司作为网络技术服务提供者，是否存在主观过错应综合多种因素认定：涉案信息不属于明显侵权或者极具引发侵权风险的信息，为鼓励网络信息的利用和流通，对于网络公开的一般个人信息，应推定权利人同意公开。故甲公司在接到权利人的通知前，难以预见涉案信息是未经授权公开的信息，故不存在明知或应知的主观过错，不构成对孙某某个人信息权益的侵害。通知删除后，网络技术服务提供者应及时采取必要措施，遏制侵权行为影响的扩大。个人信息权益作为人格利益的一种，在网络环境下，一旦被泄露即可能引发难以修复的损害。而本案现有证据未显示甲公司采取过任何措施，实难认定其已尽到相应的合理审查义务。在收到删除通知后，甲公司在有能力采取相匹配必要措施的情况下，未给予任何回复，其怠于采取措施的行为，导致涉案侵权损失的进一步扩大，构成对孙某某个人信息权益的侵害，本院对原告要求赔偿损失的诉讼请求予以全额支持。

北京互联网法院依照《中华人民共和国民法总则》第一百一十条、第一百一十一条，《中华人民共和国侵权责任法》第十五条、第二十条、第三十六条之规定，判决如下：

一、甲公司于本判决生效之日起七日内，向孙某某赔偿经济损失1元；

二、甲公司于本判决生效之日起七日内，向孙某某赔偿维权费用40元。

【法官后语】

《中华人民共和国民法典》对个人信息采取了有梯度的区分保护政策，对私密信息、一般个人信息和公开个人信息采取了不同的保护方式。在《中华人民共和国民法典》“二元”保护体系下，审理个人信息相关案件应首先确定涉案信息的法律属性，然后再根据不同的信息类型和对应的行为规范评价是否存在违法行为。本案作为个人信息保护领域的标志性案件，为划分网络领域个人信息使用的边界提供了明确指引。

一、区分个人信息与个人隐私

个人信息和个人隐私在外延上存在交叉，加之学术理论和社会群体对隐私范围的认知尚未形成统一意见，因此，二者的界分往往成为司法中棘手的问题。笔者认为，可主要通过保护客体和保护方式不同加以甄别。

第一，从保护客体来看，个人隐私在客观上一般情况下呈现为不为公众所知悉的样态，在主观上权利人也具有不愿为他人知晓的意愿；个人信息指向的内容则更为广泛，包含能够识别到特定个体的各种信息，权利人在某些情况下可能存在主动积极使用的情形。

第二，从保护方式来看，一般认为个人隐私一经泄露即易导致人格利益受损，故其保护方式更注重消极防御，对他人的行为限制更为严格，一般不支持商业化利用。个人信息的保护方式则包括消极防御和积极利用，一定情况下容许他人合理、正当地利用，仅在信息处理者不当、过度处理等情形下才引发侵权。《中华人民共和国民法典》第一千零三十四条第三款规定，个人信息中的私密信息，适用有关隐私权的规定；没有规定的，适用有关个人信息保护的规定。因此，对于构成私密信息的个人信息，应适用隐私权的保护规则。

二、区分个人信息与其他具体人格权

《中华人民共和国民法典》第一千零三十四条第二款规定，个人信息是以电子或者其他方式记录的能够单独或者与其他信息结合识别特定自然人的各种信息。由于可识别到个人的信息均被纳入个人信息范畴，个人信息可能与具体人格权在载体形式上存在重合，例如，姓名信息与姓名权，人脸信息与肖像权，个人行为信息与名誉权等。如前述案例中的肖像照片，即可能既属于肖像权保护的对象，又构成个人信息保护的对象。

对于同时构成多项权利保护对象的信息内容，存在多重保护和竞合保护等不同观点，笔者认为，由于各项具体人格权保护的法益不同，构成要件、保护方式和损害结果等方面亦存在差异，因此，权利人有权根据被控侵权行为的实际情况，选择更为有利的方式进行主张。

三、区分一般个人信息与公开个人信息

《中华人民共和国民法典》第一千零三十六条的规定对一般个人信息和公开个人信息的免责事由进行了区分，一般情况下需在自然人同意的范围内处理信息，但处理公开个人信息则以自然人明确拒绝或侵害该自然人重大利益为例外。可见，需明确涉案信息是否为公开个人信息，以确定对涉案信息的保护规则。

根据《中华人民共和国民法典》规定，公开信息包括自然人自行公开和其他途径合法公开两种情形，而是否符合上述条件，往往需以自然人授权同意范围为依据。例如，在本案中，虽从客观上看，涉案信息已被置于公开网络，但从自然人授权范围来看，作为信息源头的第一手信息收集者乙公司并不能提供其关于信息公开范围的明示告知，单从自然人上传行为不能推得其具有默示将信息公开的意图，故该案中的信息不符合公开信息的构成条件。因此，在该案中，仍应适用一般个人信息的侵权认定规则。

数字经济背景下，存在大量对个人信息规模化集合性利用，信息处理在增进人们网络智慧化生活福祉的同时，也使得个人信息权益面临被频繁侵害的风险。本案的判决结果既鼓励信息传播与流通、促进公开信息的再度利用，又明确当面临个人信息保护和利用的利益冲突时，应强调个人信息的保护，建立有梯度的个人信息界分和行为规制规则进行科学保护。通过本案判决树立的裁判规则，有助于对个人信息提供精准有效的司法保护，为数字经济发展提供有力的法律保障。

编写人：北京互联网法院　颜君　高雅

6

因醉酒后回家途中突发疾病死亡，共同饮酒人责任的认定

——闫某某、李某诉朱某某生命权案

【案件基本信息】

1. 调解书字号

新疆生产建设兵团第八师中级人民法院（2020）兵08民终785号民事调解书

2. 案由：生命权纠纷

3. 当事人

原告（被上诉人）：闫某某、李某

被告（上诉人）：朱某某

【基本案情】

李某云与闫某某系夫妻关系，二人生有一子李某。2019年7月10日下午，朱某某打电话邀李某云到某菜馆共进晚餐。同日晚上9时许，朱某某与李某云来到某菜馆，朱某某点菜后，从收银台处拿出之前存在店内的散装红高粱白酒，与李某云边喝酒边聊天。至晚上11时30分许，朱某某饮酒约200毫升，李某云饮酒约250毫升。朱某某结账后，对李某云说"我喝多了，我先走了。"李某云表示再坐一会，朱某某就起身离开。李某云独自留下。次日零时许，因某菜馆要打烊，李某云才离开。凌晨4时许，案外人张某某路过某大药房门口时，发现一名醉酒男子（李某云）躺在地上，遂报警。石河子市公安局接到报警后，随即拨打120将李某云送往医院，并行脑内血肿清除术。经急诊检查：昏迷；脑出血（并脑挫裂伤）。体格特征：醉酒貌，鼻式呼吸，右侧肢体可见自主活动；左侧无自主活动；血压167/96mmhg，心率96次/分，双肺呼吸粗，未闻及明显干湿性噪音。随后住院治疗。经诊断：双侧颞叶及右侧额颞顶叶脑出血（局部血肿约50ml）；双侧颞叶及右侧额颞顶叶脑挫伤（并血肿）；继发性脑室出血；创伤性蛛网下腔出血；高血压3级；吸入性肺炎。7月13日，李某云因脑出血医治无效死亡。

【案件焦点】

李某云醉酒后回家途中倒地突发脑出血，作为共同饮酒人的朱某某是否担责。

【法院裁判要旨】

新疆维吾尔自治区石河子市人民法院经审理认为：李某云作为完全民事行为能力人，对自己的身体状况应当了解，对饮酒过量造成的危害后果也应当预见，故其应对自身死亡的后果承担主要民事责任。朱某某邀请李某云聚餐，虽然在酒桌上没有相互劝酒，但饮酒量大，且没有对共同饮酒的李某云的健康安全尽到必要的注意义务，酒后又未尽到看扶、照顾、护送其回到住处的义务，致使李某云醉酒后回家途中，因行走不稳跌倒，后因脑挫伤出血，经抢救无效死亡，故朱某某存在一定的过错，应当承担相应的民事责任。综合李某云与朱某某的过错程度，本院确定李某云负 85%的责任，朱某某负 15%的责任。

李某云死亡造成的损失包括医疗费、住院伙食补助费、死亡赔偿金、丧葬费。因李某云死亡给闫某某、李某精神上造成很大的伤害，闫某某、李某要求朱某某赔偿精神损害抚慰金的请求，符合法律规定。因李某云死亡与饮酒之间的因果关系，结合朱某某与李某云的过错程度，对精神损害抚慰金本院酌定为 7500 元为宜。

综上，依照《中华人民共和国侵权责任法》第六条第一款、第二十六条，《最高人民法院关于审理人身损害赔偿案件适用法律若干问题的解释》第十七条第一款及第三款、第十八条第一款、第十九条、第二十三条、第二十九条，《最高人民法院关于确定民事侵权精神损害赔偿责任若干问题的解释》第十条规定，判决如下：

一、朱某某赔偿闫某某、李某损失 127362. 22 元；

二、朱某某赔偿闫某某、李某精神损害抚慰金 7500 元；

以上两项合计 134862. 22 元，朱某某于本判决生效之日起五日内给付闫某某、李某。

朱某某不服一审判决，提起上诉。双方当事人在新疆生产建设兵团第八师中级人民法院的调解下，就朱某某的赔偿数额达成调解协议，调解书送达了双方当事人。

【法官后语】

聚餐饮酒作为中国人传统的社交方式，本身是一种情谊关系，法律一般不进行干预。但是现实生活中，因饮酒造成死亡或者过量饮酒后死亡的事件屡见不鲜。事故发生后，受害人家属要求其他共同饮酒人承担赔偿责任的案件越来越多。情谊行为本身并不产生合同关系，也不产生民事责任。而且，饮酒者作为完全民事行为能力人，对自己的酒量和身体状况最为了解，对饮酒过量造成的危害后果应当预见，故其本人应自行承担过量饮酒的风险。但是，基于在先的组织、邀约、共饮行为，在共同饮酒人之间即产生了对彼此人身安全的注意和保护义务，在饮酒过程中，应当互相提醒、劝告少饮酒，阻止过量饮酒，对过量饮酒者进行适当的照护。这种义务就属于法律义务，不适当履行造成饮酒者损害的将产生法律责任。

过量饮酒会导致饮酒人身体受到伤害是一种常识，劝酒的作为和酒后未尽到保护义务的不作为均有过错，而且与过量饮酒者身体受到损害存在一定的因果关系，符合侵权行为的构成要件，因此应当承担与其过错程度相当的赔偿责任。在现实生活中，共同饮酒人怎么做才算尽到相互提醒、保护的注意义务，审判实践中，又如何界定共同饮酒者是否尽到注意义务的标准，笔者认为，饮酒人在饮酒前对酒后可能发生意外事故的潜在风险是能够或者应当预见的，基于这种风险预见性，饮酒人对事故的发生就有法律上的防免义务，未尽到此义务就存在主观过错，因此，相互之间在饮酒过程中以及酒后应当尽到提醒、保护的注意义务。违反这种注意义务并发生了客观损失，基于主观过错，当事人就应当各自在可能或应当预见到的风险范围内承担相应的过错责任，即适当的赔偿责任。

本案中，被告是共同饮酒的邀请者，但事故的主要原因是受害人过高地估计自己的饮酒能力以致酒后回家途中倒地触发脑出血，经抢救无效死亡。该案件的发生对相约饮酒行为是一种警示，饮酒人应当基于对自己身体状况的了解，时时提醒自己控制酒量，充分认识饮酒过量的危害后果，如果对此没有预见或者已经预见但轻信能够避免，应当认定自身存在重大过错，对自身遭受的损失应当自行承担主要责任甚至全部责任。对于共同饮酒人而言，应当严禁劝酒，对于过量饮酒者特别是醉酒者，应将其护送至安全场合或者联系其亲友进行照管、救助，弃之不管就将构成过错责任。作为中华文化的传承，应当倡导文明、适量饮酒，促进社会和谐。

编写人：新疆维吾尔自治区石河子市人民法院　杜世成

7

共同饮酒活动中同饮人侵权责任认定

——嵇某勤等诉陈某明、时某顺生命权、健康权、身体权案

【案件基本信息】

1. 裁判书字号

北京市第一中级人民法院（2020）京 01 民终 1578 号民事判决书

2. 案由：生命权、健康权、身体权纠纷

3. 当事人

原告（被上诉人）：嵇某勤、于某、于某林、俞某妹

被告（上诉人）：陈某明、时某顺

【基本案情】

2018 年 7 月 29 日晚，于某权、陈某明、时某顺相约至北京市石景山区某牛肉面饭店聚餐。席间，三人共同饮酒。饭后，三人至八角东街某歌厅唱歌，再次共同饮酒。后，于某权骑电动车回家途中与他人发生交通事故，事故造成两车损坏，于某权当场死亡。交通部门出具道路交通事故认定书，确定于某权与另一当事人为同等责任。现于某权的近亲属嵇某勤、于某、于某林、俞某妹以陈某明、时某顺作为聚会的同饮者明知于某权已醉酒仍放任其驾车，造成于某权死亡为由，诉至法院，请求判令陈某明、时某顺对于某权的死亡承担 25%的赔偿责任，即赔偿各项损失 392349. 25 元。

【案件焦点】

陈某明、时某顺是否应当对于某权酒后驾驶电动车并发生交通事故导致死

亡的损害后果承担民事法律责任。

【法院裁判要旨】

北京市石景山区人民法院经审理认为：于某权作为完全民事行为能力人，对于大量饮酒可能造成的损害后果，应当有清楚的认识，亦应当意识到酒后驾驶机动车具有高度危险性。在此情况下仍然大量饮酒，并于酒后驾驶电动车并发生交通事故，其过于自信放任事故发生，应当对自己死亡结果的发生承担主要责任。陈某明、时某顺作为共同饮酒者，应当意识到酒后驾驶摩托车是一项危险活动，其明知于某权过量饮酒而未能劝阻、提醒、制止或护送，放任其在过量饮酒的状态下驾驶摩托车回家，违反善良风俗和道德要求，对于于某权的死亡后果，陈某明、时某顺在主观上存在一定的过错，应承担适当的次要责任。法院根据个人的过错情况酌情确定各自承担责任比例为 2.5%。判决：

陈某明、时某顺分别自本判决生效之日起十日内赔偿嵇某勤、于某、于某林、俞某妹死亡赔偿金、丧葬费、交通费、住宿费、抢救费、精神损害抚慰金等各 33827.05 元。

陈某明、时某顺不服原审判决，提起上诉。北京市第一中级人民法院经审理认为：共同饮酒行为是一种自由情谊行为，参与饮酒人在清醒状态下对自身是否应当饮酒以及饮酒量的多少有完全的判断力和控制力，不具有受法律约束的意思，因此共同饮酒行为通常情况下不应纳入法律调整范畴。但是在共同饮酒人的行为导致饮酒人处于危险状态时，纯粹的情谊行为可能转化为情谊侵权行为，此时共同饮酒人需就其先行行为负有消除危险或救助陷入危险之人的作为义务。共同饮酒可能导致的情谊侵权行为的具体表现为：强迫性劝酒；明知饮酒人已经因酒量达到极限失去自控力和判断力极限，仍进行劝酒；对醉酒致不能自理并危及生命者不予及时救助；参与、放任醉酒者进行可预见的危险活动而不予阻止。

本案判定陈某明、时某顺是否承担民事责任主要看是否符合上述第四种情形以及该情形是否构成认定共同饮酒人侵权的法定要件。首先，陈某明、时某顺作为共同饮酒人认可在饮酒活动结束后，对于某权酒后驾驶机动车的行为没有进行阻止，符合放任醉酒者进行可预见的危险活动而不予阻止的情形。其次，陈某明、时某顺未阻止于某权酒后驾驶机动车是否有违法定义务而应承担责任。酒后驾驶机动车是一种违法行为，受国家公权力予以调整。公民对违法行为进行干预、阻止是一种社会道德义务，不能形成社会统一标准，故并不是公民的法定义务。于某权作为完全民事行为能力人应当知道酒后驾驶机动车是违法行为，其自行触动启发的酒后驾车违法行为，应当自行承担法律后果，陈某明、时某顺作为情谊好友，对于某权的违法行为在道德、友情层面确有劝告、阻止的义务，但该义务不属陈某明、时某顺作为公民的法定义务。最后，行为人因过错侵害他人民事权益，应当承担侵权责任。陈某明、时某顺明知于某权酒后驾驶机动车而未予劝阻，主观上是对朋友或他人可能出现危害的一种漠视，应当受到社会道德意义上和公众舆论的谴责。但是陈某明、时某顺对生命的漠视行为不是违反法定义务的行为，并未达到法律上的过错行为，从严格法律责任的角度，违法行为人自己应当负担的违法成本，不应由未参与违法行为的他人分担。综上，陈某明、时某顺不存在法律上的过错行为，故对于某权酒后驾驶电动车并发生交通事故导致死亡的损害后果不承担民事法律责任。

综上，北京市第一中级人民法院判决：

一、撤销北京市石景山区人民法院（2018）京0107民初30240号民事判决；

二、驳回嵇某勤、于某、于某林、俞某妹的全部诉讼请求。

【法官后语】

共同饮酒活动属于情谊行为，系为增进情感，且行为人不具有受法律约束的意思，因此共同饮酒行为通常情况下不应纳入法律调整范畴。但在特定情况下，纯粹的情谊行为可能转化为情谊侵权行为，共同饮酒人可能需就饮酒人的人身损害承担责任。

一、责任来源

除共同饮酒人存在强迫饮酒等故意侵权行为，共同饮酒人侵权均以不作为的形式出现。不作为行为的违法性可以来源于法定义务、合同义务、先行行为等。共同饮酒人就饮酒人损害承担责任的义务来源应属于先行行为。在共同饮酒人的行为导致饮酒人处于危险状态时，共同饮酒人需就其先行行为负有消除危险或救助陷入危险之人的作为义务。违反此种作为义务时，共同饮酒人应就其不作为承担责任。在此种情况下赋予共同饮酒人积极的作为义务符合共同饮酒人感情上的彼此信赖，共同饮酒人也能够预见其作为或不作为可能对饮酒者造成的损害。但由于责任自负是侵权责任法的基本原则，并且共同饮酒人责任的设定关乎共同饮酒人行为自由的限制，因而仅在饮酒人出现人身危险且共同饮酒人的过错达到一定程度时，科以共同饮酒人积极的作为义务才具有正当性，而司法裁判应当根据个案调整责任起点的阈值。

二、责任成立

共同饮酒人责任成立的核心在于侵权行为与过错的认定。共同饮酒活动中共同饮酒人就饮酒人损害承担责任的归责原则应为过错责任原则，且共同饮酒人过错应仅限于过失。具体审查如下：

第一，审查饮酒人是否出现醉酒不能自理或其他危险状态。

共同饮酒场合中，饮酒人出现醉酒不能自理或其他危险状态是共同饮酒人承担侵权责任的必要前提，但并非充分条件。

第二，审查共同饮酒人是否具有触发积极作为的注意义务。

由于共同饮酒人的过失来源于对注意义务的违反，而确定是否具有注意义务及其大小则需要结合如下多种因素动态衡量具体情形下共同饮酒人能否预见饮酒人的危险，包括：

1. 人：共同饮酒人的角色（组织者、同桌共同饮酒人、非同桌饮酒人）；共同饮酒人与饮酒人关系的亲疏、对饮酒人酒量的了解程度（关系亲密者更应能够预见饮酒行为是否会导致饮酒人陷入危险状态）；可观察到的饮酒人状态（是否不能自理、意识及行为的可控性程度）；饮酒人是否为完全民事行为能力人；共同饮酒人自身的状态（是否意识清醒、能否自主判断）。

2. 时间及空间：共同饮酒人应仅在共同饮酒的过程中及共同饮酒后未转移接管的空间内可预见饮酒人的危险（共同饮酒人将饮酒人转移至稳定的通常安全场合或可信赖的接管人后，注意义务不应继续存在）；饮酒场合是否为酒吧

（判断饮酒人的行为是否异常）。

3. 事件：互不熟识、人数众多或是相互熟知、人数较少的饮酒活动；活动是否有组织人员。

4. 行为：共同饮酒人的行为（实施了不当劝酒行为的共同饮酒人负有更高的注意义务）；饮酒人的行为（是否从事高度危险活动，如驾驶机动车；回家路途是否存在危险）。

第三，审查共同饮酒人是否充分尽到与其注意义务相适应的积极作为，包括：

1. 护送、通知（家人等）、照顾、救助。

2. 劝阻饮酒人实施驾驶机动车等危险行为。特别强调，在饮酒人因饮酒失去理性的自主判断控制时，共同饮酒人针对其实施的危险行为仅为劝导上不足够，需要达到有效阻止的效果。

第四，审查共同饮酒人的过错及其程度。

在认定共同饮酒人是否实施情谊侵权行为时应综合上述三个要素予以判断。在出现如强迫性劝酒，明知饮酒人已经因酒量达到极限失去自控力和判断力，仍进行劝酒，醉酒致其不能自理并危及生命者不予及时救助，参与、放任醉酒者进行可预见的危险活动而不予阻止等情形时，共同饮酒人可能需就饮酒人人身损害承担责任。然而，仅有上述行为的存在尚不足以导致侵权责任的成立，还需考察共同饮酒人的过错。

考虑到饮酒人需就饮酒行为及其后果自负其责，且为平衡饮酒人的人身安全利益与共同饮酒人的行为自由，还需审查共同饮酒人应予作为但未作为或未充分作为的过错是否达到一定程度。以轻微过失、一般过失及重大过失的划分而言，仅在共同饮酒人的过错程度达到一般过失以上时，共同饮酒人才需承担侵权责任。否则，应认定为饮酒人自身的过错与损害之间存在更强的原因力，从而排除共同饮酒人的责任。此种建立在相当过失程度基础上的侵权责任也更加符合我国公众对共同饮酒活动等情谊行为中法律风险与行为边界的认知。值得注意的是，在共同饮酒人无过错的情况下，应没有公平责任适用的余地。

三、本案分析

本案中，于某权酒后驾驶机动车与第三方发生交通事故导致于某权死亡，陈某明、时某顺作为共同饮酒人对于某权酒后驾驶机动车这一危险程度较高的行为没有进行阻止，符合共同饮酒活动转化为情谊侵权行为的前提。但就陈某明、时某顺二人的过错而言，结合事发当天于某权的饮酒量、骑行的距离及时长、事故发生的原因等因素来看，可以推定于某权在三人分别时并非处于完全不能自理的状态，虽然陈某明、时某顺未实施足以制止其酒后驾驶机动车的高度危险行为，但此时于某权作为完全民事行为能力人应尚能判断酒后驾驶机动车的危险性与违法性，其自行触动启发的酒后驾车违法行为，应当自行承担法律后果，即于某权自身的行为与过错与其死亡之间存在更强的因果关系，应排除陈某明、时某顺二人的责任。

编写人：北京市第一中级人民法院　张永钢　黄慧婧

8

野游同行人未尽合理义务的应当按照过错程度对参与者的损失承担责任

——兰某某、杨某某诉杜某某生命权案

【案件基本信息】

1. 裁判书字号

广东省佛山市三水区人民法院（2019）粤0607民初4791号民事判决书

2. 案由：生命权纠纷

3. 当事人

原告：兰某某、杨某某

被告：杜某某

【基本案情】

兰某某、杨某某系兰某父母。2019 年 7 月 14 日上午 8 时许，杜某某开摩托车搭载兰某到佛山市三水区某处游玩。两人下水游泳，杜某某上岸后，发现兰某不见，进行了报警。佛山市公安局三水分局西南派出所张边社区民警中队对杜某某所作的询问笔录中，杜某某称兰某为“敖姓贵州籍老乡”，称具体姓名不清楚，双方相识二十多天，并称“我看他下水的动作应该不会游泳”。2019 年 7 月 26 日，公安部门在佛山市顺德区发现兰某遗体。

兰某出生于 2005 年 8 月 23 日，死亡证明记载死亡时间是 2019 年 7 月 16 日。兰某为农村户籍，死亡前没有在学校读书，自行在佛山市三水区打工。

【案件焦点】

杜某某对兰某的死亡是否存在过错。

【法院裁判要旨】

广东省佛山市三水区人民法院经审理认为：关于杜某某对兰某的死亡是否存在过错的问题。杜某某与兰某属相约出行的同行人。一般的同行人之间，没有合同约定和法律规定的义务，但在一定情况下，同行人之间存在注意义务和伙伴救助义务。民法上的注意义务是指义务主体谨慎、小心地行为（作为或者不作为）而不使自己的行为给他人造成损害的法律义务。作为同行人，野外游泳的危险性是同行人间存在注意义务的源头，同行人应合理预见行为的危险性并采取适当措施防范危险发生，并在面临人身等重大危险时给予力所能及的救助，这就是野游同行人间应当互负的伙伴救助义务，特别是对于未成年人，更应善尽注意义务。因未履行注意义务和伙伴救助义务致使同行人之人身遭受严重损害的，构成过失侵权，应当为其不作为引起的损害对他人承担相应的民事责任。杜某某与兰某同行去到河道游泳，野外缺乏一定的游泳安全保护措施，而兰某系年仅十四周岁的未成年人，杜某某作为与兰某同行的成年人对兰某负有照管和保护的义务，尤其在较危险的野外游泳中，应尽更高的注意义务并予特殊保护。杜某某带兰某一起到北江边游玩，其虽陈述与兰某仅见面两三次，两人间非朋友，彼此也不熟悉，但杜某某带兰某共同外出游玩，即应负起对未成年人的照管义务。杜某某下水游泳属于临时起意，但其对兰某随之下水游泳是知情的，杜某某在派出所做的笔录也表明杜某某对兰某不会游泳有清晰的认知，但其在兰某下水时未予以阻止，在水中未对兰某予以特别照顾，上水时也没有留意兰某是否跟随上岸，足见杜某某未达到社会生活的一般原则所要求的在特殊危险环境中对未成年人的注意程度，使兰某陷入更加危险的境地，构成由于疏忽大意而未尽合理注意义务的过失。尽管在未见到兰某上岸时，杜某某采取了报警等措施，但由于野外游泳的特殊性，其未能更积极地在兰某溺水时寻找或给予兰某更多的援助，所采取的措施并非适当且充分的救援，也不能阻断兰某所处危险的扩大，故杜某某对于兰某最终溺水死亡后果的发生应承担一定的赔偿责任。在责任划分上，死者兰某虽系限制民事行为能力人，但智力正常，明知自己不熟水性，对主动进入江水游泳可能产生的后果应该有预见。退一步讲，即使受害人对游泳危险性存在认知缺陷，但该认知缺陷应通过监护人或其他人的教育予以弥补，兰某某、杨某某作为死者的监护人，监护看管方面存在不力，应当承担监护不力的责任。兰某及兰某某、杨某某对损害事实的发生存在过失，根据《最高人民法院关于审理人身损害赔偿案件适用法律若干问题的解释》第二条的规定，可以减轻赔偿义务人即杜某某的赔偿责任。综上，根据双方当事人的过错对兰某溺亡危害结果发生介入程度或所起作用大小，本院酌情确定杜某某应承担的责任比例为 20%。

关于损害赔偿的范围，包括死亡赔偿金、丧葬费，合计 396649.50 元，酌定精神损害抚慰金为 10000 元。根据上述确定的承责比例，杜某某应当承担 79329.90 元（396649.50 元×20%），向兰某某、杨某某赔偿精神损害抚慰金 10000 元，合计 89329.90 元。判决如下：

一、杜某某于本判决生效之日起十日内赔偿兰某某、杨某某 89329.90 元；

二、驳回兰某某、杨某某的其他诉讼请求。

【法官后语】

对于相约出行的同游者就受害人的损害是否应当承担责任，司法实践主要有三种意见：一是同游者承担赔偿责任；二是根据公平责任原则，同游者承担补偿责任；三是同游者不承担责任。

相约出行是一种情谊行为，属于社交层面的交往，不受法律的规制，也不产生法律上的权利义务关系。但是，情谊行为并非绝对不产生法定的权利义务关系，当情谊行为足以使人陷入危险之中，行为人便产生了法定的注意义务。传统侵权责任法确立了风险自担原则，只有在法律规定的情况下，行为人才需要承担注意义务，这种注意义务一般来自身份关系和合同关系。但是随着社会风险的扩大，法律必须在救助他人和行为人的行为自由中寻找平衡点，这必然导致注意义务的扩张。笔者认为，同游者在特定情形下需要对彼此承担注意义务，这种义务的正当性基础在于同游者相约出行的先行行为使得当事人处于一定的危险之中。先行行为理论调整的并非这一合法的先行行为，也不是这一合法先行行为产生的结果，而是行为人怠于履行先行行为产生的注意义务，即行为人不作为。

对于此类案件的审理，主要应把握和处理好以下几个问题：

一、相约出游是否必然产生安全注意义务

依照先行行为危险理论，相约出游并不必然产生安全注意义务。先行行为理论强调先行行为明显地开启或维持了一定的危险，因而行为人对此负担安全注意义务和救助义务。相约出游这一先行行为并不必然使得当事人陷入一定的危险境地，因此也不必然产生注意义务。因此，判断相约出游的同行者是否负担注意义务需要考量游玩活动的危险性。本案中，当事人相约去河里游泳，而受害人是未成年人且水性不佳，被告不仅在游泳过程中疏于履行照顾义务，且在受害人溺水后也未采取合理有效救助措施，可认定这一行为使受害人陷入了溺水的危险之中，因此，作为成年人的同伴即被告对受害人负有安全注意义务和救助义务。

在实践中不宜过分扩张先行危险行为理论中的“危险性”，例如朋友之间相约逛街时可能会发生交通事故，那么是否可以认为相约逛街这一先行行为增加了发生交通事故的概率，因此同伴产生了对受害人的注意义务？笔者认为这属于对“先行危险行为”的不当扩张，对于日常的、并不明显开启或维持危险境地的情谊行为不能纳入“先行危险行为”的范围，否则将严重影响人们的正常社交活动，限制人际关系的发展。

二、相约出游造成人身伤亡是否可以适用公平责任

根据原《中华人民共和国侵权责任法》，公平责任是当事人对造成的损害都无过错，而又不能适用无过错责任原则，根据实际情况由当事人分担的责任。《中华人民共和国民法典》第一千一百八十六条对公平责任的适用前提进行了重大调整，规定：“受害人和行为人对损害的发生都没有过错的，依照法律的规定由双方分担损失”。据此，其构成要件是：(一) 双方对损害结果的发生均无过错。(二) 行为人与损害结果的发生存在某种特殊关系，包括：一是存在法律意义上的因果关系；二是存在事实上的某种关联。(三) 有法律明文规定。可见，根据《中华人民共和国民法典》第一千一百八十六条规定，公平责任的适用仅限于法律明文规定的情形，以往实践中关于行为人因开启或维持了一定的风险，使得受害人遭受损害的概率增加，应当适用公平责任的观点失去了法律依据，这有利于避免实践中以公平责任来“和稀泥”的判决。

三、相约出游造成人身伤亡之同游者责任的裁判思路

在裁判相约出游发生人身伤亡案件中的同游者责任时，首先，需要判断同游者是否具有安全注意义务和照顾义务，在某些日常的、并不明显开启或维持一定危险的游玩活动中，同游者对彼此不负担注意义务，此时不产生所谓的赔偿责任。其次，若同游者负有注意义务，则需要判断其是否完全履行该义务。是否完全履行注意义务不是依据救助结果来判断的，而是综合同游者在事件发生过程中的全部行为来判断，若同游者确实未尽合理的注意义务，则应结合其未尽注意义务的程度，确定其承担赔偿责任的比例。在不同的案情中，同游者根据其注意义务的大小和履行程度，相应承担不同比例的责任，但应以承担次要责任为宜。

编写人：广东省佛山市三水区人民法院　梁敏

9

“过错”认定不应对正常通行者强加过高注意义务

——刘某华诉刘某乡生命权、健康权、身体权案

【案件基本信息】

1. 裁判书字号

北京市第二中级人民法院（2020）京 02 民终 10605 号民事判决书

2. 案由：生命权、健康权、身体权纠纷

3. 当事人

原告（上诉人）：刘某华

被告（被上诉人）：刘某乡

【基本案情】

2019 年 3 月 8 日，王某玉欲乘坐 K2××次列车自北京西站前往石家庄，其子刘某华送其至北京西站进站候车。当日中午 12 时 22 分 23 秒，王某玉在前、刘某华跟随在后，二人走到北京西站北广场二楼进站口西侧人工检票口时，刘某乡手拉行李箱经过安检后亦欲前往西侧人工检票口进站。刘某华询问工作人员后得知需到东侧闸机处办理送站手续，便先行转身逆行并避开已顺行至检票口处手拉行李箱欲进站的刘某乡，欲前往东侧闸机处。中午 12 时 22 分 27 秒王某玉转身逆行而出，欲追随刘某华离开西侧人工检票口，其步行 5 步后碰到刘某乡的拉杆箱，随即摔倒。在王某玉、刘某华向西侧人工检票口工作人员询问时，刘某乡与二人保持一定距离，在王某玉转身后刘某乡向东侧迈步欲到与人工检票口相邻的自动闸机。刘某乡一直手拉行李箱，未与王某玉身体接触。王某玉休息 2 分钟后，由刘某华及西站工作人员搀扶离开，刘某乡亦离开。后王

某玉自行乘坐火车前往石家庄，到站后意识不清，家属接站时拨打120送至石家庄市甲医院救治。当晚，王某玉转至河北乙医院，行左额颞顶硬膜下血肿清除术。3月22日，王某玉以呼吸衰竭收住救治于河北丙医院。3月24日，王某玉死亡，《居民死亡医学证明（推断）书》中写明其死亡原因为硬脑膜下出血，呼吸衰竭。现刘某华认为刘某乡侵犯了王某玉的生命权、健康权、身体权，对王某玉摔倒存在过错，起诉要求刘某乡赔偿医疗费、丧葬费、死亡赔偿金、精神损害赔偿金等损失总额的60%。

【案件焦点】

1. 刘某乡对王某玉的摔倒是否存在过错；2. 刘某乡是否应对刘某华主张的相关损失承担侵权损害赔偿责任。

【法院裁判要旨】

北京市丰台区人民法院经审理认为：行为人因过错侵害他人民事权益，应当承担侵权责任。刘某乡侵权责任的成立需以其具有过错作为前提。过错的基本形态分为故意和过失。本案事发地点为北京西站，系公众乘坐火车的铁路枢纽。王某玉摔倒的地点为火车站的进站检票口旁，正常通过检票口后即乘坐火车，鲜有人从进站检票口逆行而出。而刘某华、王某玉从进站检票口逆行返回应在行进中尽更高的注意义务。刘某华在进站检票口转身后躲避了刘某乡及刘某乡手拉的行李箱，自己尽到了相应的注意义务。而王某玉转身逆行而出时未谨慎观察周边环境，其转身行走5步后碰到刘某乡的行李箱，说明刘某乡与王某玉间留有一定的安全距离，而王某玉转身逆行而出更应避让顺行的旅客并观察周边情况。因其未尽注意义务，逆行而出时导致碰到刘某乡行李箱时未及时停下脚步摔倒，其本人对损害结果的发生具有过错。刘某华作为陪同王某玉前往火车站的家属，对其母王某玉亦有照看义务。而刘某乡作为正常顺行进入检票口的旅客，其手拉的行李箱并非超大超重，且行李箱全程未离开其控制，属在其身边合理范围内。王某玉作为完全民事行为能力人，若尽合理的注意义务，谨慎慢行，完全可避免碰到刘某乡的行李箱。再，王某玉转身至碰到刘某乡的行李箱，时间不足4秒，刘某乡作为正常进入检票口的旅客，首先无法预见王某玉会在何时转身逆行，其次亦无法在王某玉突然转身的三四秒间作出可能发生意外情况的判断，此时的行走安全注意义务应由突然转身逆行的王某玉负责，不应强加在正常行进的刘某乡一方。综上，刘某乡对王某玉摔倒不存在主观故意，亦不存在过失，不应承担因过错导致的侵权责任。

王某玉摔倒起来后自行乘火车前往石家庄，后出现昏迷至最后死亡，确令人惋惜，但该悲痛结果的发生不应系刘某乡承担过错侵权责任的理由或前提。完全民事行为能力人在人员密集的公共场所行走时，尤其如本案中逆行的王某玉，应尽到更高的合理注意义务躲避正常进站的人群，避免可能发生的风险与损害，而非将高度的注意义务强加于正常行进的旅客。

北京市丰台区人民法院依照《中华人民共和国侵权责任法》第六条、《中华人民共和国民事诉讼法》第六十四条规定，作出如下判决：

驳回刘某华的全部诉讼请求。

刘某华不服一审判决，提出上诉。北京市第二中级人民法院经审理认为：本案损害结果确实是令人悲痛的，但我国法律规定侵权责任的成立需以行为人具有过错为前提，故本案的争议焦点为一审法院对双方当事人责任及过错的认定是否正确。本案事发时刘某华与王某玉在到达人工检票口后，因刘某华需到其他窗口办理送站，随即转身逆行而出，王某玉紧随其后亦转身逆行而出，刘某华本人避开了拉行李箱进站的刘某乡，但因刘某华步伐较快，与王某玉拉开一段距离，王某玉转身欲追赶刘某华，未能及时避开其身后正常进站的刘某乡，在碰到刘某乡身后的行李箱后其未绕行，而是有抬脚欲跨过的动作，后被绊倒。在此过程中，刘某华均背对王某玉，直到王某玉摔倒在地，刘某华才转身回来扶王某玉。一审法院据此认定刘某华、王某玉从进站检票口逆行返回应在行进中尽更高的注意义务，王某玉未尽此注意义务对损害结果的发生具有过错；刘某华作为陪同王某玉前往火车站的家属，对其母王某玉负有照看义务，故其对涉案损害结果的发生亦具有过错，均是正确的。另，在此过程中，刘某乡作为正常顺行进入检票口的旅客，其无法预见王某玉会在何时转身逆行，且王某玉转身至碰到刘某乡的行李箱时间极短，刘某乡亦无法作出可能发生意外情况的判断及相应处理，加之当时刘某乡手拉行李箱动作不存在明显不妥之处，故一审法院据此认定行走安全注意义务应由突然转身逆行的王某玉负责，刘某乡对王某玉摔倒不存在故意或过失的过错，亦是正确的。需要指出的是，在王某玉摔倒后未及时送医检查，仅短暂休息后即自行乘高铁前往石家庄，后伤发不治死亡。因此，一审法院认定刘某乡对涉案损害结果的发生没有责任，对刘某华所提要求刘某乡承担 60% 侵权赔偿责任的诉讼请求不予支持，均是正确的。

北京市第二中级人民法院依照《中华人民共和国民事诉讼法》第一百七十条第一款第一项规定，作出如下判决：

驳回上诉，维持原判。

【法官后语】

秩序是自然的法。现代社会，人们遵守着法律、道德、规则和习惯等组成的“契约”，社会也是通过无数个体遵守社会秩序而维持有序运转。当我们在社会交往中与他人发生“摩擦”——出现权利受损或侵犯他人权益的情况时，一般情况下“谁有过错谁来担责”是社会的共识。在这样的共识下，遵守社会秩序的人们可以自由地各司其职、各行其道，不被过高的注意义务所苛责。《中华人民共和国民法典》（以下简称《民法典》）于 2021 年 1 月 1 日起实施，在立法目的阐释中强调“弘扬社会主义核心价值观”，即倡导社会公众自觉地遵循国家层面的“文明”、社会层面的“自由”和个人层面的“友善”。在规则意识引导下，每个人是自身风险的“第一责任人”，在以充分谨慎的注意参与社会生活的同时，个人正常生活的自由亦应得到保障，不应被苛责承担正常理性可预知范围外的责任。

一、《民法典》对一般侵权行为适用过错责任原则的规定

生命权、健康权、身体权纠纷从民事案由的界定上属于普通侵权案件。本案作出裁判时适用的是原《中华人民共和国侵权责任法》第六条第一款：“行为人因过错侵害他人民事权益，应当承担侵权责任。”此即过错责任原则。《民

法典》对过错责任原则的规定在上述条文中仅增加了五个字，即第一千一百六十五条第一款规定：“行为人因过错侵害他人民事权益造成损害的，应当承担侵权责任。”可见，条文内容更加完善，亦明确了一般侵权行为引起的损害赔偿，应当由主观上有过错的一方承担赔偿责任。过错责任的构成要件为：违法行为、损害事实、因果关系、主观过错。

根据民事诉讼“谁主张、谁举证”的证明责任分配规则，过错责任四要件的举证责任应由提出侵权损害赔偿主张的受害人负担，加害人不承担举证责任。故，刘某华应对刘某乡具备过错责任的全部构成要件，尤其是“具有过错”，进行举证，并承担举证不利的法律后果，即：若没有充足证据能够证明刘某乡对王某玉的摔倒存在故意或过失的过错，则可认定刘某乡无责，无需向刘某华赔偿相关损失。

二、过错责任原则之社会价值：不应对正常通行者强加过高注意义务

过错责任原则确立的意义，首先在于确定侵权责任、救济侵权损害。在道德观念上，确认个人就自己的过错行为所导致的损害结果应负赔偿责任，这是正义的要求；反之，如果行为非出于过错，行为人已尽到合理注意义务，则不应承担侵权责任，这既符合公平正义的基本理念，也能使受害人的损害得到正当的补偿或救济。其次在于确定民事主体的行为标准，实现“个人自由”与“社会安全”的平衡，在此即体现为以主观过错作为行为人承担侵权责任的价值判断标准。每个完全行为能力人出入公共场所均应具备一定的安全意识，谨慎以个人的自觉、自省避免危险、矛盾的发生；但普通人的注意义务应以一般理性人可预见的范围为限，若将过高的注意义务强加于公共场所正常通行的个体，则束缚了正当的个人自由，减弱了个体的安全感。

由本案裁判结果，我们可以得出“不应对正常通行者强加过高注意义务”的社会价值理念。关注公共场所安全是每个完全行为能力人出入公共场所应具备的安全意识，应谨慎以个人的自觉、自省避免危险、矛盾的发生，但普通人的注意义务应当以一般理性人可预见的范围为限。“死者为大”不应成为对正常通行者强加过高注意义务的“法定事由”。

三、从社会治理角度看，裁判文书是人民法院通过司法对社会公众发出的倡议书

终局性、权威性的裁判结果对于社会公众的日常行为具有指引和导向作用。本案通过司法上的责任分配对规则进行确认，判决驳回刘某华的诉讼请求，给公共场所中的正常通行者“吃下定心丸”，明确个人应对自身的安全承担谨慎注意义务，不能将自身行为带来的风险转嫁给正常行为之他人；对正常行为之人不能科以过高注意义务，只有在具有与损害后果相关的主观过错的前提下才可能承担侵权责任。裁判结果传达着有过错者“自担风险、自负其责”的法治精神和价值取向，倡导人与人之间应当互相尊重、理解、友善、和睦。

编写人：北京市丰台区人民法院　焦语晨

10

外卖骑手在工作过程中致人损害由用人单位承担责任

——刘某某诉张某某等生命权、健康权、身体权案

【案件基本信息】

1. 裁判书字号

北京市海淀区人民法院（2019）京0108民初61625号民事判决书

2. 案由：生命权、健康权、身体权纠纷

3. 当事人

原告：刘某某

被告：张某某、天津某骑公司、某胜客公司

【基本案情】

张某某系天津某骑公司员工，天津某骑公司与某胜客公司签署了《某胜客

送餐外包服务协议》，约定天津某骑公司承接某胜客公司的送餐外包服务。2019 年 5 月 23 日上午 10 时 20 分，在北京市海淀区四道口路，张某某车辆与刘某某接触，造成刘某某受伤。北京市公安局公安交通管理局海淀交通支队中关村大队交通事故认定书确定张某某承担全部责任，刘某某无责任。事故发生后，刘某某被送往海淀医院就医，入院日期 2019 年 5 月 23 日，出院日期 2019 年 5 月 31 日，出院诊断为胫骨骨折（左）、腓骨骨折（左），并建议全休 1 个月。2019 年 6 月 23 日，潜江市张金中心卫生院出具《病情证明书》，建议暂需康复治疗 1 月余。2019 年 8 月 31 日，北京前海股骨头医院出具《诊断证明书》，建议全休治疗。刘某某称其在北京检查完之后回老家休养，要求法院按照《人身损害受伤人员误工期、营养期、护理期评定准则》确定的标准判定误工期、营养期和护理期。

【案件焦点】

张某某作为外卖骑手在履行职务期间致人损害，责任主体如何认定。

【法院裁判要旨】

北京市海淀区人民法院经审理认为：行为人因过错侵害他人民事权益，应当承担侵权责任。侵害他人造成人身损害的，受害人因就医治疗支出的各项费用以及因误工减少的收入，包括医疗费、误工费、护理费、交通费、住宿费、住院伙食补助费、必要的营养费，赔偿义务人应当予以赔偿。用人单位的工作人员因执行工作任务造成他人损害的，由用人单位承担侵权责任。张某某因公将刘某某撞伤，天津某骑公司作为其用人单位，理应承担赔偿责任。某胜客公司与天津某骑公司系劳务外包关系，并非刘某某所主张的劳务派遣关系，故刘某某要求某胜客公司承担赔偿责任，没有事实与法律依据，不予支持。

就医疗费、病历复印费，刘某某提交相应证据。就住院伙食补助费，根据刘某某住院天数、参照国家机关一般工作人员的出差伙食补助标准予以确定。就交通费，考虑到其复查必定产生一定的交通费，依法酌定为 500 元。就二次手术费用，考虑到该费用现并未发生，不予支持。就营养费、护理费和误工费，刘某某不申请司法鉴定，结合其伤情，根据《北京市人身损害受伤人员误工期、营养期、护理期评定准则》相关规定，酌定其误工期为 150 日，营养期为 70 日，护理期为 70 日。就误工费计算标准，刘某某每月工资不固定，且其提交的证据并不能充分证明其工资标准，故参照北京市个人所得税起征点每月 5000 元计算其误工费；就营养费计算标准，按照每日 50 元计算；就护理期计算标准，参照每日 150 元标准判定。综上所述，判决如下：

一、天津某骑公司于本判决生效之日起七日内赔偿刘某某医疗费 38655.22 元、病历复印费 4.4 元、住院伙食补助费 640 元、交通费 500 元、误工费 25000 元、营养费 3500 元、护理费 10500 元；

二、驳回刘某某的其他诉讼请求。

【法官后语】

外卖骑手行业处于快速增长期，职业风险较高，部分骑手安全意识、法律意识较为淡薄，骑手撞人的交通事故屡见不鲜。由于平台用工“不完全劳动关系”的特殊性，一旦发生交通事故，“找谁赔、怎么赔”成了争议的核心。关于责任承担问题，如下两点尤需关注：

一、骑手在工作时间以外致人损害，由骑手承担责任

骑手的工作时间判断主要依据其与雇主约定的用工形式。当前互联网公司主流的用工模式系以平台派单为主，且可凭骑手意愿 24 小时全程接单。就该模式而言，法院在认定骑手的工作时间时会着重审查骑手于事故发生当日首次接单时间及最后一单完成时间，超出该时间段则视为非工作时间。以本案为例，骑手的工作模式较为灵活，可以自行选择下班时间，在当日最后一次接单完成后则视为下班。考虑到骑手下班后其意志和行为不受用人单位管理和支配，亦不为雇主创造经济价值，依照《中华人民共和国劳动合同法》等立法精神，用人单位无需为骑手造成的损害承担责任，而是应由骑手自行承担。

二、骑手在工作过程中致人损害，由用人单位承担责任

（一）用人单位承担责任的法律依据。《中华人民共和国民法典》（以下简称《民法典》）第一千一百九十一条第一款规定：“用人单位的工作人员因执

行工作任务造成他人损害的，由用人单位承担侵权责任。用人单位承担侵权责任后，可以向有故意或者重大过失的工作人员追偿。”该条主要调整个人劳务关系以外的用人单位的替代责任，其中用人单位的工作人员不仅包括建立劳动关系的劳动者，还包括公务员、参照公务员进行管理的其他工作人员、提供劳务者、临时雇佣人员等。

（二）根据用工模式确认具体担责的用人单位。考虑到外卖骑手与APP平台之间属于“不完全劳动关系”，且用工形式多样，因此若骑手确系工作时间造成交通事故，分析用人单位责任时不宜一概而论，而需进一步对平台用工过程进行实质分析，界定法律关系、明晰责任主体。具体来说，目前常见的工作模式包括：

1. 自营模式。APP平台与骑手签订劳动合同，双方建立劳动关系。事故发生后，平台作为用人单位应当承担责任。

2. 劳务派遣模式。平台或者其专门运营外卖平台的全资子公司与劳务派遣单位签订服务协议，劳务派遣单位与外卖骑手签订劳动合同将骑手派遣至平台从事配送服务。根据《民法典》第一千一百九十一条第二款的规定，发生事故后，应由接受劳务派遣的用工单位承担赔偿责任，劳务派遣单位有过错的，承担相应的补充责任，故伤者往往会将APP平台公司与劳务派遣单位列为共同被告。

3. 加盟模式。平台与第三方签订合作协议，由第三方公司负责特定区域的配送，并由第三方公司与骑手签订劳务合同，骑手仍需在平台进行注册，在平台抢单。一般认为，劳务派遣公司作为雇主理应对雇员的侵权行为承担责任；对于平台的责任争议较大，本文认为平台虽非直接雇主，但是骑手往往身着平台制服、以平台的名义进行送餐服务，平台从骑手提供的服务中获取了利益，根据权利义务相一致的原则，平台有为骑手提供业务指导、安全培训等义务，如因平台指导松懈、疏于安全教育，导致事故的发生，平台亦应承担相应责任。

4. 项目承包模式。平台或者其专门运营外卖平台的全资子公司与配送公司就某配送区域签订合作协议，配送公司再与人力公司签订项目承包协议，最终由人力公司与骑手签订项目加盟协议并为骑手注册个体工商户或代发工资代缴保险。在该种情况下，虽然骑手名义上是与人力公司建立承包关系，但是本文认为人力公司仍需承担责任。根据人力资源社会保障部等八部门共同印发《关于维护新就业形态劳动者劳动保障权益的指导意见》的精神，需根据用工事实认定企业和劳动者的关系。根据该思路，首先，骑手个人不具备快递业务资质，人力公司对骑手工作规则、工作时间、工作任务进行管理和监督；其次，人力公司指定了工作任务完成标准、规定完成任务的报酬标准，包括统计骑手订单并根据平台拟定的比率发放薪酬奖励、代缴社保，甚至限制骑手竞业；最后，人力公司为骑手配备统一平台工作外观，管理骑手考勤，可见骑手在人格上、经济上、组织上均从属于人力公司，符合劳动关系用工的特征。因此，人力公司就是骑手的实际用工单位。至于平台、区域配送公司是否承担责任，应结合具体案情及实际法律关系进行判断。

5. 众包模式。骑手以个人身份通过注册APP平台旗下的众包平台，即可在平台抢单送货，平台对骑手上下班时间、接单量没有明确规定，骑手可以兼职接单。就众包平台与骑手之间的关系，存在居间、雇佣和劳动关系等多种观点。骑手注册众包平台时接受平台的奖惩措施，在众包平台接单时穿着统一制服，这都是众包平台管理骑手的行为，骑手处于被管理者地位；但同时众包骑手有着临时性特点，随时可以注销，其收入主要来自商家而非众包平台，众包平台仅收取管理费，骑手对众包平台的人身、经济从属性较弱，双方应属于临时雇佣关系。因此骑手为众包平台履行职务期间致人损害的，应当由众包平台承担责任。

编写人：北京市海淀区人民法院　林挚　赵玉

11

同饮者责任应以具有可预见性为限

——刘某等诉张某等生命权、健康权、身体权案

【案件基本信息】

1. 裁判书字号

北京市第二中级人民法院（2020）京02民终9564号民事判决书

2. 案由：生命权、健康权、身体权纠纷

3. 当事人

原告：刘某、李甲、李乙

被告：张某、宋某、孙某、韩某、廖某、吴某、王某、郝某

【基本案情】

刘某系李丙之妻，李甲、李乙系李丙之子。2019年3月27日晚，李丙与张某、宋某、廖某、孙某、吴某、王某、郝某共同在西城区某饭店一起就餐并喝酒，韩某中途加入就餐后提前离开。离开餐厅的顺序为：张某、李丙送韩某离开；廖某自行离开；李丙、孙某送郝某、王某离开；孙某自行离开；李丙、吴某、宋某、张某一起离开。其间，张某与李丙抢着结账，后由李丙结账。用餐结束后，李丙与张某、宋某三人前往西城区某KTV唱歌、喝酒，李丙送宋某、张某回家后，自行乘坐出租车回家，在车上因身体不适，被司机送往世纪坛医院并报警。李丙于次日凌晨3时22分死亡。

李丙的居民死亡医学证明（推断）书显示，直接死亡原因为急性冠脉综合征，发病至死亡大概间隔时间为3小时，引起急性冠脉综合征的情况为急性酒精中毒，发病至死亡大概间隔时间为7小时。

将李丙送至医院的出租车司机于2019年3月28日在派出所的询问笔录显示，李丙在路边叫车时满嘴酒气，但意识清醒，能正常沟通，开车不到200米后，司机发现乘客闭着眼哼哼，后叫他不应，司机就直接将乘客送往医院。

【案件焦点】

1. 张某等八人对李丙的死亡是否存在过错及是否应承担赔偿责任；2. 本案是否适用公平责任原则。

【法院裁判要旨】

北京市西城区人民法院经审理认为：三原告提供的证据不足以证明吃饭时八被告存在恶意敬酒、劝酒等行为。从监控录像所显示李丙离开餐厅的状况看，李丙没有表现出表达不清、无法自主行走、意识不清或失去自制力的情形，亦无酒后呕吐等异常状况，在这种情况下一般人对于李丙酒后身亡的后果不具有可预见性，要求共同参加的人在饮酒结束后一段时间内预见到李丙酒后身亡损害后果的发生并履行注意义务或者救助义务，过于苛责。出租车司机的询问笔录可以判断李丙在将张某、宋某送回家后自行打车时亦未出现酒后意识不清或呕吐的异常行为，原告认为八名被告没有尽到酒后救助义务，缺乏依据。此外，受害人作为完全民事行为能力人，对自己饮酒行为和酒后的行为应当负责，如果仅因为共同饮酒就将这一义务转嫁他人，无疑有违责任自负的原则，三原告主张因共同饮酒要求八被告承担公平责任，缺乏依据。

北京市西城区人民法院依照《中华人民共和国侵权责任法》第六条、第二十四条，《中华人民共和国民事诉讼法》第六十四条第一款，《最高人民法院关于适用〈中华人民共和国民事诉讼法〉的解释》第九十条规定，作出如下判决：

驳回刘某、李甲、李乙全部诉讼请求。

刘某、李甲、李乙不服原审判决，提起上诉。北京市第二中级人民法院经审理认为：共同饮酒场合，同饮人彼此之间负有适当的安全注意义务，包括相互提醒、劝告、通知、协助、照顾等，以减少安全风险，但此种安全注意义务应以普通人的认知水平与行为能力为限。可预见性是同饮人责任的边界，对于无法预料的突发情况造成的损害后果，同饮人不应承担责任。

刘某等三人上诉主张一审判决未查清李丙与张某等八人的饮酒数量，但刘某等三人应对其该上诉主张负有举证责任。因李丙与张某等八人聚餐包间无监控录像，一审判决根据李丙在餐厅内包间与柜台间往来情形、前往 KTV 后乘坐出租车的情况，认定李丙未出现醉酒后状态异常或意识不清，并无不当。一审判决综合考虑李丙邀请参加聚餐的人员情况、结账及送客情况等，认定李丙系本案聚餐组织者之一，亦无不当。因李丙未出现醉酒后的异常行为，刘某等三人亦未提交相关证据证明张某等八人在聚餐过程中对李丙有劝酒、敬酒、赌酒或罚酒等行为，且刘某等三人亦未举证证明张某等八人对李丙患有疾病系明知，故难以认定张某等八人对李丙的死亡存在过错。

李丙系完全民事行为能力人，对于饮酒后的风险应有预知和判断的能力，而控制这一风险发生的人为李丙，其对自身是否应当饮酒及饮酒量的多少应当具有判断力和控制力，应对其饮酒行为及饮酒的后果负责。李丙的居民死亡医学证明（推断）书显示其直接死亡原因为急性冠脉综合征，引起该疾病的原因或情况为急性酒精中毒，根据李乙所述，李丙生前患有Ⅱ型糖尿病，李丙对饮酒后可能导致的身体伤害采取放任的态度，故刘某等三人上诉认为李丙对其死亡不存在过错的意见，不予采纳。刘某等三人不能证明张某等八人对李丙的死亡存在过错，而《中华人民共和国侵权责任法》第二十四条规定：“受害人和行为人对损害的发生都没有过错的，可以根据实际情况，由双方分担损失。”故本案不应适用公平责任原则，一审判决对此所作认定和处理是正确的。

综上所述，刘某等三人的上诉请求不能成立，应予驳回；一审判决认定事实清楚，适用法律正确，应予维持。北京市第二中级人民法院依照《中华人民共和国民事诉讼法》第一百七十条第一款第一项规定，判决如下：

驳回上诉，维持原判。

【法官后语】

近年来，因共同饮酒行为引发的侵权纠纷逐渐增多。共同饮酒行为是社交生活中很常见的现象，但大量饮酒后会导致饮酒者的认知能力、行为能力和控制能力下降，使饮酒者处于一种比正常情况危险的境地。共同饮酒人作为饮酒活动的共同参与者，其共同饮酒行为是醉酒者产生危险的直接原因，因此同饮人彼此之间负有适当的安全注意义务，包括相互提醒、劝告、通知、协助、照顾等，以减少安全风险。

注意义务是什么？就是行为人在实施某种行为时，对该行为所引起的法律后果应持关注程度的必要性。在社会中，每一个完全民事行为能力人在实施特定行为时，都必须了解该行为的性质以及后果，并且要对其后果予以必要程度的关注。[①] 笔者认为，共同饮酒人对于彼此之间的注意义务，实际上是一种基于存在先前行为的情况下产生的安全保障义务。但是这种注意义务应是基于合理预见性所产生的注意义务。此种安全注意义务应以普通人的认知水平与行为能力为限。可预见性是同饮人责任的边界，当一般人无法预见可能会产生的危险性，而要求行为人事先采取措施予以避免，过于苛责，也缺乏合理性。因此，对于无法预料的突发情况造成的损害后果，同饮人不应承担责任。此外，这种注意义务一般仅限于对同饮人的人身安全的注意义务，不包括对同饮人的财产安全的注意义务。

对于共同饮酒的人而言，产生承担同饮者责任的先前行为，不仅包括共同饮酒时的劝酒、罚酒、赌酒等不当行为，也包括在饮酒者出现醉酒状态或危险状态未及时送医或妥善安置的行为。本案中，三原告认为八被告应承担侵权责任，根据谁主张谁举证的原则，其应提供相应的证据证明八被告存在劝酒、罚酒等不当行为或没有对李丙进行妥善安置，未能提供证据则承担举证不力的法律后果，三原告亦认可李丙因聚餐饮酒死亡是本案所涉各当事人均未能预料的偶发事件，故不能认定八被告存在侵权行为。

本案还涉及是否适用公平责任，原《中华人民共和国侵权责任法》对此规定为“受害人和行为人对损害的发生都没有过错的，可以根据实际情况，由双方分担损失”，在适用中往往忽视其前提是双方“对损害的发生都没有过错”，

---

① 杨立新：《共同饮酒引发醉酒死亡侵权案件的法律适用界限》，载《法律适用》2019年第15期。

导致在实践中公平责任成为兜底条款，适用范围过于泛化。为避免出现“有损害后果即赔偿”的情况，2021年1月1日起施行的《中华人民共和国民法典》对公平责任的适用范围作了限制性规定，将“根据实际情况”修改为“依照法律的规定”，只有在法律有明确规定的情况下，可以直接适用公平责任，不可随意扩大解释和适用。对于饮酒行为而言，饮酒人明知饮酒会使认识能力、行为能力和控制能力下降而过量饮酒，是具有过错的，因此，不应适用公平责任。

编写人：北京市西城区人民法院　程乐　王伟

12

新业态用工模式下用工法律关系认定及责任分配

——赵某诉章某、李某生命权、健康权、身体权案

【案件基本信息】

1. 裁判书字号

北京市第二中级人民法院（2020）京02民终10827号民事判决书

2. 案由：生命权、健康权、身体权纠纷

3. 当事人

原告（上诉人）：赵某

被告（被上诉人）：章某、李某

【基本案情】

李某系某小区业主，2019年12月，李某通过第三方平台从章某处订购室内装修所需物品及安装服务。2020年5月21日，章某将该笔装修家具的货物运输工作交予赵某，在搬运家具过程中，赵某因抱着板材进入房间不好转身便倒退行走，不慎从涉案房屋的一层坠落至地下室中。受伤后，赵某被送至医院

救治，临床诊断为：1. 坠落伤；2. 头皮裂伤；3. 头外伤神经反应；4. 多发软组织损伤。赵某受伤后多次往来医院就医，花费医疗费若干。赵某认为章某、李某未尽安全保障义务，没有任何警示标志，造成赵某受伤，应当承担侵权责任，诉至法院，要求章某、李某赔偿其医疗费、误工费、护理费、营养费、交通费及经济损失。

【案件焦点】

1. 赵某与章某、李某形成何种法律关系；2. 章某、李某是否应对赵某主张的合理损失承担赔偿责任。

【法院裁判要旨】

北京市房山区人民法院经审理认为：本案为一般侵权之诉，章某、李某承担民事责任应具备四个要件：章某、李某存在侵权行为；赵某存在损害后果；侵权行为与损害后果存在因果关系；章某、李某存在过错。章某将运输货物的任务交予赵某完成，赵某自己提供运输工具完成任务，故章某与赵某形成承揽关系。李某通过第三方平台从章某处订购室内装修所需物品及安装服务，章某负责物品制作及安装，章某与李某亦形成承揽关系。赵某从事运输服务行业时间较长，其作为具有完全行为能力的成年人，运送货物时未提前观察周边环境，且倒退行走，应对事故的发生承担全部责任。赵某未提交证据证明章某、李某存在侵权行为，亦不能证明章某、李某存在过错，故对赵某要求章某、李某承担责任的诉讼请求不予支持。综上所述，依据《中华人民共和国民事诉讼法》第六十四条规定，判决如下：

驳回赵某的诉讼请求。

赵某不服一审判决，提起上诉。北京市第二中级人民法院经审理认为：李某通过第三方平台向章某定制了楼梯及衣柜并包括安装服务，赵某承接了其中运输搬运的工作。李某与章某之间系承揽合同关系，李某为定作人，章某为承揽人。赵某使用自己的货物运输车辆按照订单要求进行配送。赵某上诉主张其与章某之间的关系系雇佣关系，要求章某承担雇主责任，缺乏依据。同时，赵某、章某均认可赵某完成工作后，均与案外人即发货公司结算报酬。依照法律规定，承揽合同一般是指承揽人按照定作人要求完成工作，交付工作成果，定作人支付报酬的合同。承揽人具有较强的独立性，定作人通常不在现场进行具体内容的指挥，仅接受工作成果，承揽人的工作技术含量一般相对较高。综合考虑本案章某与赵某之间不存在承揽之合意、赵某所从事运输工作不存在过高的专业性和复杂性以及具有一定独立性，章某与赵某之间既不存在具有人身隶属性的雇佣合同关系，亦非承揽合同关系。从报酬发放等来看，赵某在事发时系履行其与案外发货公司之间的运输合同。

涉案房屋事发时属于装修状态，且屋内有尚未安装护栏的地下室楼梯入口，存在较大的安全风险隐患。在明知送货房屋存在一定风险的情形下，李某作为定作人，虽并无定作及选任过失，但就其房屋内存在安全隐患处未作适当的风险防范，李某在其友人告知赵某运货地点时亦未及时提醒上述危险因素，有机会防止损害后果发生而未能防止；章某此前曾前往李某房屋中进行施工准备等，熟悉现场情况，亦知晓该安全隐患，而其在发出订货指示时应当对存在的风险予以必要的提示。鉴于以上分析，因李某对其所有的房屋存在的上述风险隐患应尽到提示义务，章某有能力防范或提示赵某等送货人规避风险，但其二人未对厂家及送货人尽到合理提示告知义务，未能采取基本的警示措施提示防止发生可能的损害后果。而其二人的消极不作为与赵某发生伤情在客观上具有一定关联性，对赵某掉入地下室受伤存在一定过错，即二人均应对本案损害后果承担相应的民事赔偿责任，二人应当对赵某之合理损失之部分承担连带赔偿责任。而赵某作为一名专业货物配送人员，未能充分注意自身安全和观察周围环境，对可能出现的安全风险疏于防范，对事故的发生存在主要过错，应自担主要责任。因此赵某关于要求李某承担赔偿责任的主张，缺乏依据，不予支持。根据各方的过错程度，法院认定赵某自担70%的责任，章某、李某共同承担30%的责任。在此范围内由其二人连带赔偿赵某之合理损失。一审判决认定事实有误，予以纠正。

综上所述，赵某的上诉请求部分成立，予以部分支持。对不成立的部分诉讼请求，依法驳回。北京市第二中级人民法院依照《中华人民共和国侵权责任法》第六条，《最高人民法院关于审理人身损害赔偿案件适用法律若干问题的解释》[①] 第十条、第十九条、第二十条、第二十二条，《中华人民共和国民事诉讼法》第一百七十条第一款第二项规定，判决如下：

一、撤销北京市房山区人民法院（2020）京0111民初6189号民事判决；

二、章某、李某自本判决生效之日起十五日内连带赔偿赵某医疗费1403元、交通费60元、误工费300元，合计1763元；

三、驳回赵某的其他诉讼请求。

【法官后语】

近年来，伴随“互联网+”经济发展，新就业形态应运而生，如快递送餐、家政服务、网络用车以及直播销售、游戏解说、电子竞技、网络写手、自媒体制作等新型职业种类。此外，农村劳动力也逐渐向依托互联网为平台的新领域、新业态转移。新就业形态的形成已深刻改变了经济社会的传统劳动方式，随之而来的用工纠纷与劳动者权益保障问题亦成为法律与司法实践需应对的问题。

该案系新就业形态用工领域的典型案例，该类案件中最主要的问题是各方法律关系确认问题。而对法律关系的理解和把握，不仅直接影响从业者的权利义务，反过来又会影响到新就业形态的结构形式和发展模式。新就业形态中，既包括线上操作与线下实体服务相结合的平台经济，也包括借助互联网实时直播或延时传送开展的销售、推广活动。由于新就业形态改变了传统劳动关系中单一、排他的雇佣模式，从业者无需长期稳定地为单一企业提供劳动，且用工企业或平台往往对从业者存在一定程度的指示，故当事人对其中的法律关系容易出现认知上的误区，如赵某就认为其与章某之间形成的是雇佣关系。

---

① 配合《中华人民共和国民法典》的施行，最高人民法院对大量司法解释进行了修正。本书收录的部分案例裁判于相关司法解释修正之前，适用的是当时有效的司法解释。下文将不再对此进行提示。

雇佣合同在我国法律中没有明确规定，但雇佣关系一般表现为法人与非法人组织作为雇主，雇佣自然人从事某种劳务，雇员接受雇主的安排和管理，雇主依照约定定期支付劳动报酬。从上述案例可以看出，章某与赵某双方之间并没有订立雇佣合同或口头雇佣协议，章某将运输货物的任务交予赵某完成，不是基于双方形成的稳定的雇佣关系或隶属关系，而是基于偶发性，其实更加倾向于“一揽子买卖”；从章某对赵某的管理行为来看，赵某与章某之间并非存在“特殊的从属关系”，赵某的运送货物的行为也并非必须在章某高度指示安排之情形下进行；从报酬发放来看，也是由发货公司给赵某发放报酬，而不是由章某为其发放报酬。所以，不宜认定双方存在雇佣关系。

因新就业形态中存在多种运作模式和劳动方式，劳资双方一般不直接签订书面合同，且网络平台通常将业务外包给第三方公司；在报酬发放方面，也不直接发放劳动报酬，转用微信、支付宝等第三方平台发放报酬方式。故在司法实践中，处理该类案件时，有时难以确定真正的用工主体究竟是网络平台还是具体店铺运作人抑或是第三方公司，劳动者与各涉事主体之间的法律关系难以认定，致使平台、公司、劳动者之间的责任难以厘清。

实际上，双方之间是否建立劳动关系、属于劳务关系还是合作关系等问题不能一概而论。对于具备传统劳动关系特征、存在较强人身依附属性与经济从属性的雇佣方式，可参考劳动关系保障模式；而对于时间碎片化、组织松散化的用工模式，更倾向界定为劳务、合作或其他民事法律关系。根据从业者与雇佣方的从属紧密程度和用工模式，准确甄别不同类型的法律关系，有针对性地开展规制是保障新就业形态从业者合法权益的核心与基础。

编写人：北京市房山区人民法院　原丹丹

13

帮工人遭受被帮工人侵权情形下归责原则的适用及责任划分

——夏某洪诉飞某公司等健康权案

【案件基本信息】

1. 裁判书字号

浙江省宁波市中级人民法院（2019）浙 02 民终 321 号民事判决书

2. 案由：健康权纠纷

3. 当事人

原告（被上诉人）：夏某洪

被告（上诉人）：飞某公司

被告（被上诉人）：元某公司、金某公司

【基本案情】

原告夏某洪系个体工商户，从事货物运输业务。元某公司与飞某公司之间存在业务往来。2015 年 8 月 6 日，飞某公司通知夏某洪去金某公司运输一批货物至飞某公司，该货物系元某公司存放于金某公司处。夏某洪载着飞某公司的两名员工至金某公司，由夏某洪与飞某公司的两名员工使用叉车等运输工具分批次将货物搬运至车厢内。在未将货叉放下的情况下，夏某洪在前面拉车，飞某公司的员工在后面推车，途经缓坡时叉车向前倾倒，砸到夏某洪身上。夏某洪当即被送至一一三医院住院治疗，经诊断为腰 2 椎体爆裂性骨折伴瘫痪；腰 2/3 椎体脱位；右侧耻骨下肢骨折；头颅皮下血肿；腹股沟巨大斜疝；双下肢静脉血栓；Ⅱ型糖尿病。共住院治疗 102 天。后夏某洪又入住宁波明州医院，治疗腹股沟斜疝，共住院治疗 11 天。

嗣后，夏某洪自行委托宁波市诚某司法鉴定所进行鉴定，该鉴定所出具《司法鉴定意见书》一份，认为夏某洪因故致腰2椎体爆裂性骨折伴截瘫，腰2/3椎体脱位，相应平面脊髓完全离断，目前遗留双下肢截瘫，肌力0级，伴大小便失禁，评定伤残等级为二级伤残，存在三级护理依赖，住院期间属于一级护理依赖；夏某洪属于完全劳动能力丧失，建议其长期休养，伤后夏某洪恢复身体需要大量的营养支持，酌情建议营养期限为5个月。夏某洪花费鉴定费3190元。

审理过程中，飞某公司申请重新鉴定，法院依法启动鉴定程序，委托绍兴明某司法鉴定所对伤残等级等进行鉴定，该鉴定所出具《法医临床鉴定意见书》一份，该意见书载明：夏某洪2015年8月6日因故致腰2椎体爆裂性骨折伴截瘫，腰2/3椎体脱位经手术治疗后遗留双下肢截瘫（肌力0级）伴大小便失禁的人身损伤情况，其人身损伤评定为二级伤残；夏某洪2015年8月6日至11月16日期间于一一三医院住院治疗所产生的费用，属于本次事故产生的费用；2016年5月16日至5月27日期间于宁波明州医院住院治疗所产生的费用，不属于本次事故产生的费用；残疾辅助器具的金额、使用年限、维修费等鉴定项目不属于该所业务鉴定范围，故不予鉴定。

【案件焦点】

夏某洪的损害后果应由谁承担责任及承担责任的比例。

【法院裁判要旨】

浙江省宁波市海曙区人民法院经审理认为：夏某洪系从事道路货物运输的个体工商户，且飞某公司提交的进仓费等并无夏某洪的签名，夏某洪也不认可，本次事故发生的时候，飞某公司亦派遣了两名员工从事装卸货物的工作，故夏某洪和飞某公司之间存在运输合同关系。另夏某洪装卸货物的行为并非其工作范畴。

关于双方就本起事故应承担何种责任问题。飞某公司的员工虽主观上并无恶意，但在后面推叉车途经缓坡的时候用力过猛，导致叉车前倾，压倒夏某洪，致使夏某洪受伤，存在过错，应承担主要责任。由于员工系履行职务行为，故应由飞某公司承担员工致害造成的损失。夏某洪在使用叉车的过程中，未正确使用，在空车移动的时候未放下货叉，一定程度上导致重心不稳，且其在途经缓坡的过程中，亦有加速的行为，存在一定的过错，应承担次要责任。至于元某公司，虽然飞某公司主张元某公司系实际货主，但无法律规定其应对夏某洪的损害承担相应的民事责任，故元某公司无需承担责任。根据《中华人民共和国侵权责任法》第三十七条规定：宾馆、商场、银行、车站、娱乐场所等公共场所的管理人或者群众性活动的组织者，未尽到安全保障义务，造成他人损害的，应当承担侵权责任。本案中事故发生地点为金某公司的厂区内，并不属于以上所述的公共场所，且当事人对自己的主张应提供相应的证据，夏某洪虽主张其受伤系地面不平整造成，但其未提供相应的证据证明，从受伤的录像中也无法反映该情况，故对夏某洪的该意见不予采纳。综上，夏某洪对事故产生的损失应承担30%的责任，飞某公司应承担70%的责任。

夏某洪因本起事故产生医疗费194193.08元、住院伙食补助费3060元、护理费380249元、残疾赔偿金928080元、被扶养人生活费568512元、误工费43451元、营养费4500元、轮椅费1000元、按摩椅等5602元、交通费500元、鉴定费3190元、残疾器具辅助费280000元，合计2412337.08元。飞某公司应承担70%，即1688636元及精神损害抚慰金40000元。依照《中华人民共和国侵权责任法》第九条第一款、第十六条、第二十四条第一款，《最高人民法院关于审理人身损害赔偿案件适用法律若干问题的解释》第十七条第一款和第二款、第十八条、第十九条、第二十条、第二十一条、第二十二条、第二十三条、第二十四条、第二十五条第一款、第二十六条、第二十八条及《中华人民共和国民事诉讼法》第六十四条第一款规定，判决如下：

一、飞某公司于本判决生效之日起十日内赔偿夏某洪各种经济损失1688636元及精神损害抚慰金40000元；

二、驳回夏某洪的其他诉讼请求。

飞某公司不服一审判决，提出上诉。浙江省宁波市中级人民法院经审理判决：

驳回上诉，维持原判。

【法官后语】

本案的核心问题是义务帮工关系中帮工人因帮工活动遭受人身损害的责任认定和划分。

一、帮工关系的侵权责任类型及责任承担

帮工关系的侵权责任类型有帮工人在帮工活动中致他人损害、自身遭受损害和受到第三人损害三种类型。一是帮工人在帮工活动中致他人损害。《最高人民法院关于审理人身损害赔偿案件适用法律若干问题的解释》（以下简称《人身损害赔偿解释》）第四条规定："无偿提供劳务的帮工人，在从事帮工活动中致人损害的，被帮工人应当承担赔偿责任。被帮工人承担赔偿责任后向有故意或者重大过失的帮工人追偿的，人民法院应予支持。被帮工人明确拒绝帮工的，不承担赔偿责任。"该条规定明确帮工人在帮工活动中致人损害的，被帮工人对第三人的损害应当承担无过错责任，同时在帮工人存在故意或者重大过失的情形下，被帮工人可以向帮工人行使追偿权。被帮工人明确拒绝帮工的则不承担赔偿责任。二是帮工人在帮工活动中遭受人身损害。《人身损害赔偿解释》第五条第一款规定："无偿提供劳务的帮工人因帮工活动遭受人身损害的，根据帮工人和被帮工人各自的过错承担相应的责任；被帮工人明确拒绝帮工的，被帮工人不承担赔偿责任，但可以在受益范围内予以适当补偿。"该款规定明确帮工人在帮工活动中自身受到损害的，适用过错责任原则，帮工人与被帮工人根据各自的过错程度承担相应责任，适用中应通过明确界定帮工人与被帮工人的过错，准确划定各自对应的责任。被帮工人明确拒绝帮工的，适用公平责任原则，由被帮工人在受益范围内对帮工人承担补偿责任。三是帮工人在帮工活动中受到第三人的损害。《人身损害赔偿解释》第五条第二款规定："帮工人在帮工活动中因第三人的行为遭受人身损害的，有权请求第三人承担赔偿责任，也有权请求被帮工人予以适当补偿。被帮工人补偿后，可以向第三人追偿。"该款规定明确帮工人遭受第三人侵权的情形下，第三人应当对帮工人承担赔偿责任，同时帮工人可以要求被帮工人承担补偿责任，并且赋予被帮工人对第三人的追偿权。

二、帮工人与被帮工人混合过错的认定

混合过错制度是随着过错原则产生和发展起来的，是指对于损害结果的发生或扩大，不仅行为人有过错，而且受害人也有过错。混合过错的特征为：(一)双方当事人均有过错。对于损害结果的发生或扩大，行为人和受害人均有过错，属于过失竞合。(二)双方当事人的行为是损害结果发生或扩大的共同原因，表现为多因一果的因果关系。(三)侵权责任应根据双方的过错大小分担。本案中，导致夏某洪受到损害的主要原因是飞某公司的员工在后面推夏某洪的叉车途经缓坡的时候用力过猛，导致叉车前倾，对损害的产生存在过失。从受害人层面看，夏某洪在使用叉车的过程中，操作不规范，对于损害结果的发生亦存在过错。飞某公司的员工与夏某洪之间存在义务帮工关系，对于帮工人夏某洪的损害后果，帮工人与被帮工人的行为符合混合过错的特征。

三、帮工人与被帮工人混合过错情形下的责任承担

帮工人因帮工活动遭受人身损害，帮工人与被帮工人均存在过错时，被帮工人不应承担全部责任。本案中，帮工人是因帮工活动自身遭受损害，且帮工人与被帮工人均存在过错，因此对于帮工人的损害后果应根据《人身损害赔偿解释》第五条第一款规定，由帮工人与被帮工人按照各自过错承担相应的责任。帮工人夏某洪因在帮助飞某公司的过程中受伤，飞某公司作为受益人，亦为两员工的雇主，有义务对其员工在工作中所致人身损害承担替代责任即雇主责任。

从行为人对自己行为负责的侵权责任法的基本原则出发，对于混合过错所致侵权行为，应由各行为人对自己行为造成的后果负责。对于混合过错所致侵权的损害赔偿责任比例的划分，应通过综合考量侵权人与受害人过失大小和原因力比例来确定。

(一)过错程度的判断

混合过错引发的侵权均由过失构成，而过失依其程度轻重分为重大过失、

一般过失和轻过失。各种过失轻重程度的判断一般以注意义务的高低来确定。本案中，飞某公司的员工推叉车的行为对损害结果的发生属于重大过失。夏某洪对叉车操作规范应比一般人更为熟悉，故其违反叉车操作规范，对损害结果的发生亦属于重大过失。在义务帮工法律关系中，被帮工人的注意义务显然高于帮工人，故飞某公司的员工的过失大于夏某洪的过失，应由飞某公司对损害结果承担主要责任，夏某洪对损害结果承担次要责任。

（二）原因力大小的判断

原因力大小决定于各个共同原因的性质、原因事实与损害结果的距离。因此，一般来说直接原因的原因力大于间接原因的原因力，主要原因的原因力大于次要原因的原因力，原因事实距离损害结果近的原因力大于距离损害结果远的原因力。本案中，飞某公司的员工推叉车的行为是造成损害结果的直接原因、主要原因，夏某洪违反操作规范的行为是造成损害结果的间接原因、次要原因。因此，根据原因力比例判断，飞某公司对其员工行为承担主要责任，夏某洪对自身行为承担次要责任。

结合案件的裁判对社会导向作用的考量，工厂区域内通过叉车运载、搬卸货物比较频繁，叉车司机因视线盲区多，且其传动机构、现场作业环境复杂，对司机的技术水平要求高，突发事故较多，作为叉车司机，其专业能力应该能够预判叉车倾覆的可能性，应采取必要的预防措施，避免损害结果的发生。因此，本案结合帮工人、被帮工人对损害后果的发生中的过失竞合，按照双方对于损害后果发生的过失大小及原因力比例确定双方各自的责任，按照7∶3的比例确定飞某公司和夏某洪的责任，有助于引导行业操作人员注重规范操作，防范安全隐患。

编写人：浙江省宁波市海曙区人民法院　刘勇

（二）因果关系的认定

14

用人单位不得以尽到选任、管理义务抗辩免除雇主责任

——李某锋诉万某公司健康权案

【案件基本信息】

1. 裁判书字号

江苏省无锡市中级人民法院（2020）苏02民终4111号民事判决书

2. 案由：健康权纠纷

3. 当事人

原告（被上诉人）：李某锋

被告（上诉人）：万某公司

第三人（被上诉人）：周某

【基本案情】

2018年9月7日7时许，万某公司多名保安与多名施工人员在无锡市火车站北广场第六空间因检查出入证发生纠纷。双方在推搡过程中，万某公司保安周某用管子击打李某锋肩膀，致李某锋锁骨骨折。李某锋至医院住院治疗19天，产生医疗费等损失。周某因此被判犯故意伤害罪。嗣后李某锋诉至法院，认为周某系因执行工作任务造成其损害，万某公司作为用人单位应承担侵权责任，要求该公司赔偿医疗费、住院伙食补助费、误工费、营养费损失。万某公司辩称其已对周某进行了培训，尽到了选任和管理义务，并无过错，不应承担

赔偿责任，且李某锋对损害后果也有过错。

【案件焦点】

万某公司能否以尽到选任、管理义务免除雇主责任。

【法院裁判要旨】

江苏省无锡市梁溪区人民法院经审理认为：周某系因履行职责与李某锋发生纠纷，在纠纷过程中造成李某锋损害，该行为与执行工作任务之间有内在联系，万某公司作为周某的用人单位，应对李某锋承担侵权责任。用人单位责任系无过错责任，用人单位是否对工作人员进行培训和教育，有无过错，并非其责任承担的要件，万某公司的相关辩称意见缺乏法律依据，不予采纳。即使李某锋对纠纷的发生有过错，因周某使用工具击打李某锋已超出纠纷一般能造成的损害后果，故不应减轻其责任。

综上，江苏省无锡市梁溪区人民法院依照《中华人民共和国侵权责任法》第十六条、第二十六条、第三十四条，《最高人民法院关于审理人身损害赔偿案件适用法律若干问题的解释》第二十条、第三十五条规定，判决：

万某公司于判决生效之日起十日内赔偿李某锋医疗费 43444.94 元、住院伙食补助费 1300 元、误工费 25179.66 元、护理费 4800 元、营养费 1800 元，共计 76524.60 元。

万某公司不服一审判决提起上诉。

江苏省无锡市中级人民法院经审理认为：劳务派遣期间，被派遣的工作人员因执行工作任务造成他人损害的，由接受劳务派遣的用工单位承担侵权责任。因此周某即使是亚某公司派遣的员工，万某公司也应依法对李某锋承担赔偿责任。李某锋系因周某故意侵权遭受损害，该事实已为生效刑事判决书所确认，万某公司也没有证据证明李某锋存在过错，其关于减轻责任的意见不成立。综上，万某公司的上诉请求不成立，依法予以驳回。依照《中华人民共和国民事诉讼法》第一百七十条第一款第一项规定，判决：

驳回上诉，维持原判。

【法官后语】

原《中华人民共和国侵权责任法》第三十四条对雇主责任有明确规定，《中华人民共和国民法典》第一千一百九十一条沿用了相关规定，并增加用人单位追偿权的规定，即用人单位承担侵权责任后，可以向有故意或者重大过失的工作人员追偿。用人单位的工作人员因执行工作任务造成他人损害的，由用人单位承担侵权责任，这种责任属于替代责任，即由非行为人对行为人的侵权行为承担责任，系法律对责任主体的特殊规定。根据上述法律规定，用人单位责任应属于无过错责任，即用人单位即使无任何过失，仍应对其工作人员因执行工作任务导致的损害负赔偿责任，用人单位不得主张尽到选任、管理等注意义务而免责。据此，本案中，万某公司提出其对侵权行为人进行了培训、尽到了管理义务，故而没有过错的抗辩不能成立。

无过错责任是随着社会化大生产的迅速发展，为保障受害人作为弱势群体的权益得到及时有效的救济，以实现社会公平价值发展而来，是落实企业社会责任的重要制度安排。雇主责任适用无过错责任的立法价值在于，用人主体通过雇佣人员获得取得更高利润或更大利益的机会，将职务行为侵害后果产生的风险归于因该职务行为得益的用人单位，从而优先保障被侵权人的损失能够得到及时救济，以保护处于相对弱势的被害人。用人单位的权利则是在其承担该替代责任后，向最终应承担责任的主体追偿。

适用该条规则的主要要件，一是在用人单位与行为人之间必须存在雇佣关系，二是行为人是因执行工作任务给他人造成损害。其中，要特别注意对“因执行工作任务造成他人损害”的理解与适用。首先，行为人必须是执行用人单位的工作安排或委托。如存在劳务派遣，替代责任主体应为劳务用工单位，劳务派遣单位有过错的才承担责任。因此，万某公司在二审中提出侵权行为人系其他公司派遣人员的情况，不能成为其免责的事由。其次，认定“因执行工作任务”，必须考虑行为主体实施的行为内容、时间、地点、场合、行为之名义（以用人单位名义还是以个人名义）、行为的受益人（用人单位受益还是个人受益），以及是否与用人单位意志有关联等因素。本案中，万某公司的员工作为侵权行为人，系在检查出入证时与被侵权人发生冲突，属于典型的“因执行工作任务”而造成他人损害。

本案还涉及刑民交叉问题，对此原《中华人民共和国侵权责任法》和《中华人民共和国民法典》都规定，民事主体因同一行为应当承担民事责任、行政责任和刑事责任的，承担行政责任或者刑事责任不影响承担民事责任。因此，虽然周某承担了刑事责任，但不影响被告作为周某的用人单位依法承担民事责任。

编写人：江苏省无锡市梁溪区人民法院　吴伟

15

安全保障义务人与第三人均对损害后果发生有原因力可承担按份责任

——王某诉刘某、张家口某公司生命权、健康权、身体权案

【案件基本信息】

1. 裁判书字号

北京市第三中级人民法院（2020）京03民终11186号民事判决书

2. 案由：生命权、健康权、身体权纠纷

3. 当事人

原告（被上诉人）：王某

被告（上诉人）：刘某、张家口某公司

【基本案情】

王某在张家口某公司开办的滑雪乐园滑雪。滑雪途中，王某滑倒后坐地休整，约三十秒后，同样在雪道中滑行的刘某与王某相撞。王某受伤就医，经鉴定，构成两处伤残。事故发生位置位于初中级雪道两条雪道交会后雪道转弯贴近防护网处，雪道中央及雪场周围无“慢”字标志等安全警示标识及告知牌，

该雪道没有指定的休息区、修整区或缓冲区，现场无巡逻人员。张家口某公司自认事发雪道有一定坡度且转弯处弯度较大。事故现场监控视频显示刘某在距离王某一定距离时蹲下并坐在地上减速，但仍向前滑行并与王某相撞。刘某主张其在雪道上方看不到王某位置，看到后尽量减速但还是撞到了王某。张家口某公司医务室登记表记录了自 2018 年 1 月 6 日至 10 日期间该滑雪乐园顾客受伤情况，共 13 条记录中受伤地点为该初中级雪道的记录为 8 条。

【案件焦点】

安全保障义务人是否能与侵权第三人按照共同侵权承担按份责任。

【法院裁判要旨】

北京市朝阳区人民法院经审理认为：王某在滑雪过程中受伤，存在损害事实。王某在碰撞发生前曾停留在雪道靠近防护网位置半分钟，符合常理，故王某对损害发生没有过错。刘某作为在后的滑雪者未能及时察觉前方的王某并有效躲避，存在过错，应当承担侵权责任。张家口某公司未在事发雪道上及雪场周围设置安全警示或告知牌，未尽到安全保障义务。涉案雪道在 2018 年 1 月 6 日至 10 日期间发生多起滑雪者受伤的事故，可见该雪道确存在一定安全隐患，而张家口某公司并未及时采取相应的整改措施，未尽到其作为善良管理人标准下必要的谨慎和努力。若张家口某公司履行其安全保障义务，如在雪道旁或防护网处设置警示标牌或标志，从理性人视角，滑雪参与者因为事先受到警示而会提前采取相应预防措施，从而降低甚至消除事故发生的风险。故，张家口某公司违反安全保障义务行为与本案王某损害后果具有客观联系，构成侵权行为要件项下的因果关系。

关于张家口某公司、刘某应如何承担侵权责任，张家口某公司虽然是在存在第三人侵权情形下因为未尽到安全保障义务而担责，但并不适用《中华人民共和国侵权责任法》第三十七条第二款规定的补充责任情形，而是构成《中华人民共和国侵权责任法》第十二条规定的无意思联络的数人侵权情形。

北京市朝阳区人民法院依照《中华人民共和国侵权责任法》第六条、第三十七条，《最高人民法院关于审理人身损害赔偿案件适用法律若干问题的解释》第十七条、第十八条、第十九条第一款、第二十一条第一款、第二十二条、第二十三条第一款、第二十四条、第二十五条，《最高人民法院关于民事诉讼证据的若干规定》第四十条规定，判决如下：

一、刘某于判决生效之日起七日内赔偿王某医疗费、护理费、住院伙食补助费、营养费、交通费、残疾赔偿金、精神损害抚慰金，合计 204369.76 元；

二、张家口某公司于判决生效之日起七日内赔偿王某医疗费、护理费、住院伙食补助费、营养费、交通费、住宿费、残疾赔偿金、精神损害抚慰金，合计 300901.86 元；

三、驳回王某的其他诉讼请求。

刘某、张家口某公司不服一审判决，提起上诉。北京市第三中级人民法院同意一审法院裁判意见。依照《中华人民共和国民事诉讼法》第一百七十条第一款第一项规定，判决：

驳回上诉，维持原判。

【法官后语】

本案是一起典型的存在直接侵权人，但是安全保障义务人未尽安全保障义务的行为对事故发生也具有原因力的侵权纠纷案件。此种情况下，侵权第三人与安全保障义务人如何承担责任，司法实践中一般认为，因第三人的加害行为而产生损害，安全保障义务主体未尽安全保障义务所应承担的责任为补充责任。但是如果安保义务人未尽到安全保障义务的行为对受害人损害后果的产生具有原因力的情况下，安全保障义务人仅承担补充责任有失公平。本案例认为，此种情况下可以适用分别实施非充足原因侵权行为的按份责任确定安全保障义务人的责任形态。分析如下：

一、安全保障义务人承担补充责任的前提是第三人的行为单独致害

《中华人民共和国民法典》第一千一百九十八条第二款沿袭原《中华人民共和国侵权责任法》第三十七条第二款的规定，即受害人在经营场所、公共场所或参加公众活动时受到第三人侵害，第三人作为直接侵权人和损害发生的直

接诱因，按照侵权责任法“责任自负”的原则，应当首先由该侵权第三人承担赔偿责任，安全保障义务人仅承担补充责任。第三人责任既是直接责任又是终局责任。安全保障义务人承担补充责任是基于其自身存在的过错和保障受害人及时、足额获得赔偿，而不是减轻或分担第三人的侵权责任，第三人不得以安全保障义务人存在过错为由主张减轻自己应负的赔偿责任。但从本条的立法目的看，该条款规定的第三人侵权应为第三人单独侵权，即第三人的加害行为直接导致了他人损害后果的发生，而不包括安全保障义务人原因力的加入，在第三人侵权的情况下，安全保障义务人承担的是防止或制止第三人对他人实施侵权行为的安全保障义务，即使安全保障义务人尽到该义务，大多时候也不能必然地阻止或减轻损害后果的发生。

二、安全保障义务人的不作为对损害后果发生具有原因力的可适用分别侵权的规则

在安全保障义务人的不作为行为对损害后果发生具有原因力的情形下，安全保障义务人仅承担补充责任有失公平，而法律规定并未明确此类情况下的责任形态。按照《中华人民共和国民法典》第一千一百七十二条规定，二人以上分别实施侵权行为造成同一损害，能够确定责任大小的，各自承担相应的责任；难以确定责任大小的，平均承担责任。即分别实施非充足原因侵权行为的按份责任，这一责任形态区别于第一千一百七十一条规定的分别实施充足原因侵权行为的连带责任，即二人以上分别实施的无意思联络和共同过失的侵权行为，每一侵权行为都足以造成同一损害，且每一个行为人的行为都足以造成全部损害的适用第一千一百七十一条，每一个行为人的行为不足以造成全部损害的适用第一千一百七十二条。《中华人民共和国民法典》第一千一百七十二条规定与《中华人民共和国侵权责任法》第十二条基本一致。适用分别实施非充足原因侵权行为的按份责任，即解决了安全保障义务人与侵权第三人没有共同意思联络情形下，消极的不作为行为与积极的加害行为无法直接结合对受害人产生损害的理论难点。

三、安全保障义务人承担按份责任的判断

在判断安全保障义务人是应当承担按份责任还是仅需承担补充责任时，可

以以安全保障义务人的不作为行为在损害结果发生中有无原因力作为判断标准。原因力，是指违法行为或其他因素对于损害结果发生或扩大所发挥的作用力。实践中，判断安全保障义务人的不作为行为对造成损害后果是否具有原因力，主要考量损害结果避免可能性。如安全保障义务人尽到安全保障义务，可在一定程度上避免损害结果的发生，则其不作为对损害结果的发生存在原因力。另外，侵权责任法的预防抑制功能是侵权责任法多重重要功能之一，风险越高责任越大，如通过确定安全保障义务人对风险防范的不作为应当承担侵权责任，将对过失类侵权的预防抑制产生积极作用，则可反证认定该不作为行为存在原因力具有合理性。

编写人：北京市第三中级人民法院　孙京　王玮玮

16

侵权责任法律上因果关系的认定

——王某甲、王某乙诉赵某生命权案

【案件基本信息】

1. 裁判书字号

北京市延庆区人民法院（2020）京0119民初840号民事判决书

2. 案由：生命权纠纷

3. 当事人

原告：王某甲、王某乙

被告：赵某

【基本案情】

王某甲与刘某系夫妻，二人育有一子王某乙。刘某在北京市某局某所从事保洁工作，赵某系该所员工。

2019年12月5日，刘某与王某甲在家中发生争吵，刘某服用农药“百草枯”。随后，刘某被送往康庄镇社区卫生服务中心、北京市延庆区医院和中国人民解放军第三〇七医院，共支出医疗费15064.06元（含救护车费用）。

12月6日，北京市公安局延庆分局民警对刘某、赵某先后进行询问的笔录显示，王某甲和刘某吵架系因赵某给刘某发了一些黄色视频。赵某自2019年5月开始，在单位陆续给刘某发送过几次不雅图片和视频，王某甲得知后坚持要赵某当面道歉。后在事发当天上午王某甲和赵某约定见面……

2019年12月7日，刘某因百草枯中毒死亡。同日，北京市公安局延庆分局出具行政处罚决定书，以赵某在北京市某所宿舍多次通过手机微信向刘某发送信息，导致刘某与其丈夫王某甲吵架后服用“百草枯”为由，根据《中华人民共和国治安管理处罚法》第四十二条第一款第五项规定，决定给予赵某行政拘留七日的行政处罚。

王某甲、王某乙认为，赵某多次向刘某发送淫秽视频，给刘某造成极大精神压力，也是造成刘某家庭矛盾甚至自杀的直接原因，刘某的自杀给家属造成了极大的精神损害和财产损失，故诉至法院，请求法院判令赵某赔偿医疗费、丧葬费、死亡赔偿金、精神损害抚慰金元共计331950.85元，赵某向王某甲、王某乙书面道歉。

【案件焦点】

赵某是否应当对刘某服毒（自杀）承担侵权责任。

【法院裁判要旨】

北京市延庆区人民法院经审理认为：构成一般侵权责任须具备以下四要件：侵权行为、过错、损害事实、因果关系。在认定侵权责任的因果关系时，为了合理控制责任范围，侵权行为与损害结果之间在仅具有事实上的联系时并不足以建立法律上的因果关系，还需判断依照一般社会见解、知识和经验，一般人是否认为在同样情形下该行为通常会导致此种损害后果的发生，即二者是否具备相当因果关系。虽然赵某向刘某发送淫秽信息的行为给刘某造成一定困扰，但刘某在询问笔录中提到是因赵某发送的淫秽信息导致夫妻争吵而一时想不开的情况下服毒。赵某发送淫秽信息与刘某服毒之间存在时间间隔，且依照一般社会见解和生活经验，因收到淫秽信息导致的夫妻争吵在通常情形下并不会造成致人服毒（自杀）的损害后果，所以赵某的行为与刘某服毒的损害后果之间不足以形成法律上的因果关系。另外，北京市公安局延庆分局出具行政处罚决定书是对赵某多次发送淫秽信息给予的相应处罚，但并非认定刘某的服毒（自杀）系赵某的行为所致。因此，赵某的行为并不具备侵权责任的构成要件，故对于王某甲、王某乙要求赵某赔偿医疗费、丧葬费、死亡赔偿金、精神损害抚慰金并书面道歉的诉讼请求，不予支持。

但需要指出的是，向他人多次发送淫秽信息干扰他人正常生活是违反治安管理处罚法的行为，刘某的死亡结果对于赵某应是一次严肃的教诫，希望赵某能认识到自己的错误及给他人带来的影响，在今后的生活中慎于言行、严于修身。

北京市延庆区人民法院依照《中华人民共和国侵权责任法》第二条、第六条，《最高人民法院关于适用〈中华人民共和国民事诉讼法〉的解释》第九十条规定，作出如下判决：

驳回王某甲、王某乙的全部诉讼请求。

【法官后语】

受害人自杀是否会引起有关当事人侵权责任的产生，应根据侵权责任的构成要件进行具体判断。因受害人自杀引起的侵权责任纠纷适用一般过错责任原则，成立侵权责任须具备以下四要件：一是侵权行为、二是过错、三是损害事实、四是因果关系。其中，行为与结果之间是何种因果关系决定着行为人是否担责、需承担的责任范围及在何种程度上担责。法律上因果关系的认定并非纯粹的客观事实判断，而是带有明显法律政策之考量的价值判断。为寻求最大限度符合公平正义，法院在认定法律上的因果关系时，应尽可能寻找受害人合法权益和相关行为人行为自由的平衡点。判断行为与损害结果的因果关系不仅应满足必要性，即无此原因必无此结果的条件关系，还需要考察是否具有相当性，即有此原因通常有此结果的相当性。“相当因果关系说”是当前理论通说，侵权责任上的因果关系应依据一般社会经验进行认定，如认为依据事物通常的发展过程被诉行为将会产生同种损害后果的，才能认定二者之间具有法律上的因果关系。如果一般谨慎的合理人于行为人处境实施相同行为亦不能预见受害人有自杀的可能性，或者根据一般社会经验判断，行为人实施的行为通常不会导致受害人自杀的，行为人对受害人自杀的损害后果不承担侵权责任。

诚然，赵某向刘某发送淫秽信息干扰他人正常生活是违反治安管理处罚法的行为，只能说明其行为违法，但不能证明赵某实施被诉行为时能够预见到受害人会自杀即赵某不存在过错。同时，从赵某行为的起因、过程、持续时间及严重性等方面进行综合考虑，其行为虽给刘某造成困扰，但是因收到淫秽信息导致的夫妻争吵在通常情形下并不会造成他人服毒（自杀）的损害后果，所以赵某的行为与刘某服毒的损害后果之间不足以形成法律上的因果关系，赵某的行为并不具备侵权责任的构成要件。

过错责任原则给予当事人的救济有严格标准，主观过错、侵权行为、损害后果、侵权行为与损害后果有因果关系，以上四要素缺一不可，在综合认定过程中，不能以不考虑行为人是否有过错，只要有损害后果就要承担责任的结果责任主义为导向，更不能对损害结果的承受方带有情感偏向。

编写人：北京市延庆区人民法院　王映雪

17

非经营性公共场所安全保障义务的认定

——文某某诉北京某大学健康权案

【案件基本信息】

1. 裁判书字号

北京市海淀区人民法院（2020）京0108民初916号民事判决书

2. 案由：健康权纠纷

3. 当事人

原告：文某某

被告：北京某大学

【基本案情】

2019年7月14日上午10时左右，文某某的父亲带着文某某在北京某大学操场玩耍，其时垒球队在操场训练，经垒球队队员提醒后，文某某的父亲带着文某某移至网状防护栏外。但垒球队队员陈某在投球时发生意外，垒球击中文某某头部。文某某立即去医院治疗，被诊断为头外伤。后文某某复查时显示头部外伤、声音嘶哑、咽炎。文某某的家长为其支付医疗费若干。

8月4日，文某某之母廖某霞与陈某达成《赔偿协议》，约定赔偿费用如下：医疗检查费452元、交通费80元、误工费2100元（600元/天，3.5天），共计2632元。赔偿费用经微信转账一次结清，双方对此事不再有任何纠纷。注：文某某因剧烈哭喊导致喉部不适、经医生鉴定需治疗，该部分费用自愿放弃不予追究。

文某某主张北京某大学管理不到位，应当承担场地管理责任。

【案件焦点】

对于放假期间学生自发组织体育活动造成他人伤害的，北京某大学是否承担赔偿责任。

【法院裁判要旨】

北京市海淀区人民法院经审理认为：行为人因过错侵害他人民事权益，应当承担侵权责任。宾馆、商场、银行、车站、娱乐场所等公共场所的管理人或者群众性活动的组织者，未尽到安全保障义务，造成他人损害的，应当承担侵权责任。因第三人的行为造成他人损害的，由第三人承担侵权责任；管理人或者组织者未尽到安全保障义务的，承担相应的补充责任。当事人对自己提出的主张，有责任提供证据。

北京某大学操场系对公众免费开放的场地，北京某大学虽对操场的管理存在安全保障义务，但这种安全保障义务仅需达到一般的注意义务即可。现北京某大学在操场中设置了防护网，已经尽到了适当的安全保障义务。退一步而言，文某某与陈某达成了赔偿协议，表明此次纠纷一次性解决，并已履行完毕。因此，文某某要求北京某大学承担赔偿责任，于法无据，不予支持；因北京某大学并非直接侵权人，文某某要求北京某大学赔礼道歉并无依据，亦不予支持。据此，北京海淀区人民法院依照《中华人民共和国侵权责任法》第六条，《中华人民共和国民事诉讼法》第六十四条规定，判决如下：

驳回文某某全部诉讼请求。

【法官后语】

安全保障义务，通常是当事人之间没有合同约定的情形下而产生的一种要求另一方为了一方的人身安全和财产安全而积极作为的义务，因违反安全保障义务而产生的责任是不作为责任。原《中华人民共和国侵权责任法》第三十七条规定，宾馆、商场、银行、车站、娱乐场所等公共场所的管理人或者群众性活动的组织者，未尽到安全保障义务，造成他人损害的，应当承担侵权责任。《中华人民共和国民法典》对该规定进一步完善。《中华人民共和国民法典》第一千一百九十八条第一款规定，宾馆、商场、银行、车站、机场、体育场馆、娱乐场所等经营场所、公共场所的经营者、管理者或者群众性活动的组织者，未尽到安全保障义务，造成他人损害的，应当承担侵权责任。据此，《中华人民共和国民法典》更加明确将经营场所之外的非营利性场所即公共场所的管理者囊括在法律规定之中，然而非营利性公共场所与营利性公共场所在责任基础上具有异质性，二者的义务标准和限度应当予以区分。

安全保障义务之法定化，其目的就在于通过法律强加给义务人以谨慎小心的注意义务，在控制场所风险时承担硬件和软件两方面的义务。安全保障义务贯穿始终，事前降低危险发生可能性，事中提醒进入场所之人注意，事后及时防止损害扩大，在事前、事中和事后的全过程中，义务人只需付出很少成本即可避免损害或减少损害发生。非营利性公共场所在建造时应使场所各种硬件设施符合质量标准，使用过程的日常维护管理中应注意保持对危险之防范，这些措施仅需尽到一定的谨慎和“善良管理人”义务即可降低乃至预防危险。正因为非营利性公共场所之责任基础具有特殊性，对危险源的管理和控制不密切，其承担的义务应较一般的安全保障义务轻。然而司法实践对此关注不够以致有时未加以区分，导致司法实践中裁判结果并不一致，甚至强加于非营利性公共场所不应承担的义务。

非营利性公共场所安全保障义务主要源于两种类型：一是基于合同关系产生的安全保障义务。主要集中于医疗服务合同领域，管理人为公益性医疗机构，如医院、社区卫生服务中心等。此种来源较为少见，在此不再赘述。二是依诚信原则和惯例产生的安全保障义务，如本案中的情况。依诚信原则和惯例产生的安全保障义务，当事人之间因并无其他关系，二者之间的紧密性不强，其注意义务之要求应更低。但应当注意“法定标准优先的原则”，在硬件方面，公共场所的建造质量、设计标准须符合法律、法规、规章和规范性文件的要求；在软件方面应符合配备专门人员、设立警示牌提醒注意的要求。在有相关规定的情况下，公共场所的管理人必须履行法定的义务，若有违反，应当承担相应的法律责任。在无法定标准时，非经营性公共场所的安全保障义务只需尽到一般的警示、提醒注意和防护义务即可。无法律、法规、规章和规范性文件作为安全保障义务的依据时，并不意味着非营利性公共场所无需履行安全保障义务，但是亦不能施加过重的警示提醒义务，应以合理、现实为必要。同时，警示、提醒义务的履行也必须谨慎、理性。当仅有警示标识或安全提示，对可能出现的伤害和意外情况等作出的警示或提示达不到足够的安全保障的要求时，还需根据开放情况和危险情况，设置具有阻拦功能的护栏等安全设施，但也应考虑为避免危险而设置安全设施的现实可能性及其成本。诸如在本案中，在公共开放的操场中，管理者已在操场设置护栏，业已尽到了警示提醒的义务。学校免费向公众开放的操场，作为非营利性公共场所，其安全保障义务系来源于诚信原则和习惯，因此要求不能过高，不能为弥补受害人损失而肆意加重管理者的安全保障义务。

编写人：北京市海淀区人民法院　冯京晶

18

交通侵权行为与精神疾病因果关系的认定

——柳某山诉秦某军生命权、健康权、身体权案

【案件基本信息】

1. 裁判书字号

北京市第二中级人民法院（2020）京02民终5523号民事判决书

2. 案由：生命权、健康权、身体权纠纷

3. 当事人

原告（上诉人）：柳某山

被告（被上诉人）：秦某军

【基本案情】

2017年10月30日上午8时左右，秦某军驾驶机动三轮车在某幼儿园附近从后方将柳某山撞倒。事发后，柳某山被送往北京市仁和医院治疗，被诊断为左踝关节骨折（旋前外旋，3度），住院治疗21天。出院医嘱建议休息四周。2017年11月20日，甲方秦某军与乙方柳某山签订交通事故协议书，约定：1. 乙方住院期间，医院要求支付的费用均由甲方支付。乙方第一次入院期间的医疗费、护理费、伙食费甲方已付。2. 乙方手术后第一次出院需要3个月静养护理，这3个月产生的医疗费由甲方负责，乙方第二次入院手术医疗费由甲方负责。3. 乙方出院后关于赔偿的误工费、护理费、伙食费、营养费、交通费等经双方协商，由甲方一次性支付。

2017年12月12日中午12时许，柳某山在家中因故与母亲发生争吵，在争吵中，柳某山使用家中瓷盘、菜刀，打、砍其母致其母死亡。后经鉴定柳某山

案发时患“精神分裂症”，无刑事责任能力。

2018年5月30日，柳某山因精神分裂到某市第八人民医院治疗。后其监护人认为是交通事故对柳某山造成了精神损害，故诉至法院要求秦某军进行赔偿。

【案件焦点】

柳某山患“精神分裂”与秦某军撞伤柳某山之间是否存在因果关系。

【法院裁判要旨】

北京市大兴区人民法院经审理认为：首先从鉴定结果来看，现有病历材料无证据确证柳某山存在器质性脑损害，且大部分精神疾病病因不清；其次从柳某山提供的证据来看，柳某山在签订赔偿协议时精神正常，其提供的日记、照片等无法直接证明其患有精神疾病与腿部受伤的关系。综上，无法确定柳某山患精神分裂与秦某军对其撞伤之间存在因果关系，秦某军不应承担柳某山治疗精神疾病所产生的费用。

北京市大兴区人民法院依照《中华人民共和国侵权责任法》第二条、第六条、第二十二条规定，作出如下判决：

驳回柳某山的诉讼请求。

柳某山不服一审判决，提出上诉。北京市第二中级人民法院经审理认为：在作出判决前，当事人未能提供证据或者证据不足以证明其事实主张的，由负有举证证明责任的当事人承担不利的后果。就秦某军的侵权行为与柳某山患精神分裂症之间是否存在因果关系一节，经柳某山申请，一审法院曾先后委托北京中某司法鉴定所、某大法庭科学技术鉴定研究所进行鉴定，但其间均被告知不予受理或退案处理，且鉴定机构亦表示，目前医学发展水平下，大部分精神疾病病因不清。柳某山虽提交日记、照片等予以佐证，但仅依据前述证据尚难以认定秦某军的交通侵权行为与柳某山患精神分裂症存在因果关系，故综合考量本案情况及案涉事故发生后柳某山与秦某军签订赔偿协议时的精神状态和本案现有证据等，柳某山的上诉主张不能成立。

北京市第二中级人民法院依照《中华人民共和国民事诉讼法》第一百七十条第一款第一项规定，作出如下判决：

驳回上诉，维持原判。

【法官后语】

一般而言，按照过错责任原则，侵权责任的成立必须具备违法行为、损害事实、因果关系和主观过错四个要件，四者缺一不可。因果关系是侵权责任法乃至整个民法领域最复杂的问题之一。一般而言，作为过错责任的构成要件，因果关系的判定多遵循直接原因规则和相对因果关系规则。直接原因规则是指违法行为与损害结果之间具有直接因果关系，无须再适用其他因果关系理论判断，即可直接确认其具有因果关系。此多表现为一因一果的因果关系类型。相对因果关系是适当条件说所持观点，该学说认为，某一事实仅于现实情形发生某种结果，尚不能认为有因果关系，必须在一般情形、依社会的一般观察，亦认为能发生同一结果的时候，才能认为有因果关系。适当因果关系规则，关键在于掌握违法行为是发生损害事实的适当条件。适当条件是发生该种损害结果的不可或缺条件，它不仅是在特定情形下偶然引起该种损害，而且是一般情形下发生同种结果的有利条件。确定行为与结果之间有无因果关系，要依行为时的一般社会经验和知识水平作为判断标准，认为该行为有引起该损害结果的可能性，而在实际上该行为又确实引起了该损害结果，则该行为与该损害结果之间有因果关系。① 目前对于侵权责任纠纷，往往需要运用相当因果关系规则来判断，因为这一规则采取的是较为客观的判断模式，仅要求法官依法查明违法行为与损害事实之间在通常情况下存在因果关系即可。侵权责任法上对因果关系的判断绝非纯粹的事实判断，它既是事实判断问题，更是一个法律价值判断问题。

本案中，柳某山的监护人认为柳某山患精神分裂症系因秦某军撞伤所致，其应提供证据予以证明。庭审中，柳某山提供照片、日记，证明腿受伤对其打

① 杨立新：《侵权法论》（第五版），人民法院出版社2013年版，第236页。

击大，并申请对因果关系进行鉴定。从证据认定来看，柳某山受伤部位为腿部，未构成伤残，柳某山未从事对腿部要求较高的专业性工作。鉴定机构虽对因果关系鉴定不予受理或退案处理，但表示目前医学发展水平下，大部分精神疾病病因不清。综合以上因素，法官通过对事发时间、受伤位置、伤情、当事人生活工作范围、当事人精神状态的转变、现有医学论述等诸多因素进行分析判断，最后认定秦某军的交通侵权行为与柳某山患精神疾病之间不存在因果关系。

编写人：北京市大兴区人民法院　杨怡

19

用人单位体罚劳动者侵权行为的认定

——张某诉北京某文化传媒有限公司生命权、健康权、身体权案

【案件基本信息】

1. 裁判书字号

北京市第三中级人民法院（2020）京03民终11152号民事判决书

2. 案由：生命权、健康权、身体权纠纷

3. 当事人

原告（被上诉人）：张某

被告（上诉人）：北京某文化传媒有限公司（以下简称北京某公司）

【基本案情】

2018年6月13日，张某与北京某公司签订《劳动合同》，张某在该公司担任品牌拓展总监，合同期限自2018年6月13日至2021年6月12日，试用期自2018年6月13日至9月12日，试用期工资为12000元/月，转正后工资为15000元/月。

2018年7月3日，张某所在的微信工作群中要求包括张某在内的员工每天

邀约1名客户来公司，若完不成目标要做50个深蹲或100个俯卧撑。张某因7月5日、6日两天没有完成邀约任务，故在办公室做了深蹲。张某主张其每天做了100个深蹲，共计200个。北京某公司称张某所述的数量不真实，其大概做了50个深蹲。

2018年7月7日，张某因身体不适至北京市房山区某医院就诊，被诊断为肝损伤、横纹肌溶解症。7月8日至11日，张某先后到北京大学第三医院、北京协和医院就诊，均被诊断为横纹肌溶解症。张某治疗支出医疗费2752.38元，其提交的诊断证明医嘱建议其休息27天。

2018年8月7日，北京某公司向张某发出《解除劳动合同通知书》，通知自2018年8月7日解除与张某的劳动合同，并同意向张某支付2018年7月、8月税后工资7955.10元（7月试用期工资2727.27元、试用期病假工资4636.36元，共计税后6349.14元；8月工资1826.09元）。8月8日，张某回复北京某公司表示不同意解除劳动合同。

张某申请对横纹肌溶解症的损害后果与深蹲体罚因果关系及误工期、护理期、营养期进行鉴定。北京民生物证科学司法鉴定所出具鉴定文书，鉴定意见为：1. 张某横纹肌溶解症与过量运动存在直接因果关系；2. 评定为误工期45日、护理期15日、营养期15日。张某支出鉴定费4800元。

张某起诉请求判令北京某公司：1. 赔偿张某医疗费2752.44元、交通费1170元、陪护费8400元、误工费16044.90元、营养费11200元、住院伙食补助费600元、精神损害赔偿金20000元；2. 赔偿张某鉴定费4800元。

【案件焦点】

1. 北京某公司是否存在侵害张某健康权、身体权的行为；2. 北京某公司是否应当对张某的损害承担侵权责任；3. 如何确定北京某公司应当承担的侵权损害赔偿的范围及具体的赔偿数额。

【法院裁判要旨】

北京市朝阳区人民法院经审理认为：北京某公司在微信工作群中发布完成

不了工作任务则需完成深蹲或俯卧撑的信息，张某在深蹲后出现身体不适，后被医院诊断为横纹肌溶解症，经鉴定张某横纹肌溶解症与过量运动存在直接因果关系，故北京某公司应对张某的损害承担大部分责任。张某作为完全民事行为能力人，对运动的危险性也应具有一定的认知，张某自身未尽到安全注意义务，也应对损害的发生承担部分责任。综合案件事实，认定张某承担30%责任，北京某公司承担70%责任。

张某治疗支出的医疗费2752.38元，有诊断证明及医疗费票据等佐证，予以确认。张某未出具就诊交通费支出凭证，故对其主张的交通费1170元法院不予支持。参照鉴定文书及医院诊断证明，确定张某误工期45日、护理期15日、营养期15日，误工费按照每月12000元计算，但须扣除北京某公司已支付的工资，护理费按每天200元计算，营养费按每天100元计算。因张某并未住院治疗，且其亦不构成伤残，故对张某主张的住院伙食补助费及精神损害赔偿金不予采信。鉴定费4800元是张某的合理损失，予以确认。对于以上核实的金额，北京某公司承担70%的赔偿责任。依照《中华人民共和国侵权责任法》第十六条规定，判决：

一、北京某公司于判决生效后七日内赔偿张某医疗费1927元、陪护费2100元、误工费8077元、营养费1050元，共计13154元；

二、北京某公司于判决生效后七日内赔偿张某鉴定费3360元；

三、驳回张某之其他诉讼请求。

北京某公司不服一审判决，提起上诉。北京市第三中级人民法院同意一审法院裁判意见。依照《中华人民共和国民事诉讼法》第一百七十条第一款第一项规定，判决：

驳回上诉，维持原判。

【法官后语】

一、用人单位是否有权体罚劳动者

劳动者的人身自由、人格尊严和人身权利受法律保护。在劳动合同关系中，劳动者负有向用人单位提供劳动的义务；用人单位负有保障劳动者在提供劳动过程中人身自由、人格尊严和身体健康不受侵害的义务，此系双方的法定义务。

在劳动合同关系中，用人单位虽然有权对劳动者发布工作指令、进行人事管理，劳动者亦应当接受管理、服从工作安排、遵守规章制度，但劳动合同关系中双方权利义务的内容不包括用人单位对劳动者进行人身自由限制、人格尊严贬损及人身惩罚，劳动者在劳动合同关系中并未让渡个人的人身自由、人格尊严及身体权、健康权等人身权利。劳动者与用人单位虽然存在劳动关系，但是双方具有平等的法律地位。劳动者若未如期完成工作任务、工作业绩未达到用人单位要求的标准，用人单位可以根据企业内部合法的规章制度，按照相应的绩效标准发放薪资，但无论劳动者工作业绩如何，用人单位均无权限制劳动者的人身自由、侵犯劳动者的人格尊严、侵害劳动者的人身权利。

二、用人单位体罚劳动者侵权行为的认定

用人单位对于劳动者的体罚行为，包括直接体罚和变相体罚。直接体罚，系用人单位以惩罚劳动者为目的而对劳动者进行的身体惩罚，如罚做过量体育运动：罚跑、罚做深蹲、罚做仰卧起坐等。变相体罚是指没有接触被罚人身体，但以非人道方式迫使被罚人做出某些行为或不做某些行为，使其身体或精神上感到痛苦、尊严受到侵犯的不法行为。[①] 如罚抄用人单位的规章制度、长时间罚站、罚跪、扇巴掌、罚吃辣椒、要求劳动者互罚等。直接体罚以劳动者的身体作为惩罚对象，通常造成劳动者的身体健康遭受损害，侵害劳动者的健康权、身体权甚至生命权。变相体罚以劳动者的人格尊严、人格权利作为惩罚对象，通常使劳动者遭受精神痛苦，造成劳动者人格尊严、人格权利受损。

侵权行为系行为人违反法律规定的义务、违反保护他人的法律和故意实施违背善良风俗而造成他人损害的行为。[②] 用人单位对劳动者直接体罚或变相体罚的行为违反了法律关于保护自然人人身权益及保护劳动者权益的规定，造成劳动者生命权、健康权、身体权、人格权等受到损害，系属侵权行为。

---

① 杨晓、刘晶：《变相体罚：内涵界定、类型化研究与责任探讨》，载《林区教学》2020年第7期。

② 最高人民法院民法典贯彻实施工作领导小组主编：《中华人民共和国民法典侵权责任编理解与适用》，人民法院出版社2020年版，第28页。

在对用人单位体罚劳动者侵权行为的具体认定上，因该类行为属于一般侵权，责任构成包括四个要件：违法行为、主观过错、损害事实、因果关系。重点可以从以下几方面进行考察：其一，用人单位发布工作指令、惩罚规则的人员身份、具体方式，实际发布人员是否属于公司管理人员、团队负责人，工作指令、惩罚规则的内容是否体现了用人单位的意志、是否对于劳动者产生现实约束力；其二，劳动者从事体罚活动的具体方式、时间及场所，包括劳动者在未完成工作任务后是否被用人单位主动提示、要求进行体罚活动，劳动者是否在工作时间、工作场所进行体罚活动；其三，劳动者是否因被体罚导致身体健康损害、精神痛苦、人格贬损。

三、本案用人单位体罚劳动者侵权责任的承担

用人单位体罚劳动者导致的侵权责任，也应当适用过失相抵规则。《中华人民共和国民法典》第一千一百七十三条关于被侵权人对同一损害的发生或者扩大有过错的，可以减轻侵权人的责任。因此，在劳动者对体罚造成的自身损害的发生或扩大有过错的，可以减轻用人单位的责任。本案中，北京某公司存在违反法律规定，侵害张某健康权、身体权的行为，其对于要求劳动者进行过度的体育运动会对劳动者的身体、健康造成损害应具有一定的认知，但其不仅未对此采取积极的避免措施，反而在张某未完成工作任务时连续两天要求张某进行深蹲，故其对于张某损害的发生存在过错，应当对张某的损害承担责任。张某应对自身身体素质及运动程度、运动风险具有一定的认知，张某对于自身损害的发生亦有一定过错，可以减轻北京某公司的责任。法院根据案件事实及双方过错程度，认定张某承担30%的责任，北京某公司承担70%的责任。

综上，劳动者与用人单位虽然存在劳动关系，但是双方具有平等的法律地位，无论劳动者工作业绩、工作表现如何，用人单位均无权体罚劳动者。用人单位体罚或变相体罚劳动者的行为，侵害了劳动者的人身权利，造成劳动者损害的，符合一般侵权的构成要件，应当承担侵权责任，劳动者对损害的发生有过错的，可以减轻用人单位的责任。

编写人：北京市第三中级人民法院　杨淑敏　石艳明

20

“语言暴力”致人猝发疾病死亡的责任承担

——回某云等诉叶冬某等生命权案

【案件基本信息】

1. 裁判文书字号

河南省鲁山县人民法院（2020）豫 0423 民初 1320 号民事判决书

2. 案由：生命权纠纷

3. 当事人

原告：回某云、马某利、王某乐、王某铭

被告：叶冬某、陈某强、陈某某、陈某亮、叶春某、肖某义、肖某湘、赵某敏、叶某红

【基本案情】

马某利与叶冬某两家系楼上楼下邻居关系。叶冬某住楼上，马某利住楼下。双方因相邻关系有矛盾已久。2020 年矛盾升级。2020 年 2 月 16 日下午，双方再次发生激烈争吵，并相互辱骂。叶冬某家人及亲属，即叶春某、陈某强、陈某某、陈某亮、肖某义、肖某湘、赵某敏、叶某红（以下称叶冬某等）也参与了争吵。争吵过程中，马某利丈夫王某突发疾病死亡。双方因死亡赔偿问题未达成一致意见，回某云、马某利、王某乐、王某铭向法院提起诉讼，并提出对争吵与王某死亡是否存在因果关系及参与度进行鉴定。因王某死亡是在疫情期间，当时无法对尸体进行检验，鉴定部门以失去鉴定条件为由拒绝启动鉴定程序。后回某云、马某利、王某乐、王某铭单方委托鉴定。2020 年 10 月 22 日，河南百年医学鉴定研究院有限公司出具鉴定报告书，认定王某的死亡和涉事吵

骂存在因果关系，参与度以20%-30%为宜。回某云、马某利、王某乐、王某铭为此支出鉴定费10000元。

回某云系受害人王某母亲，其生育王某等五个子女。

【案件焦点】

1. 叶冬某等的吵骂行为致王某猝死，叶冬某等应否承担赔偿责任；2. 客观原因导致双方未对吵骂行为与死者死亡之间的因果关系进行鉴定，能否以原告单方申请的鉴定结论为依据认定因果关系。

【法院裁判要旨】

河南省鲁山县人民法院经审理认为：行为人因过错侵害他人民事权益，应当承担侵权责任。吵骂是一种语言攻击行为，是与社会主义核心价值观冲突的一种不文明、不理性行为，由此给对方造成损害的，应当承担民事责任。二人以上共同实施侵权行为，造成他人损害的，应当承担连带责任。本案中双方均有多人参与吵骂，属于共同实施的侵权行为，各自应承担相应的责任，各方所有参与人是共同侵权人，应共同承担民事责任。限制民事行为能力人造成他人损害的，由监护人承担侵权责任。肖某湘是限制民事行为能力人，其相应的责任份额由其法定代理人叶冬某承担。

关于本案的鉴定问题，《中华人民共和国民事诉讼法》第七条规定："人民法院审理民事案件，必须以事实为根据，以法律为准绳。"最大限度地还原客观真实是司法的永恒追求，尊重事实是司法活动首要原则。本案案发时因客观原因，当地人员流动尚且受限，无法进行尸检是不可抗力。在诉讼过程中原告方申请进行因果关系和原因力大小鉴定，鉴定部门又以失去鉴定条件为由拒绝启动鉴定程序，在此情况下，原告进行的单方鉴定，虽然按照鉴定程序的规定存在瑕疵，但采信该鉴定，使法院认定的事实更接近客观真实，更有利于双方利益的平衡，更有利于化解矛盾，因此本院采信被告方的吵骂与王刚的死亡有因果关系的鉴定意见，原因力大小则应宜小不宜大，采信20%为宜。

本案中双方为平常琐事气量狭小，宽厚不足，伤风败俗，恶语伤人，以至于造成严重后果，均有过错，应各承担一半的责任。关于精神抚慰金，王某的死亡确实给其亲属带来了巨大的精神创伤，本院酌定为5000元为宜，由被告共同向原告赔付。

综上，根据《中华人民共和国侵权责任法》第六条、第八条、第三十二条，《最高人民法院关于审理人身损害赔偿案件适用法律若干问题的解释》第十七条第三款、第十八条、第二十七条、第二十八条、第二十九条，《中华人民共和国民事诉讼法》第六十四条，《最高人民法院关于适用〈中华人民共和国民事诉讼法〉的解释》第九十条规定，判决如下：

一、叶冬某等应于本判决生效后十日内赔偿回某云、马某利、王某乐、王某铭各项损失共计83408.66元；

二、驳回回某云、马某利、王某乐、王某铭的其他诉讼请求。

【法官后语】

语言暴力是指使用谩骂、诋毁、蔑视、嘲笑等侮辱歧视性的语言，致使他人的精神上和心理上遭到侵犯和损害，属精神伤害的范畴。语言暴力往往杀人不见血，但常常被忽略。语言文明是社会主义核心价值观的重要组成部分，语言暴力的式微是社会发展的必然结果。随着我国社会主要矛盾转化为人民日益增长的美好生活需要和不平衡不充分的发展之间的矛盾，随着《中华人民共和国民法典》人格权独立成编，人格尊严、人格权中的尊重需求越来越受到重视，对语言暴力说“不”有利于形成社会主义新风尚。“气死人”被判赔偿，于法有据。

一、关于侵权与损害后果的因果关系问题

因果关系是判断侵权赔偿责任的最为核心的环节。通常认为侵权行为与结果之间需要形成相当之因果关系。相当因果关系由“条件关系”和“相当性”构成，故在适用时应区别两个阶段：第一阶段是审究其条件上的因果关系。相当性的判断主要标准是有此行为，通常足生此种损害。由于人们对因果关系的判断受制于人类的认识水平和认识能力的有限性以及事物之间联系的复杂性等因素，导致人们无法完全认识事物之间的因果关系。就本案而言，由于受害人王某有高血压后遗症，四肢活动受限，语言表达受限，在遭受对方语言攻击时，心生气愤，引起精神损害，进而引起生理损害，当场发病，不治而亡，失去生命。这样一个过程是复杂的，一般人包括法官很难作出因果关系的客观判断，需要司法鉴定结果的支持。

二、关于因客观原因导致不能通过共同委托鉴定确定因果关系的问题

本案事发时，正常的人员流动尚且受限，更不用说鉴定人员了，由于不能进行正常的尸检，因果关系的司法鉴定通过法院的技术部门不能正常进行，对受害一方来说虽可认定为不可抗力，但其在诉讼中举证不能的风险也不能转移给对方，更不能转嫁给法院。也正是在此种困境下，对方拒不调解，案件陷入僵局。在此情况下，受害方代理人经多方了解，得知郑州有一家公司可以进行鉴定，就单方进行了委托鉴定。对于单方鉴定的采信，带来了新的问题，因为根据《最高人民法院关于民事诉讼证据的若干规定》第二十八条的规定："一方当事人自行委托有关部门作出的鉴定结论，另一方当事人有证据足以反驳并申请重新鉴定的，人民法院应予准许。"本案的鉴定结论虽然在程序上是存在瑕疵的。但只有采信该鉴定结论，才能使法院认定的事实更接近客观真实，因此法院果断采信被告方的吵骂与王某的死亡有因果关系的意见。从判决效果来看，双方均不上诉，被告方按期履行了义务，较好地实现了裁判定分止争的目的。

三、应维护良好的邻里关系

正所谓"千金买屋，万金买邻"。邻里关系在某些情况下甚至超过了普通的亲缘关系，成为社会日常生活中综合价值最高的地缘关系。邻里间的关系是相互的，需要各方共同秉持大体一致的价值观、大体相当的道德素质和人格修养，只有相互之间共同尊重、克制和付出，才能形成互帮互助的积极邻里关系。在发生磕碰时，双方不必争高低输赢，要得理饶人，做错担责。发生误解要及时解释，求得对方谅解。其他人更不要火上浇油，要学会灭火劝架。要把邻居关系看成一种缘分，发自内心地将邻居当作朋友、比作亲人，才能友好相处。大而言之，社会主义和谐社会的大家庭，是由无数个家庭和邻里关系构成的，

邻里关系从某种程度上构成了整个社会和谐稳定的基石，所以邻里间如果都能以互尊互爱的心态，常念他人恩，冷静处理矛盾纠纷，就会放大邻里之间更多的善意、包容和理解，营造出欢乐、祥和、友善的邻里关系。

编写人：河南省鲁山县人民法院　张富兴　刘志强　王琪琪

21

高等院校在其学生伤亡事故中的责任认定

——童某、李某诉某学院生命权案

【案件基本信息】

1. 裁判书字号

河南省中牟县人民法院（2021）豫 0122 民初 2527 号民事判决书

2. 案由：生命权纠纷

3. 当事人

原告：童某、李某

被告：某学院

【基本案情】

童某甲，时年 19 岁，系某学院全日制高等院校专科生。童某系童某甲之父，李某系童某甲之继母。2020 年 12 月 31 日上午，童某甲参加了某学院组织的线上考试。考试结束后，童某甲在微信中申请监考老师添加微信好友，并告知其考试成绩不理想，申请重新考试。监考老师通过电脑查询，发现童某甲存在多个考试成绩，怀疑童某甲考试作弊。在当天补考时，拒绝为其开通补考系统，并让童某甲写出情况说明。12 月 31 日晚上 9 时 22 分，童某甲从某学院 C 栋学生宿舍楼 6 楼坠楼，经抢救无效死亡。警方现场调查结论为：高空坠楼，排除他杀。

【案件焦点】

某学院是否尽到教育管理义务。

【法院裁判要旨】

河南省中牟县人民法院经审理认为：

1. 关于某学院是否存在重大安全隐患问题。某学院 C 栋学生宿舍楼天台系公共场所，且有约 1.4 米的栏杆保护，作为完全民事行为能力的成年人，正常情况下，不会发生坠楼危险。因此，童某、李某没有证据证明某学院存在重大安全隐患。

2. 关于某学院对童某甲是否尽到了教育管理职责问题。某学院制定了《某学院考试违纪、作弊认定与处理细则》（以下简称《细则》）《某学院学生纪律处分规定》（以下简称《规定》），详细规定了考生作弊事件处理的制度。在此次事件中，某学院未严格按照《规定》执行，发现童某甲存在考试作弊的可能后，由违纪学生所在的院系或者学生处负责调查，未及时报告学校学生处及校领导，未与童某甲当面核实考试作弊情况，未对童某甲制作调查笔录，未告知童某甲家长童某甲考试作弊的情况，未对童某甲作出相关处理意见，未出具处分决定书并告知童某甲享有陈述和申辩的权利，未做到事实清楚证据确凿。在不清楚童某甲是如何作弊及具体流程环节，由谁在线上替考及具体细节，为何童某甲网上会出现几个考试成绩等情况下，贸然关闭童某甲的补考系统，存在不当之处。某学院在 2020 年 12 月 31 日组织线上考试，当天组织补考，在未对童某甲作出正式处分之前关闭其补考系统。因此，某学院对童某甲未尽到完全的教育管理职责。

3. 关于童某、李某的诉讼请求有无事实及法律依据问题。童某、李某要求某学院赔偿丧葬费 34152.5 元、死亡赔偿金 684019.4 元、精神损害抚慰金 10000 元共计 728171.9 元的 70%即 509720.33 元。结合本案实际，童某甲系高空坠楼，排除他杀，应当承担 70%的主要责任。某学院对童某甲没有尽到完全的教育管理职责，应当承担 30%的次要责任。某学院应当赔偿童某、李某因童某甲坠楼身亡而产生的丧葬费 33634 元（67268 元÷2），死亡赔偿金 684019.4

元（34200.97元×20），共计717653.4元的30%即215296.02元，童某、李某要求某学院赔偿精神损害抚慰金7000元应予支持。上述费用共计222296.02元。某学院为处理童某甲后事而支出的53561.35元应予扣除。

河南省中牟县人民法院依照《中华人民共和国侵权责任法》第六条、第十五条第一款第六项、第十六条、第二十二条、第二十六条，《最高人民法院关于审理人身损害赔偿案件适用法律若干问题的解释》第一条第一款、第十四条、第十五条，《最高人民法院关于确定民事侵权精神损害赔偿责任若干问题的解释》第一条、第五条，《中华人民共和国民事诉讼法》第六十四条的规定，参照《学生伤害事故处理办法》第二条、第六条、第九条第十二项、第二十三条，判决如下：

一、某学院于本判决生效之日起十日内赔偿童某、李某丧葬费、死亡赔偿金及精神抚慰金共计222296.02元（某学院已支出的53561.35元应予扣除）；

二、驳回童某、李某的其他诉讼请求。

【法官后语】

教化之本，出于学校。学校应当是学生成才的摇篮，学生在学习、生活期间受到人身损害的，我国民法典和之前的侵权责任法关于教育机构的责任规定仅适用于无行为能力和限制行为能力的学生。高等院校学生一般已经成年，属于完全民事行为能力人，具备避免和消除相应危险的能力，对其自杀事件应当适用一般侵权责任的规定。即只有当高校存在教育管理过错，并且该过错和学生的人身损害后果存在因果关系时，学校才应承担相应的责任。

基于一般侵权责任的过错原则，高等院校对大学生的自杀后果存在过错时即应承担与过错程度相应的赔偿责任。高校的过错体现在其履行教育管理职责的行为之中，判断其有无过错关键在于判断其教育管理行为是否合法合规合理。我国《学生伤害事故处理办法》第九条规定："因下列情形之一造成的学生伤害事故，学校应当依法承担相应的责任……（十二）学校有未依法履行职责的其他情形的。"《普通高等学校学生管理规定》第五条规定："实施学生管理，应当尊重和保护学生的合法权利，教育和引导学生承担应尽的义务与责任，鼓励和支持学生实行自我管理、自我服务、自我教育、自我监督。”第五十四条规定：“学校给予学生处分，应当坚持教育与惩戒相结合，与学生违法、违纪行为的性质和过错的严重程度相适应。学校对学生的处分，应当做到证据充分、依据明确、定性准确、程序正当、处分适当。”本案中，根据某学院的《规定》，发生学生作弊事件后，其所在院系负责调查事实，并在充分听取学生或者代理人的陈述和申辩后，在5个工作日内经过审核作出处分决定书，并告知学生可以提出申诉及申诉的权利。也就是说作弊不完全等于挂科和被开除，需要具体情况具体分析。在涉案事件中，某学院老师在发现童某甲存在考试作弊的可能后，在未进行事实调查的情况下，直接关闭其补考通道，并明确告知其按照学院作弊规定处理，暗示着挂科或者开除的后果；但是却未告知其事件处理决定需要在学校详细调查和保障其充分陈述、申辩的权利之后作出，且针对学院处理决定也有申诉等正当救济途径。正是对自身作弊事件辩解和申诉权利认知的缺乏，童某甲误以为自己因确定不能补考而必然挂科甚至被开除，看不到作弊事件妥善处理的希望，遂选择跳楼。因此，某学院对童某甲作弊事件在惩戒之余，教育不足，未教导其通过正当途径维护自身权利，疏导不利，对问题学生缺乏关怀。某学院教育管理的瑕疵，与童某甲跳楼的严重后果存在一定的关联性，应当承担30%的过错责任。

从受害人的角度分析，高校学生作为完全民事行为能力人，对自己的人身安全负有注意义务。本案中，童某甲年满十八周岁，对自身行为的性质和后果具有辨识和预判能力，对其行为选择带来的损害应当负主要责任。童某甲的家庭生活并不圆满，如果其考试挂科，则直接影响到毕业后的就业。因此在考试成绩异常又得知补考不能的情况下，其迫于种种压力，无法接受挂科的后果，遂走上绝路。童某甲作为成年人，此种选择主要原因在于自身抗压能力不强，应该对自身行为承担70%的责任。

编写人：河南省郑州市中级人民法院　欧阳梅

河南省中牟县人民法院　师晓梅

（三）其他

22

校园事故案件责任性质的认定

——杨某月诉张某等健康权案

【案件基本信息】

1. 裁判书字号

吉林省梅河口市人民法院（2020）吉0581民初1978号民事判决书

2. 案由：健康权纠纷

3. 当事人

原告：杨某月

被告：张某、刘某艳、梅河口市某实验小学（以下简称某小学）

【基本案情】

刘某艳系张某法定代理人。2020年6月10日，某小学第二节课间休息时，张某把杨某月（二人事发时不满8周岁）抱到单杠上，杨某月呼喊自己抓不住了，张某推了杨某月一下，杨某月从单杠上掉下来摔伤，卧床封闭治疗7天。后杨某月于2020年6月16日至27日在医院住院治疗11天，花费4252.05元，出院诊断书诊断：左侧肱骨髁肱上骨折，建议暂休3个月。其间杨某月补课花费1500元。杨某月请求人民法院判令张某、刘某艳赔偿医疗费、误工费、护理费、住院伙食补助费、营养费及其他各项损失共计24309.23元，某小学承担过错补充责任。

【案件焦点】

被告应否承担民事赔偿责任。

【法院裁判要旨】

吉林省梅河口市人民法院经审理认为：未满八周岁的杨某月在某小学学习期间受到人身损害，根据《中华人民共和国侵权责任法》第三十八条规定，无民事行为能力人在幼儿园、学校或者其他教育机构学习、生活期间受到侵害时，幼儿园、学校或者其他教育机构的责任实行过错推定，即不能举证证明自己无过错，就推定为有过错。某小学所举证据仅能证明其对事故的发生不存在故意或者重大过失，却不能证明尽到教育、管理职责的谨慎注意义务，其作为教育机构，更应清楚小学生的自控能力和自我保护能力不及成年人，更应加强管理。事故的发生表明某小学对小学生的人身安全缺乏足够的安全防范意识，具有不注意的过失，其过错程度轻微，应当承担与其过错程度相适应的责任。张某致杨某月受伤，根据《中华人民共和国侵权责任法》第三十二条第一款“无民事行为能力人、限制民事行为能力人造成他人损害的，由监护人承担侵权责任。监护人尽到监护责任的，可以减轻其侵权责任”的规定，应当由张某监护人刘某艳承担侵权责任。杨某月能够认识到张某抱其上单杠有危险而不反对且伸手抓单杠，对损害的发生也有一定的过错，根据《中华人民共和国侵权责任法》第二十六条“被侵权人对损害的发生也有过错的，可以减轻侵权人的责任”的规定，杨某月应当承担次要责任。综合本案，杨某月及某小学分别承担10%和20%的赔偿责任较为适宜；刘某艳承担主要责任，应承担70%的赔偿责任。

综上所述，杨某月诉讼请求部分成立，对其相应的诉讼请求，应予支持。杨某月的损失包括医疗费4252.05元、护理费2779.02元、住院伙食补助费1100元、营养费550元、补课费1500元，共计10181.07元，刘某艳赔偿70%，即7126.75元；某小学赔偿20%，再扣除垫付的206元，即1830.21元。

依照《中华人民共和国侵权责任法》第十六条、第三十二条、第三十八条规定，判决如下：

一、刘某艳赔偿杨某月医疗费、护理费、住院伙食补助费、营养费、补课费，共计7126.75元；

二、某小学赔偿杨某月医疗费、护理费、住院伙食补助费、营养费、补课费，共计1830.21元。

【法官后语】

本案是一起校园伤害事故案件。对于这类案件，在审判实务中必须准确把握、认真分析下列问题：

一、关于学生伤害事故的归责原则

一是学生伤害事故赔偿责任是过错责任。《中华人民共和国民法典》第一千一百九十九条和第一千二百条均规定教育机构对于未成年学生在教育机构学习、生活期间受到人身损害的，应根据过错承担责任，但是区分未成年学生的不同民事行为能力采取了不同的过错责任形式。其中，受害人无民事行为能力的由教育机构证明自己已经尽到教育、管理职责，即适用过错推定，以此体现对无民事行为能力人的特殊保护；受害人为限制民事行为能力，由受害人证明教育机构未尽到教育、管理职责。因此，教育机构只在因过错导致在校学生伤害的才承担侵权责任。二是学校承担责任的基础，是其对学生的教育和管理职责。承担责任的条件，就是学校未尽到这种职责，具有不注意的过失。没有这种过失，学校就不承担民事责任。由于学校对学生所承担的只是基于教育关系所产生的教育、管理责任，而非监护责任，因此学校对学生伤害事故，只能适用过错责任归责原则。

二、关于学生伤害事故赔偿责任的承担问题

在学生伤害事故中，因果关系表现为复杂多样，既有一因一果、一因多果的现象，又有多因一果、多因多果的现象。如何确定当事人责任的大小，根据《学生伤害事故处理办法》第八条第二款规定，相关当事人应当根据其行为过错程度的比例及其与损害后果之间的因果关系承担相应的责任。该规定符合民法关于侵权损害赔偿责任的确定原则。在具体判断学生伤害事故的责任时，是否承担责任则要根据客观情况，结合侵权行为的其他构成要件综合加以分析。一是要全面考察事故的原因，将与事故发生有关系的各种原因都要列入考察的范围，包括是否有行为人的过错行为、是否有意外因素等原因。还要分清哪些是直接原因，哪些是间接原因；谁是主要原因，谁是次要原因，并按照主要原因承担主要责任，次要原因承担次要责任的原则，确定事故的责任。在原因明确后，要确定事故原因中是包含了一方还是多方当事人的过错因素，以及这些过错彼此之间的关系和它们在导致事故发生过程中所起的作用，即“过错程度的比例”。由于过错的程度与赔偿责任是相互联系的，而在明确赔偿责任时要将总的赔偿数额根据责任大小在当事人之间按比例分配。

本案中，法院对责任定性、责任主体、责任分担综合分析、判断，认定张某作为直接行为人，其监护人应当承担主要责任；某小学作为教育机构，承担次要责任。

编写人：吉林省梅河口市人民法院　王绿江

23

学生为完成教师交办任务所致侵权赔偿责任由学校承担

——王某诉北京市顺义区某小学等生命权、健康权、身体权案

【案件基本信息】

1. 裁判书字号

北京市第三中级人民法院（2020）京03民终13195号民事判决书

2. 案由：生命权、健康权、身体权纠纷

3. 当事人

原告（上诉人）：王某

被告（上诉人）：焦某某、马某松、焦某民

被告（被上诉人）：北京市顺义区某小学（以下简称某小学）

【基本案情】

马某松、焦某民系焦某某的法定代理人。王某和焦某某均系某小学六年级二班学生，焦某某系班级内某小组组长，王某系该组组员。2019年12月16日下午课间，因王某拒绝焦某某检查背诵，焦某某拉扯王某衣服跟至教学楼大厅门口处，因地面湿滑，王某摔倒，造成牙齿损伤。当日，王某被送往北京大学口腔医院急诊科就诊，后多次至该医院复查治疗。王某诉请求法院判令某小学、焦某某支付王某医疗费、交通费等费用。

【案件焦点】

1. 各方对于王某的损失是否应当承担赔偿责任；2. 如何确定各方对于王某的损失所应当承担的责任比例。

【法院裁判要旨】

北京市顺义区人民法院经审理认为：焦某某和王某均系限制行为能力人，对自己行为的危险性应当有一定认识。焦某某通过拉扯方式试图留住王某的行为有失妥当，焦某某应当承担与其过错程度相适应的损害赔偿责任。王某拒绝焦某某检查背诵，在焦某某拉扯其后未停止行进，对自身摔倒亦负有一定责任。某小学在地面湿滑易摔伤的可预见范围内未采取必要的安全措施，对王某的损失应当承担赔偿责任。综上，法院确定对于王某的损失，王某自己承担20%的责任，焦某某承担30%的责任，某小学承担50%的责任。关于王某主张的各项损失及具体数额，法院根据当事人一致确认的事实、王某提交的证据以及有关法律规定予以确认。

北京市顺义区人民法院依照《中华人民共和国侵权责任法》第十二条等规定，作出如下判决：

一、焦某某、马某松、焦某民共同赔偿王某各项损失合计2628.1元，于判决生效之日起七日内执行；

二、某小学赔偿王某各项损失合计4380.1元，于判决生效之日起七日内执行；

三、驳回王某的其他诉讼请求。

王某、焦某某、马某松、焦某民不服一审判决，提起上诉。北京市第三中级人民法院经审理认为：关于某小学是否应当承担赔偿责任。根据监控视频显示，事发时教学楼大厅内地面有明显水渍，学校并未进行及时处理，某小学在地面湿滑易摔伤的可预见范围内未采取必要的安全措施，未尽到相应的管理职责，故对王某的损失应当承担赔偿责任。

关于焦某某、王某是否应当承担责任。对于焦某某而言，其作为组长是为了完成老师要求检查组员背诵的任务，学校在交派学生任务时并未给予适当指导，焦某某本身并无过激行为，其作为未成年人亦无法预料相应后果，焦某某为完成老师交派任务过程中给王某造成的损失，相应责任应由某小学承担。故就王某的损失，其自身承担20%责任，某小学承担80%责任。

关于王某主张的交通费、护理费、精神损害抚慰金，一审法院确定的金额并无不当。关于王某牙齿贴面费用尚未实际发生，其可待实际损失发生后另行主张。

北京市第三中级人民法院依照《中华人民共和国侵权责任法》第十六条等规定，作出如下判决：

一、撤销北京市顺义区人民法院（2020）京0113民初10153号民事判决；

二、某小学赔偿王某各项损失合计7008.2元，于本判决生效之日起七日内执行；

三、驳回王某的其他诉讼请求。

【法官后语】

本案系作为组长的学生在完成老师要求检查组员背诵任务的过程中，由于与被检查的学生发生肢体接触且雨雪天地面湿滑等多种原因叠加造成的人身损害事件。事故发生的原因主要有三个方面：其一，某小学未能及时清理教学楼内地面雪水导致地面湿滑，亦未设立警示标志；其二，焦某某对王某存在拉拽行为；其三，王某不服从管理的挣脱行为。其中，某小学在地面湿滑易使人摔伤的可预见范围内未采取必要的安全措施，未尽到相应的管理职责，对本次事故发生显然是存在过错的，《中华人民共和国民法典》在原《中华人民共和国侵权责任法》第三十九条规定的基础上，对此明确规定为校方的"侵权"责任。本案的核心争议在于责任承担的主体。一审法院综合考虑上述三个方面的原因认定某小学、焦某某、王某都是责任承担主体，并根据原因力大小确定了各自的责任比例。而二审法院认为焦某某系在完成老师交办任务的过程中造成他人损害，应由学校承担侵权责任，焦某某行为产生的相应侵权责任应由某小学承担。

一、完成教师交办任务本质上是一种"职务行为"

按照一般侵权责任的规定，侵权责任由行为人自己承担，但法律也存在替代责任的特殊规定。比如根据《中华人民共和国民法典》第一千一百九十一条、一千一百九十二条规定，单位的工作人员因执行工作任务或个人在提供劳务过程中造成他人损害的，由用人单位或接受劳务一方承担侵权责任。用人单位或接受劳务一方承担侵权责任后，可以向有故意或重大过失的工作人员或雇员进行追偿。之所以有上述规定，主要是因为工作人员的工作是受单位指派，且为单位带来利益，根据责任利益相一致的原则，让用人单位承担责任符合公平原则，且由于用人单位经济能力较强，可以让被侵权人得到及时赔偿。被帮工人对帮工人帮工中的行为对外承担责任同样基于被帮工人系实际受益方。

本案中，检查学生完成作业情况是教师的职责。教师将部分工作交由作为组长的学生完成，由学生代表老师督促同学完成课业，类似于"职务行为"，虽然并非上述法律规定中的用工或无偿帮工关系，但可以参照上述法律规定的精神和原理，考虑到其实际是代表校方完成工作，校方是受益方，由此产生的致人损害责任应由学校来承担。

二、教师代表校方在学生管理方式上存在过错

学校应当根据未成年学生身心发展特点，进行社会生活等方面指导，保护未成年人的身心健康，防止发生人身伤害事故。本案中，老师采取的"陪罚抄写"的管理方式无形中给作为组长的焦某某产生了一定心理压力，且未成年人在面临同学拒不配合情况下如何应对与处理显然需要老师的指导和帮助，而本

案中老师不仅布置任务方式本身欠妥且对组长的工作方式缺乏指导，应当认为校方对该事件的发生存在过错。焦某某作为未成年人，其行为本身未超过合理限度，若认定其承担侵权责任不仅不符合法理而且会对其心理造成伤害，不利于未成年人的身心健康，亦会对其他学生产生不良影响。

三、认定校方承担责任有利于树立正确的社会价值导向

本案之所以最终判决学校承担80%责任，一方面学校在管理方面存在过错，另一方面考虑到本案并非一般意义上的学生之间的打闹行为，而是学生为了完成老师交给的管理任务，学校在此情况下更应体现应有的担当精神，而非推卸责任。判决王某自担部分责任，是基于王某对自身摔倒存在的过失和原因力行为，其拒不接受检查、在湿滑地面疏于注意自身安全，对损害的发生是有过失的，应当承担与其过失相应的责任。希望以此提示学生在校期间应当尊重老师的安排，积极主动完成课业任务，形成遵守规则、尊重他人的良好品行。改判焦某某的责任由某小学负担，一方面是肯定和鼓励焦某某的负责态度；另一方面也希望焦某某在日后学习生活中不断积累经验，学会更妥当的处理问题的方式方法，更好地全面发展。

编写人：北京市第三中级人民法院　于洪群　邱江

24

自甘风险规则的适用

——王某某诉某某体育发展有限公司、卢某生命权、健康权、身体权案

【案件基本信息】

1. 裁判书字号

北京市丰台区人民法院（2020）京0106民初8978号民事判决书

2. 案由：生命权、健康权、身体权纠纷

3. 当事人

原告：王某某

被告：某某体育发展有限公司（以下简称某某公司）、卢某

【基本案情】

某某公司的经营范围为体育运动项目经营（高危险性体育项目除外）等，王某某与卢某系该公司付费会员。2018年1月5日，王某某与卢某在某某公司学习散打，在热身环节“摸肩膀练习”过程中，王某某手部碰到卢某肘部，遂停止练习。王某某当日去宣武医院检查，拍片显示：左手第二掌骨骨折。后去北京市和平里医院住院治疗，住院2天，入院当天行“切开复位钢板螺钉内固定术”。2019年5月5日，王某某再次住院治疗，住院3天。

【案件焦点】

1. 如何认定文体活动组织者是否具有履行安全保障义务的能力；2. 作为参与竞技性活动的行为人，对于因碰撞受伤的责任如何承担。

【法院裁判要旨】

北京市丰台区人民法院经审理认为：某某公司作为散打的培训方和对抗训练的组织者，负有保障参训人员安全的法定义务。某某公司无教育培训资格，亦未提供相应证据证明事发当天的培训教练具备相应的资质。其在不具备履行安全保障义务能力的情况下，无视散打运动的客观危险性，开办培训班营利，放任危险的发生，未尽到安全保障的义务，理应就王某某所受损失承担60%的赔偿责任。另，散打是一种激烈的竞技性运动，其本身即具有允许合理碰撞攻击的危险性，行为人主动参与该项运动，理应预知可能存在的危险并承担相应风险，现没有证据显示卢某在对抗训练中存在故意或过失致王某某受伤的情况。故卢某的行为，虽与王某某的损害后果之间有直接的联系，但其不应就王某某所受伤害承担侵权责任。王某某的损失包括医疗费、误工费、住院伙食补助费、营养费合计22751.27元，某某公司按照60%的比例承担赔偿责任。

综上所述，北京市丰台区人民法院依照《中华人民共和国侵权责任法》第三十七条第二款规定，判决如下：

一、某某公司于本判决生效后十日内赔偿王某某医疗费、误工费、住院伙食补助费、营养费合计13650.76元；

二、驳回王某某其他诉讼请求。

【法官后语】

本案判决虽然是在《中华人民共和国民法典》正式施行之前作出，但是其中对于文体活动参加者是否承担侵权责任的认定，已经暗含了民法典侵权责任编中正式确立的自甘风险新规则。《中华人民共和国民法典》第一千一百七十六条规定明确了自甘风险行为，使得责任承担规则更加明晰公平，有助于社会主体开展更多的文体活动，进一步保障了人们的行为自由，尤其是参与体育运动等活动的自由。需要注意的是自甘风险的适用范围仅限于直接投身活动之中、在活动中担当某种角色的主体。如在体育活动中，发生在运动员、裁判员等参加者之间的损害可以不承担侵权责任，但对观众造成的损害不包括在内。

根据《中华人民共和国民法典》第一千一百七十六条规定，结合北京首例自甘风险规则适用第一案“羽毛球索赔案”，可以得出自甘风险规则的适用应包含三个构成要件：一是受害人知悉危险存在；二是受害人有自愿承担危险的明确表示或者可以推知的默示；三是接受该危险不违背公共利益或者善良风俗。何为“自愿承担”？首先，行为人系完全民事行为能力人，可以独立实施民事行为。其次，行为人明知参加该文体活动可能存在的风险，即行为人确切知道，或者从一般人的角度根据生活经验可以推断知道存在的风险。最后，行为人明知该行为存在风险，仍自愿参加。无论是本案的散打运动抑或是上述首案中的羽毛球运动，都是典型的对抗性体育运动，都不可避免地存在受伤危险，且行为人均为主动多次参与该运动的人员。关于其他参加者的责任问题。如果损害系因非人为原因导致，其他参加者对此无过错，则无需承担侵权责任；其他参加者对损害发生有故意或重大过失的，应根据过错原则承担侵权责任。本案受害人系因参加散打运动造成损害，相对方的行为属于运动过程中合理的正常技术动作，不存在故意或者重大过失，因此，基于自甘风险规则不承担侵权责任。

法院在审理相关案件时，应当注意考察参加者参与活动是否主动参与以及对活动风险的认知和判断能力。这也是能否适用自甘风险规则的一个关键问题。司法实践中，与文体活动相关的大量纠纷发生在中小学学生之间以及学生与学校之间，学生对参与活动的风险是否具备认知判断能力要依据个案具体认定，可结合参与学生的年龄、所学课程、已接触的体育知识等多方面进行综合判断。特别要注意区分受害人所遭受损害是因文体活动所固有风险而发生的还是其他突发外来风险所造成的。文体活动应当是被社会普遍认知的且相对较为成熟的文体活动，常见的具有一定对抗性的文体活动有篮球、足球、拳击、跆拳道等，其活动内容突出表现为参与者之间会发生一定的肢体接触，活动带有一定风险亦具有明确的行为规则。当事人之间约定的具有较高风险的特殊活动以及不具有活动规则的业余爱好活动（驴友之间的户外探险活动）应当不适用自甘风险规则。活动规则的不明晰就会使行为实施边界的界定较为困难，也对具体过错的认定带来较大难度。其他参与人不承担责任的前提是不存在过失或只存在一般过失，对此可结合损害发生时参与人的具体行为、具体的参赛规则来认定。

此外，民法典对自甘风险规则的确立只是明确了在具有一定风险的文体活动中其他参与人可援引该规则作为免责的抗辩事由，活动组织者是否尽到了安全保障义务需另行认定。因此，对于活动组织者来说，应充分履行严格谨慎义务和安全保障义务，进一步明确管理规范，加强安全提示，减少参与者因不熟悉活动固有风险而受伤的可能，安排专门的现场管理和指导人员，及时发现和制止违反活动规则和安全提示的不当行为，减少相关行为的不良影响。文体活动参与者参加活动前要充分了解活动的形式和特点，并结合自身身体情况，合理预估活动风险，最终决定是否参加。在活动中应增强自我保护意识，妥善采取安全保护措施，同时要尽到注意义务、遵守规则，避免对同伴人身造成损害。

编写人：北京市丰台区人民法院　王玉珏

25

擅自进入消力池造成自身受损，管理人不承担赔偿责任

——肖某薇等诉益阳某水利局、益阳某大闸事务中心生命权案

【案件基本信息】

1. 裁判书字号

湖南省益阳市赫山区人民法院（2020）湘0903民初2639号民事判决书

2. 案由：生命权纠纷

3. 当事人

原告：肖某薇、王某双、李某甲、李某乙、李某丙

被告：益阳某水利局、益阳某大闸事务中心

【基本案情】

肖某薇系死者李某妻子，王某双系李某之母，李某甲、李某乙、李某丙系李某子女（以下简称肖某薇等人）。益阳某大闸事务中心负责管理、维护、运营某大闸，其主管单位为益阳某水利局。

2020年6月7日18时20分，益阳某大闸事务中心根据调度开启某大闸2号闸泄洪。次日15时22分许，李某驾驶湘××××车辆到达益阳市某大坝，随车携带有渔网。15时32分开始，李某携渔网在某大闸消力池护坡撒网捕鱼。后李某沿消力池护坡到达1号闸门下撒网捕鱼，16时14分，李某在撒网捕鱼时随渔网一同落入水中。16时16分左右，益阳某大闸事务中心工作人员关闭2号闸，16时18分，工作人员携安全绳下水施救，16时24分开始，工作人员组织了两艘船到场搜救。16时31分，处于昏迷状态的李某被打捞上岸，益阳某大闸事务中心大坝工作人员和现场群众对李某进行了心肺复苏，16时43分，

某医院救护车及医生到达现场，对李某进行现场抢救，经抢救无效，确认死亡。

某派出所的《报警案件登记表》载明：经民警现场调查及取证……李某系溺水死亡。

李某驾驶的湘××××车辆停在某大坝桥头堡位置，距离车头约4米堤边位置设置有安全告示牌。闸门顶部有警示灯及警报器。某大坝上游及下游消力池河堤上设置了大量禁止捕鱼的安全告示牌或标语。

肖某薇等人认为益阳市某水利局、益阳某大闸事务中心疏于管理，未尽到安全保障和注意义务，致使李某在大坝泄洪时溺亡，存在过错，故起诉至法院，请求法院判令益阳市某水利局、益阳某大闸事务中心赔偿死亡赔偿金、精神损害抚慰金等各项损失的50%，合计676665元。

【案件焦点】

益阳某大闸事务中心是否应承担赔偿责任。

【法院裁判要旨】

湖南省益阳市赫山区人民法院经审理认为：一、承担民事责任的主体问题。益阳某大闸事务中心是独立的事业法人，独立对外承担民事责任，益阳市某水利局仅是益阳某大闸事务中心的主管部门，对于因该大闸所致事故的民事责任应由其直接管理者即益阳某大闸事务中心承担，益阳市某水利局不是本案民事责任的主体。

二、益阳某大闸事务中心对受害人李某的溺亡是否应承担赔偿责任的问题。依据《中华人民共和国侵权责任法》第三十七条第一款之规定，益阳某大闸系保障农业灌溉、防洪泄洪的水利设施，受害人李某系从该大闸1号闸闸口处捕鱼掉落至下面的消力池，到达该处地点要攀爬经过陡峭堤壁，正常情况下难以到达。该地点并非公共场所，不是开放地点，不是上述法律规定的“公共场所”。受害人李某作为年满38周岁的成年人，在大闸正在泄洪，水流湍急的情况下，不顾大堤上设置的禁止捕鱼的告示，仍故意私自攀爬至大闸1号泄洪闸门处向消力池撒网捕鱼长达十多分钟，导致发生溺亡事故，应当预见到在此捕鱼存在严重危险性，却仍对周围的危险环境视而不见或过于自信能够避免，其后果应由其自身承担。益阳某大闸事务中心在事发地点设置了明显警示标志，在李某停车位置附近约 4 米就有明显的安全告示牌，大闸及其上下游均设置了大量的安全告示牌或禁止捕捞标语。李某捕鱼的地方系泄洪闸门处，不是要设置围栏或拦网等防护设施的地方。事发时，益阳某大闸事务中心在李某落水后第一时间内即关闭 2 号闸，组织安全人员、船只下水搜救，拨打报警电话，李某被打捞上岸后采取了急救措施，益阳某大闸事务中心尽到了安全保障和施救义务。故益阳某大闸事务中心对于李某的溺亡没有过错，不应承担赔偿责任。

湖南省益阳市赫山区人民法院依照《中华人民共和国民法总则》第五十七条和《最高人民法院关于适用〈中华人民共和国民事诉讼法〉的解释》第九十条规定，作出如下判决：

驳回肖某薇、王某双、李某甲、李某乙、李某丙的诉讼请求。

【法官后语】

益阳市的洞庭湖区流域内，沟渠纵横，河流湖泊众多，渔业资源非常丰富，湖区的大部分居民有养殖或捕捞渔业资源的历史传统。流域内的很多农田灌溉、抗旱防洪水利设施所在区域水质较好，紧靠居民区，经常有居民在此区域内捕鱼，夏天居民因捕鱼落水或游泳溺亡事件时有发生，引发一系列侵权纠纷赔偿案件，这类案件主要涉及的法律规定是原《中华人民共和国侵权责任法》第三十七条，现《中华人民共和国民法典》第一千一百九十八条。《中华人民共和国民法典》第一千一百九十八条第一款规定：宾馆、商场、银行、车站、机场、体育场馆、娱乐场所等经营场所、公共场所的经营者、管理者或者群众性活动的组织者，未尽到安全保障义务，造成他人损害的，应当承担侵权责任。对于这类案件的处理主要是判断涉案场所是否属于相关的经营场所、公共场所以及经营者、管理者或活动组织者是否尽到安全保障义务。

关于安全保障义务中的“场所”，《中华人民共和国民法典》第一千一百九十八条以列举的方式列明了“经营场所、公共场所”的具体类型，虽未囊括所有“场所”，但基本涵盖目前审判实践中相关纠纷涉及的区域类型。遇有未明确列明的地点，判断其是否属于本条所指“经营场所、公共场所”，可以从公众一般认知和生活常理来判断。就本案而言，受害人李某溺亡的地点是作为水利工程设施的某大坝泄洪闸口处下面的消力池，该地点泄洪时有大量水流，平常则关闭，并非允许公众进入的公共场所。如要强行到达该处地点，则需攀爬十分陡峭的坝坡。一般公众不会进入也难以进入该场所，认定该场所并非“公共场所”具有充分的事实和法律依据。同时，涉事地点属于水利工程的组成部分，是公共设施，也并非对外开放的经营场所。

关于涉事场所管理者是否尽到安全保障义务。安全保障义务是一种侵权责任法层面的法定义务，违反安全保障义务导致他人损害的，应当适用过错责任原则。安全保障义务的主要内容包括两个方面：第一，“物”之方面的安全保障义务，主要体现为保管、维护及配备义务；第二，“人”之方面的安全保障义务，这种义务体现在应配备适当的人员为参与社会活动的他人提供预防外界及第三人侵害的保障。就本案而言，已认定事发地点并非公共场所或经营场所，因此本案不属于安全保障义务人责任，而是属于一般侵权责任。因此需要查实益阳某大闸事务中心是否已经尽到一般管理者的安全注意义务。从案情可知，益阳某大闸事务中心在事发地点附近设有多个明显的安全告示牌和禁止捕捞标语，受害人李某应当能够看到；事发的具体地点系泄洪闸口附近，并不需要设置围栏或拦网等防护设施。在事发时，大闸有工作人员正常巡视，但工作人员的职责是保障大闸设施的正常运行而非观察消力池附近是否有人捕鱼。在李某落水后工作人员第一时间依次实施关闭2号闸、组织搜救、报警，李某被打捞上岸后采取了急救措施。故益阳某大闸事务中心尽到了事前的安全注意和事后的施救义务，没有过错。受害人系擅自进入，置自身安全于不顾，因其自身过错导致的后果应当责任自负，益阳某大闸事务中心不应承担赔偿责任。

本案事故令人痛惜，但是对于该案的处理，法院没有以情感或结果责任主义为导向将有过错的受害人的损失交由没有过错的另一方承担，而是严格依照侵权责任法的规定明确双方的注意义务边界，体现了法律的公平正义，有效规范、引领社会主体的行为，对当地群众起到了警示作用。同时，该案的裁判结果也对与之案情相似的最高人民法院于2020年10月16日发布的第141号指导案例所确立的裁判规则，进行了有力注解，其判决说理和结果符合该指导案例的精神，即：消力池属于禁止公众进入的水利工程设施，不属于安全保障义务中的“经营场所、公共场所”，消力池的管理人和所有人采取了合理的安全提示和防护措施，完全民事行为能力人擅自进入造成自身损害，请求管理人和所有人承担赔偿责任的，人民法院不予支持。

编写人：湖南省益阳市赫山区人民法院　李亮

26

团体意外险赔偿与雇主责任的抵扣问题

——唐某某诉无锡市某公司生命权、健康权、身体权案

【案件基本信息】

1. 裁判书字号

江苏省无锡市惠山区人民法院（2020）苏0206民初3744号民事判决书

2. 案由：生命权、健康权、身体权纠纷

3. 当事人

原告：唐某某

被告：无锡市某公司（以下简称某公司）

【基本案情】

2017年4月2日上午9时左右，唐某某在车间行车吊一个设备的平台准备进行喷漆，平台当时离地面30公分左右，吊好以后唐某某拿着遥控准备离开时，该设备平台突然掉下来砸碰到唐某某头部，唐某某倒地。事故致唐某某左

腿骨干骨折及创伤性重型颅脑损伤。当日唐某某至医院接受治疗，于2017年4月19日出院；2018年7月20日唐某某再次至该医院接受治疗，于2018年8月6日出院。2020年7月22日唐某某诉至法院。

事故发生时唐某某是某公司退休返聘人员。在返聘期间某公司为其投保了团体意外险（意外身故+意外伤残，保险金额1800000元；意外伤害医疗保险金，保险金额180000元；一般住院保险，保险金额162000元），该份保险被保险人数包括唐某某在内合计9人。2019年，唐某某以某健康保险股份有限公司江苏分公司为被告诉至无锡市惠山区人民法院要求理赔保险理赔款，该院于同年9月23日判决：某健康保险股份有限公司江苏分公司于本判决生效后10日内向唐某某赔付意外伤残保险金20000元、意外伤害医疗保险金20000元及住院保险金3400元，合计43400元。

诉讼中，唐某某因其不是工伤，故要求对其受伤伤残及三费期限的合理性进行司法鉴定。法院依法委托无锡市中西医结合医院司法鉴定所进行司法鉴定，该所于2019年4月24日得出意见：1. 唐某某颅脑损伤目前后遗脑软化灶形成的伤残等级评定为十级。2. 唐某某的误工期评定为240天、护理期评定为120日、营养期评定为120日。

【案件焦点】

1. 某公司为唐某某投保的商业意外险获得的保险理赔款在本案中是否需要扣除或是部分扣除；2. 双方在本起事故中过错责任的认定。

【法院裁判要旨】

江苏省无锡市惠山区人民法院经审理认为：首先，某公司为唐某某投保的商业团体意外险是商业保险而不是雇主责任险更不是工伤保险；其次，受益人是9人（包含唐某某）而非某公司，意外事故发生时，某公司虽是投保人，但其没有取得相应保险金的权利，不能以此免除或减轻雇主应承担的侵权损害赔偿责任；再次，意外商业保险充其量是某公司为员工购买保险的一种福利，而非企业的自身保障；最后，就该份意外险的理赔款，某公司与唐某某也未具体约定归属。综上，某公司抗辩要求唐某某获得意外保险理赔款部分应从本案最终赔付款中扣除，不予支持。

关于安全措施方面某公司虽做得远远不够，但唐某某也存在思想上的麻痹。按照侵权责任法规定：行为人因过错侵害他人民事权益，应当承担侵权责任；被侵权人对损害的发生也有过错的，可以减轻侵权人的责任。就本起事故成因分析，唐某某自身也存在一定过错，其理应自己承担相应程度的民事责任。故经本院综合认定并酌情认定唐某某自身承担25%的责任，某公司承担75%的赔偿责任。损失合计202508.66元，其中25%由唐某某自己承担，某公司赔付其中的75%计151881.5元，扣除其已支付的108418.66元，还应赔付43462.84元。无锡市惠山区人民法院依照《中华人民共和国侵权责任法》第二条、第三条、第六条、第十六条、第二十二条、第二十六条，《最高人民法院关于审理人身损害赔偿案件适用法律若干问题的解释》第一条、第十七条、第十八条、第十九条、第二十条、第二十一条、第二十二条、第二十三条、第二十四条、第二十五条规定，判决如下：

一、某公司于本判决发生法律效力之日起三日内向唐某某赔付各项损失中的43462.84元；

二、驳回唐某某的其他诉讼请求。

【法官后语】

本案是一起人身损害赔偿纠纷，被告为原告在内的九人投保了团体意外险，所获赔偿款能否抵扣某公司的赔偿责任，关键在于某公司是否为该意外险的受益人。根据《中华人民共和国保险法》第三十九条规定，投保人为与其有劳动关系的劳动者投保人身保险，不得指定被保险人及其近亲属以外的人为受益人。由此可见，雇主为员工购买的人身保险，雇主虽然是投保人，但是其本身并非受益人，没有取得相应保险金的权利，因此本案被告主张在其赔偿金额中扣除商业意外险的理赔部分，没有依据。

企业为员工购买的意外商业保险，实际上是企业给予员工的一种福利，并非用人单位自身规避风险的方式，并不能免除或减轻雇主应承担的侵权赔偿责任。法律并不禁止被侵权人同时获得侵权人的赔偿金及保险理赔金。意外保险的保险金往往是定额赔付，一般是按约定的比例支付相应保险理赔款，与填补实际损失的侵权责任并不冲突，因此劳动者在获得用人单位为其购买的保险赔付后，仍有权向雇主主张人身损害赔偿。

本案中，原告在事故发生时已经达到退休年龄，属于返聘人员。投保企业购买团体意外险，其初衷可能也是为了分散企业风险，如果发生安全事故，能够减轻自己的赔偿负担。但团体意外险的性质决定了其与工伤保险和雇主责任险具有本质的不同。工伤保险是一种社会保险制度，是法律规定用人单位应当为职工缴纳的保险，具有强制性。团体意外险与雇主责任险相比，两者都是商业保险，最大的区别在于被保险人和受益人的不同，团体意外险的被保险人是劳动者，受益人则是劳动者或是其近亲属，而雇主责任险的被保险人和受益人都是雇主。事故发生后，雇主责任险的保险赔偿，能够用于弥补用人单位相应的赔偿责任。

安全事故的发生，往往是因为安全措施的缺失和风险意识的淡薄。劳动者在工作过程中，应当严格遵守相关操作流程，切忌麻痹大意。用人单位也要加强管理，对于可能存在的安全隐患必须及时排除，避免安全事故的发生。事故一旦发生，无论是对于雇主还是劳动者，都必然是一个双输的局面。

编写人：江苏省无锡市惠山区人民法院　刘辉

27

网络货运平台司机提供劳务受害的赔偿责任认定

——董某正诉上海某灵公司、上海某瑞公司健康权案

【案件基本信息】

1. 裁判书字号

上海市第二中级人民法院（2020）沪02民终9340号民事判决书

2. 案由：健康权纠纷

3. 当事人

原告（被上诉人）：董某正

被告（上诉人）：上海某灵公司（以下简称某灵公司）

被告：上海某瑞公司（以下简称某瑞公司）

【基本案情】

董某正具有中华人民共和国道路运输从业人员从业资格证，从业资格类别为货运驾驶员，有效期至2022年。某灵公司委托某瑞公司将机器人运送至指定地点，双方未签订书面合同。2017年8月26日，某瑞公司负责人孟某在运满满APP上发布了上述运货单，董某正接到运单，该运货单未明确董某正是否有卸货义务。同日下午7时50分左右，董某正将货物送到上海嘉定区某地。某灵公司员工曹某文接到车间主管让其卸货的电话，便开叉车去卸货，由于机器人较重，曹某文让董某正帮忙踩叉车以使叉车保持平衡，在此过程中董某正摔下受伤。曹某文陪同董某正前往医院就医。8月28日，案外人报警称其丈夫董某正在拉货时发生事故。董某正受伤后进行住院治疗。后经司法鉴定，董某正构成人体损伤十级伤残。因各方对人身损害赔偿未能协商一致，故涉诉。

【案件焦点】

1. 通过网络货运平台建立的货物运输合同，在无合同约定且法律未明确规定的情形下，如何确定该货物运输合同下的卸货义务人；2. 司机与托运人（某灵公司）、缔约承运人（某瑞公司）形成何种法律关系；3. 游离于雇佣关系保护的网络货运司机在卸货过程中遭受人身损害的赔偿责任如何认定。

【法院裁判要旨】

上海市嘉定区人民法院经审理认为：帮工人因帮工活动遭受人身损害的，被帮工人应当承担赔偿责任。被帮工人明确拒绝帮工的，不承担赔偿责任；但可以在受益范围内予以适当补偿。因某灵公司和某瑞公司就卸货义务无合同约定，相关法律条文对货运合同中卸货义务的承担亦无明确规定，根据事发时某灵公司的员工操作叉车卸货、董某正系应某灵公司员工要求帮忙卸货的事实，可认定某灵公司有卸货义务，其为董某正帮工行为的受益方。董某正和某灵公司之间形成了帮工人和被帮工人的关系，帮工人即董某正在帮工活动中受伤，被帮工人即某灵公司应当承担赔偿责任。董某正明知叉车不稳且又在车厢狭小空间内操作仍前去帮忙导致受伤，其对损害的发生也具有过错，根据法律规定，可以减轻侵权人的责任。综上，本院认定某灵公司对董某正的损失应承担80%的赔偿责任。依照《中华人民共和国侵权责任法》第二十六条及《最高人民法院关于审理人身损害赔偿案件适用法律若干问题的解释》第十四条第一款，第十七条第一款、第二款规定，判决如下：

一、某灵公司赔偿董某正医疗费、营养费、住院伙食补助费、护理费、误工费、残疾赔偿金、鉴定费、精神损害抚慰金、交通费合计213159.95元中的80%，即170527.96元，扣除某灵公司垫付的2000元，余款168527.96元，某灵公司应于本判决生效之日起十日内给付董某正；

二、驳回董某正的其余诉讼请求。

某灵公司不服一审判决，提起上诉。上海市第二中级人民法院经审理同意一审法院裁判意见，裁定：

驳回上诉，维持原判。

【法官后语】

在网络平台道路货物运输模式的新业态下，通过网络货运平台接单的实际承运人在卸货过程中遭受人身损害的赔偿责任认定，需厘清围绕货运所形成的各种法律关系，依据合同约定和相关法律本规定界定各方的权利义务，其中涉及的主要问题是：

一、关于货物运输合同下卸货义务人的确定

本案的法律关系构造为：托运人（某灵公司）与缔约承运人（某瑞公司）成立货物运输合同关系，通过网络货运平台的撮合，缔约承运人委托实际承运人（董某正）完成运输服务，缔约承运人的身份本身具有相对性。就上述法律关系的成立，托运人与缔约承运人未签订书面货物运输合同，双方未约定卸货义务的承担方，相关法律条文对货物运输合同中卸货义务的承担亦未作出明确规定。此种情形下，对于卸货义务人的确定，首先，根据行业惯例，卸货义务是影响物流成本的重要因素，卸货义务并非货物运输合同的当然之义，参照国际贸易规则，若双方选择贸易术语为DAT，承运人才具有运到卸货义务，故卸货义务的承担应进行特别约定。其次，根据利益平衡及权利义务相当性原则，承运人的主要义务为管货义务，结合物流成本、承运人收益、分工属性等因素，若将卸货义务分配于承运人，明显有失公平。综上，本案货物运输合同中卸货义务归于托运人，实际承运人参与卸货不属于履行合同内容。

二、通过网络货运平台接单的实际承运人在卸货过程中遭受人身损害的赔偿责任问题

根据上述法律关系的解构，对于网络货运平台而言，其作用为信息中介，完成交易撮合行为，不具有承运人地位，承运人在工作过程中遭受损害或致他人损害，与其无直接关系；托运人与缔约承运人间具有货物运输合同关系，缔约承运人作为合同相对方，应当承担承运人责任，主要为管货义务；对于实际承运人，其与缔约承运人、托运人、网络货运平台之间均不存在劳务关系合意，不具有人身依附性，工作内容具有临时性，各方为平等主体，故不构成雇佣关系。游离于雇佣关系保护的网络货运平台司机，其在提供服务过程中的人身权益受损，作为网络平台用工领域的典型群体，对其权益保护法律理应予以关注。具体到本案，在明确承运人不具有卸货义务的前提下，实际承运人帮助卸货属于纯粹情谊行为，其实施该情谊行为系应托运人之邀，双方构成无偿帮工的法律关系。实际承运人在帮工活动中遭受人身损害，被帮工人应当承担赔偿责任。因帮工人明知在该环境条件下提供帮助存在一定的风险，其自身未尽到审慎注意义务，对损害的发生也具有过错，故认定被帮工人承担80%的赔偿责任。2021年施行的《最高人民法院关于审理人身损害赔偿案件适用法律若干问题的解释》对帮工活动的责任进行修正和完善，规定帮工人在帮工活动中受损的赔偿责任认定，采纳过错原则。本案虽为民法典施行前的

案件，其法律适用及裁判理念与新修正的司法解释相契合，具有一定的示范意义。

编写人：上海市嘉定区人民法院　俞皎　苏婷

28

保姆受雇佣期间侵权家政公司是否担责

——刘甲等诉北京某家政服务有限公司、崔某某生命权、健康权、身体权案

【案件基本信息】

1. 裁判书字号

北京市第二中级人民法院（2020）京02民终5764号民事判决书

2. 案由：生命权、健康权、身体权纠纷案

3. 当事人

原告（上诉人）：刘甲、刘乙、刘丙

被告（被上诉人）：北京某家政服务有限公司（以下简称某家政公司）、崔某某

【基本案情】

刘甲、刘乙、刘丙系张某某之子女。2018年12月16日，刘甲向某家政公司支付信息服务费1000元，并作为雇主（甲方）与服务员（乙方）崔某某、丙方某家政公司签订《合同》一份，约定由崔某某到刘甲家里照顾老人张某某，同时约定崔某某在刘甲家工作期间工资由刘甲直接发放。

2019年5月8日，崔某某在刘甲家工作期间，张某某摔伤，但伤势较轻。5月28日，张某某再次从床上摔下受伤，6月20日不治身亡。张某某在住院治

疗期间被诊断为慢性硬膜下血肿（额颞顶 双）、创伤性蛛网膜下腔出血、头皮血肿（顶枕 右）等，同时诊断张某某患有高血压、肾功能不全、糖尿病等多种原发疾病。

经鉴定，张某某符合颅脑损伤与自身疾病共同导致死亡。刘甲、刘乙、刘丙缴纳鉴定费用3300元。

【案件焦点】

某家政公司对张某某的死亡是否承担侵权责任。

【法院裁判要旨】

北京市丰台区人民法院经审理认为：行为人因过错侵害他人民事权益，应当承担侵权责任。根据法律规定推定行为人有过错，行为人不能证明自己没有过错的，应当承担侵权责任。被侵权人对损害的发生也有过错的，可以减轻侵权人的责任。

根据鉴定机构出具的鉴定意见书，张某某符合颅脑损伤与自身疾病共同导致死亡，而张某某在香山医院的病历也载明张某某的死亡原因为：创伤性蛛网膜下腔出血、慢性硬膜下血肿（额颞顶 双）、肺部感染、感染性休克、急性呼吸衰竭、急性心力衰竭。刘甲、刘乙、刘丙坚持摔伤是导致张某某死亡的全部原因，崔某某认为张某某系因自身疾病导致死亡，均系从自身利益出发，无相应的依据，对其意见均不予采信。

就崔某某与某家政公司之间的关系来说，刘甲、崔某某、某家政公司三方共同签订的《合同》载明某家政公司为中介公司，某家政公司向刘甲及崔某某均收取中介费用，刘甲直接发放工资给崔某某，故某家政公司在刘甲与崔某某形成雇佣关系的过程中提供居间服务，与崔某某之间并不存在雇佣或劳动关系。

关于崔某某及某家政公司是否对张某某的死亡承担赔偿责任的问题。首先，崔某某作为被雇佣一方，其工作职责为照顾半自理老人，在张某某已近90岁高龄且患有多种老年疾病的情况下，崔某某对张某某的摔伤有防范方面的不足。但是刘甲、刘乙、刘丙让崔某某单独与张某某相处，崔某某不具备一刻也不离开张某某身边的条件。得知张某某曾从床上摔下后，刘甲、刘乙、刘丙亦未采取相应的防范措施，故其在张某某的摔伤上也存在一定的过错。另外，张某某身体健康、意识清楚，又缺乏相应的自理能力，故其自身在活动时应自我注意。因此，张某某摔伤，有自己身体条件的原因，亦有刘甲、刘乙、刘丙和崔某某的防范不足，不应把摔伤的后果全部归结于崔某某。其次，崔某某并非某家政公司的员工，故某家政公司不对崔某某的侵权行为承担连带责任。综上，酌定崔某某对张某某的合理损失承担15%的赔偿责任。关于刘甲、刘乙、刘丙向崔某某主张退还工资及要求某家政公司退还服务费的诉讼请求，并非侵权案件处理范围，可另行提出合同之诉。

北京市丰台区人民法院依照《中华人民共和国侵权责任法》第六条、第十五条、第十六条、第十八条、第二十二条、第二十六条，《最高人民法院关于审理人身损害赔偿案件适用法律若干问题的解释》第二十三条、第二十七条、第二十九条规定，判决如下：

一、崔某某于本判决生效之日起十日内向刘甲、刘乙、刘丙赔偿医疗费973.06元、护理费607.5元、护理用品费42元、饭费45元；

二、崔某某于本判决生效之日起十日内向刘甲、刘乙、刘丙赔偿丧葬费1644元；

三、崔某某于本判决生效之日起十日内向刘甲、刘乙、刘丙赔偿死亡赔偿金50992.5元；

四、崔某某于本判决生效之日起十日内向刘甲、刘乙、刘丙赔偿精神损害抚慰金7500元；

五、驳回刘甲、刘乙、刘丙的其他诉讼请求。

刘甲、刘乙、刘丙均不服一审判决，提起上诉。

北京市第二中级人民法院经审理认为：首先，关于刘甲、刘乙、刘丙对张某某摔伤是否存在过错。刘甲、刘乙、刘丙作为张某某的子女，在张某某晚年时其三人也已步入老年人行列。在无法实现亲自贴身照顾张某某的情形下，为其聘请保姆照顾张某某的生活起居并时常探望，此种行为值得肯定。且在得知张某某摔伤后，也与崔某某进行了沟通。因此，刘甲、刘乙、刘丙对崔某某能够认真妥善地照顾张某某具备合理正当的心理预期，故不能过分要求其三人对张某某摔伤的结果承担责任。因此，一审法院认定刘甲、刘乙、刘丙对张某某的摔伤存在一定过错，缺乏事实及法律依据，本院予以纠正。根据张某某的摔伤情况及死亡原因，其颅脑损伤与摔伤存在一定关系。崔某某在照顾张某某期间，尤其在第一次摔伤发生后，未能根据张某某的身体状况对其可能存在的摔伤风险采取有效防范措施，故其对张某某的摔伤存在一定过错。同时，张某某作为身患疾病、行动不便的高龄老人，在自行活动时亦应提高安全注意义务，以最大限度保障自身安全。鉴于刘甲、刘乙、刘丙在诉讼中并未提交充分证据还原张某某摔伤的原始经过。一审法院考虑本案鉴定结论、张某某的自身疾病情况以及崔某某的过错程度，在现有证据条件下酌定崔某某对张某某的合理损失承担15%的赔偿责任，符合本案实际情况。

再者，关于刘甲、刘乙、刘丙主张崔某某与某家政公司构成共同侵权应承担连带赔偿责任。某家政公司对张某某摔伤并无故意或过失等主观上的过错，故某家政公司与崔某某对张某某的摔伤不构成共同侵权，刘甲、刘乙、刘丙的该项上诉请求，于法无据，不予支持。如刘甲、刘乙、刘丙认为某家政公司未完全履行居间服务的义务，可向其另行主张违约责任。

综上所述，一审判决认定事实虽有瑕疵，但判决结果正确，予以维持。依据《中华人民共和国民事诉讼法》第一百七十条第一款第一项、《最高人民法院关于适用〈中华人民共和国民事诉讼法〉的解释》第三百三十四条规定，判决：

驳回上诉，维持原判。

【法官后语】

随着家庭小型化的发展和老龄化程度的不断深入，社会对家政服务的需求越来越旺盛，同时由此产生了不少纠纷。本案就是因雇佣家政服务人员照料老人产生的纠纷。此类案件的审理，除了要厘清雇主与家政服务人员两方的责任以外，参与该雇佣关系的一个重要角色“家政公司”是否承担侵权责任往往引发各方争议。对于家政公司是否承担侵权责任的问题，重要的是关注参与合同的家政公司的经营模式，是“中介式”用工还是“员工式”用工。

首先，在“中介式”用工的情形下，家政公司作为中介，收取中介费用，其与家政服务人员之间既不存在劳动关系也不存在劳务关系，家政服务人员按照雇主的要求从事劳务，由雇主直接向家政服务人员发放工资。在这种用工模式下，家政服务人员如有侵权行为，则该侵权行为并非家政服务人员的职务行为，家政公司不为家政服务人员侵权行为承担侵权责任。

其次，在“员工式”用工的经营模式下，家政服务人员是家政服务公司的员工，与家政服务公司之间是劳动或劳务关系，受家政服务公司管理和指派，按照家政服务公司的安排到雇主家中从事劳动，工资由家政服务公司统一发放。在这种用工模式下，家政服务人员在雇主家从事劳动的行为系职务行为，家政服务人员在这个过程中发生侵权，家政公司应为家政服务人员的行为承担侵权责任。

本案中，崔某某的用工模式属于“中介式”。一是崔某某非家政公司员工；二是崔某某和张甲直接签订雇佣合同，家政公司只是居间介绍并收取居间费；三是崔某某在提供服务的过程中，家政公司对崔某某的行为不存在管理或者指示，对崔某某的行为没有过错。故家政公司和崔某某之间不存在共同侵权行为。但是“中介式”用工并非家政服务公司的“免赔金牌”，在“中介式”用工的情况下，家政公司系中介方，依约收取中介费用，当然应当依约承担中介服务的义务，具体到家政服务合同中，主要是对所介绍的家政服务人员应当尽到相应的审核、培训等义务。本案中，家政公司虽不对崔某某的行为承担侵权责任，但如其在介绍崔某某照顾张某某时，未尽到审核、培训等义务，仍要承担违约责任。

编写人：北京市丰台区人民法院　牛瑾婧

二、姓名权纠纷

29

股权转让及公司自治失灵情形下是否侵犯监事姓名权之认定

——廖某明诉某富公司姓名权案

【案件基本信息】

1. 裁判书字号

上海市第一中级人民法院（2020）沪01民终6345号民事判决书

2. 案由：姓名权纠纷

3. 当事人

原告（上诉人）：廖某明

被告（被上诉人）：某富公司

【基本案情】

2016年3月29日，廖某明与其丈夫袁某泉依法成立某富商务服务公司，法定代表人及执行董事为袁某泉，公司第一届监事为廖某明。公司章程载明股东为袁某泉、廖某明；公司不设监事会，设监事一人，监事任期每届三年，任期届满，可以连任；监事任期届满未及时改选，在改选出的监事就任前，原监事仍应当依照法律、行政法规和公司章程的规定，履行监事职务。

2017年5月2日，廖某明（甲方）、袁某泉（乙方）与郭某坡（丙方）签订《股权转让协议书》，约定甲、乙双方将各自持有的公司50%股权，均作价1.5万元转让给丙方。同日，某富商务服务公司作出《股东决定》一份，载明根据《中华人民共和国公司法》及该公司章程的有关规定，股东决定同意公司名称变更为“某富公司”；同意经营范围变更；同意股权转让，股东袁某泉、廖某明将各自所持有的公司50%股权转让给郭某坡；股权转让后，郭某坡认缴出资额为500万元，出资比例100%；决定郭某坡为公司执行董事，袁某泉不再担任执行董事，公司监事保持不变；等等。郭某坡在该决定上签字。

2017年5月8日，某富商务服务公司变更登记为“某富公司”，股东由袁某泉、廖某明变更登记为郭某坡，法定代表人由袁某泉变更登记为郭某坡，企业类型由有限责任公司（自然人投资或控股）变更登记为有限责任公司（自然人独资），公司监事登记为廖某明。2019年4月12日，某富公司被市场监督管理部门吊销营业执照。

2019年6月5日，廖某明在《文汇报》上刊登声明，表示即日起辞去监事职务，要求股东召开股东会，完成变更手续。

廖某明认为：其及袁某泉与郭某坡达成股权转让协议，并提出辞去所有公司职务，但某富公司及其实际控制人未切实履行双方的交易合意，未经其同意非法沿用其信息进行工商登记。其监事任期已经届满，但穷尽办法无法与某富公司及郭某坡取得联系，某富公司实际已经停止经营，故诉请法院：判令某富公司停止侵权，撤销廖某明担任某富公司监事的工商登记。

【案件焦点】

1. 某富公司在股权转让情形下沿用原公司监事登记是否侵犯廖某明姓名权；2. 某富公司未能组织改选以免除廖某明监事身份是否侵犯其姓名权。

【法院裁判要旨】

上海市浦东新区人民法院经审理认为：廖某明与袁某泉共同成立某富商务服务公司，其担任公司监事，系其真实意思表示。后二人将公司股权转让给郭某坡，其监事任期尚未届满，廖某明提出曾向郭某坡要求辞去监事一职，但并未提供证据予以证明，且《股权转让协议书》上亦未对于廖某明解任监事之职的要求予以约定，故本院对此意见不予采纳。廖某明提出某富公司擅自继续使用其姓名登记为公司监事之事实，难以成立。因廖某明系自愿成为某富公司的监事，无法认定某富公司继续登记廖某明为公司监事的行为对廖某明的姓名权构成侵害。根据公司法规定，监事任期届满未及时改选，在改选出的监事就任前，原监事仍应当依照法律规定及公司章程规定履行监事职务。廖某明目前监事任期虽已届满，但并不能因此认定某富公司由于尚未改选出新的监事而对廖某明的姓名权构成侵害。某富公司的行为不属于干涉、盗用、冒用原告姓名权的情形，故廖某明的诉讼请求无事实与法律依据，对此不予支持。判决如下：

驳回廖某明的诉讼请求。

廖某明不服一审判决，提起上诉，上海市第一中级人民法院经审理认为：自然人享有姓名权，有权决定、使用和依照规定改变自己的姓名，禁止他人干涉、盗用、冒用。姓名权主要包括三项权利，即姓名决定权、姓名变更权、姓名使用权。盗用姓名是行为人未经姓名权人同意擅自使用且未直接以姓名权人身份进行民事活动的行为。假冒姓名是指冒名顶替行为，即使用他人姓名并冒充该人参加民事活动或其他行为。《中华人民共和国公司法》第五十二条第二款规定："监事任期届满未及时改选，或者监事在任期内辞职导致监事会成员低于法定人数的，在改选出的监事就任前，原监事仍应当依照法律、行政法规和公司章程的规定，履行监事职务。"因此，廖某明仍系某富公司的监事，某富公司将廖某明登记为监事，具有相应依据。因廖某明系自愿成为某富商务服务公司的监事，某富公司的行为不属于干涉、盗用、冒用廖某明姓名权的情形，故对廖某明的上诉理由，不予支持。

综上所述，廖某明的上诉请求不能成立，应予驳回；一审判决认定事实清楚，适用法律正确，应予维持。上海市第一中级人民法院依照《中华人民共和国民事诉讼法》第一百七十条第一款第一项规定，判决：

驳回上诉，维持原判。

【法官后语】

自然人姓名权具有“个人人格基本特征”之称，也即具有基础权利的特征。《中华人民共和国民法典》人格权编专设“姓名权和名称权”一章，强化了对姓名权的保护。然而，由于姓名具有极强的媒介工具性，实践中存在将姓名权保护宽泛化与兜底化的倾向。如何准确把握姓名权保护的界限，成为司法实践的难点。本案系因股权转让引发的姓名权纠纷案例，审查的核心在于是否存在对姓名的假冒、盗用，同时从公司法角度审查了被告行为的正当性。具体分析如下：一是判断股权转让情形下沿用原公司监事登记是否侵犯姓名权，应探究股权转让时监事本人的真实意思表示，如未存在假冒本人身份、签名等情形，并不构成对姓名使用权之侵犯。股权转让行为本身并不等同于要求卸去公司监事职务，辞去监事职务之意思表示应以具体的方式作出。在原告与郭某坡签订的《股权转让协议书》中，并未对此予以明确约定。在最初被登记为公司监事时，原告显然是主动自愿的，并不存在假冒身份、签名等情形。在原告未明确表示解任的情况下，被告继续沿用原告监事登记，不构成未经原告同意或授权将其姓名用于工商登记的假冒或盗用行为，故未侵犯原告姓名权。

二是监事任期届满公司未能组织改选以免除监事身份，此系公司法范畴的问题。公司监事辞去职务、变更监事登记，非依自然人个人意志即能完成，而应经过股东会等程序形成公司意志。虽然监事具有辞职的自由，但是在两种情形下须延期履职：一是任期届满未及时改选，二是监事在任期内辞职导致监事会成员低于法定人数。原告在任期届满后于媒体上刊登辞职声明，并不当然产生公司法上的法律效力。被告未能及时组织改选以免除原告监事身份，此属公司内部治理范畴。原告在公司新的监事改选出并就任之前，仍应履行相应的监事职责。被告将原告登记为监事，具有相应依据，难谓因此对其姓名权构成侵害。

三是对于姓名权的保护不应宽泛化与兜底化，公司监事对于面临的解任困境，应通过其他途径寻求救济。当监事任期届满，公司应组织改选的期限是多久？监事面对公司迟迟未及时改选该如何寻求救济？在我国公司法此系空白地带，特别是在公司自治失灵的情况下，监事解任困难重重。被告陷入经营管理瘫痪，使得监事制度流于形式，原告监事身份无法涤除。司法介入是治理公司内部失灵、破解公司僵局的有效外部手段。那么，解决公司治理问题是否有必要借助民事范畴的姓名权呢？

纵观人格权的发展历程，姓名权保护范围的适当扩张曾对权益保护的漏洞填补产生过积极意义，随着立法不断进步，特别是原《中华人民共和国民法总则》第一百零九条（对应现行《中华人民共和国民法典》第九百九十条）对一般人格权予以确认，不应再继续放任此种扩张。姓名权的内涵界限决定其功能仅及于姓名利益的保护，不宜将姓名权保护范围轻易延伸至公司法领域，从而将姓名权作为弥补公司法相关制度不足的路径。在公司监事的姓名被盗用登记等情形下，才涉及姓名利益保护的问题，具体还应严格按照姓名权侵权责任要件进行判断。由于姓名具有极强的媒介工具性，无论在是否发生侵权的场合，无论是直接侵犯姓名权还是其他权益的情形，都可能涉及姓名使用。如果上述场合最终均可借助姓名权寻求司法救济，那么姓名权不仅成为人格权的兜底性保护，更易成为所有权利的兜底性保护。姓名权范围的任意扩张，会导致权利保护体系的混乱。因此，应该严格限制姓名权保护范围。公司监事对于面临的解任困境，理应通过公司法的相关途径寻求救济，而不宜借助姓名权寻求司法保护。

编写人：上海市浦东新区人民法院　俞硒

30

判断姓名权侵权的审查逻辑

——庄某某诉赵某姓名权案

【案件基本信息】

1. 裁判书字号

北京市海淀区人民法院（2020）京0108民初22129号民事判决书

2. 案由：姓名权纠纷

3. 当事人

原告：庄某某

被告：赵某

【基本案情】

北京艺丰某某时光咖啡公司（以下简称某某时光）系2002年成立的有限责任公司。庄某某现为公司法定代表人，其妻李某某持股23.5753%，赵某持股6.2299%，某控股公司持股70.1948%。

庄某某主张赵某作为某某时光总经理及实际控制人在未经其许可之情形下伪造其签名、使用其人名章，构成侵犯其姓名权。为此，庄某某向法院提交了某某时光起诉高某房屋租赁合同纠纷案的起诉书，起诉书落款处一份为手写庄某某姓名，一份为盖有庄某某人名章。赵某主张上述手写“庄某某”姓名以及盖人名章之行为系当时代办的公司工作人员所操作，该行为应属于职务行为，与赵某个人无关。赵某另主张其属于公司小股东，公司相关诉讼均由大股东上海某信公司代表公司进行提起，其对于使用人名章的情况并不了解。庄某某对上述主张不予认可，称其人名章实际由赵某控制并使用。赵某则主张庄某某人名章实际由某某时光保管，并非其个人在保管。

另，庄某某于2017年退出某某时光经营及管理。2018年，庄某某作为某某时光法定代表人因诉讼执行问题被人民法院限制高消费。庄某某主张其曾多次要求更换法定代表人，但赵某及公司大股东一直拒绝。

【案件焦点】

1. 某某时光未经庄某某允许使用其人名章是否构成侵犯其姓名权；2. 赵某是否应承担侵权责任。

【法院裁判要旨】

北京市海淀区人民法院经审理认为：姓名是自然人特定的人身专用的文字

符号，是自然人自身人格特征的重要标志，是区别于其他自然人的文字符号。自然人享有姓名权，有权决定、使用和依据规定改变自己的姓名，禁止他人干涉、盗用、假冒。庄某某主张赵某未经其允许使用其人名章以及假冒其签字之情形，具体分析如下：第一，未经庄某某允许使用其人名章是否构成侵犯其姓名权。庄某某作为某某时光之法定代表人，其应当履行法定代表人职责，包括但不限于代表某某时光对外签署相关文件等，以维护某某时光之正常经营。庄某某认可其于2017年已实际退出某某时光经营及管理，并将人名章留在某某时光，故某某时光在相关诉讼中使用法定代表人庄某某之人名章系维护公司之合法权益，系某某时光行为，上述人名章的使用并非代表庄某某本人对外从事相关活动，故未经庄某某使用其人名章并不构成对庄某某本人姓名权的侵犯。第二，在某某时光相关诉讼中，法定代表人签字虽并非庄某某本人所签，但上述签名并非代表庄某某个人从事相关诉讼，而系代表某某时光维护其合法权益。另庄某某未就上述行为系赵某实施一节充分举证，故对庄某某要求停止侵权并赔礼道歉之诉请不予支持。关于庄某某要求返还人名章之诉请，与本案不属于同一法律关系，故对其上述诉请不予支持。

依照《中华人民共和国民法总则》第一百一十条，《中华人民共和国侵权责任法》第二条、第六条，《中华人民共和国民事诉讼法》第六十四条第一款规定，判决如下：

驳回庄某某的全部诉讼请求。

【法官后语】

姓名是自然人之间互相交流指称的文字形式，是自然人用于区别于其他自然人的社会标志。于2021年1月1日起施行的《中华人民共和国民法典》第一千零一十二条规定：“自然人享有姓名权，有权依法决定、使用、变更或者许可他人使用自己的姓名，但是不得违背公序良俗。”第一千零一十四条规定：“任何组织或者个人不得以干涉、盗用、假冒等方式侵害他人的姓名权或者名称权。”由此可以判断，自然人姓名权作为一种人格权包含具备自主决定功能的积极权能以及排除未经许可的他用的消极权能。近年来的司法实践中，姓名权纠纷作为一种典型的人格权纠纷大量涌现，原告诉称的姓名权侵权行为亦种类繁多。对于被告应否承担原告诉求的侵权责任，法院应当结合法律规定、社会背景与案件具体情况具体认定，不宜一律认定未经原告同意使用其姓名的行为即构成侵权。

本案的主要争议焦点为某某时光使用庄某某人名章和签署其姓名用于公司诉讼之行为是否构成姓名权侵权。

对此，同类姓名权侵权纠纷案件审理思路一般如下：首先，应当对被告行为之违法性进行判断。原告方应当就被告存在干涉、盗用、假冒等方式侵害其姓名权的行为负举证责任。以上行为的违法性判断应遵循“足以致使公众混淆”的标准。本案中原告庄某某主张某某时光未经其同意在其他诉讼中使用了其人名章并伪造了其签名，被告赵某对原告该陈述也予以认可，故可以认定某某时光存在未经原告同意在其他诉讼中使用其姓名的行为，该行为使公众陷入对庄某某姓名使用的混淆，认为是庄某某本人签名。其次，对原告权益是否受到损害进行判断。姓名权作为一种人格权，其保护的法益基于人格尊严而产生，系个人在社会中通过独特的姓名标识所形成的独一无二的精神利益。对该种利益的损害形式多样，损害可以是姓名混淆所造成的声誉贬损或者人格贬损，例如盗用、假冒他人姓名从事违法犯罪行为；也可以是损害与姓名密切相关的某种身份利益；亦可以是姓名权人通过姓名使用许可而获得的某种商业利益，例如授权企业使用自己姓名作为商标的行为。本案中，虽然某某时光未经庄某某同意在其他诉讼中使用了其人名章并伪造了其签名，但显然该种使用并未排除庄某某对其姓名的使用，没有导致其个人声誉与社会评价受到贬损，也没有导致其姓名相关的身份利益有所减损，更无损害其姓名许可存在的商业利益。进一步而言，《中华人民共和国民法典》第九百九十八条规定：“认定行为人承担侵害除生命权、身体权和健康权外的人格权的民事责任，应当考虑行为人和受害人的职业、影响范围、过错程度，以及行为的目的、方式、后果等因素。”依据该立法精神，庄某某作为某某时光的法定代表人应当按照《中华人民共和国公司法》的有关规定履行对公司的勤勉履责义务，包括提供签名从事对外行为的义务，故庄某某在某某时光进行诉讼时有义务提供其自身的签名以维护公司法人利益。公司使用庄某某人名章的行为即为代其履行义务的行为，其目的不在于侵犯庄某某的姓名权，而是维护公司自身的权益。因此，考虑到庄某某本人作为某某时光法人的职务以及某某时光使用庄某某姓名的目的，应当认为庄某某的姓名权所保护的利益并未受到损害。最后，法律期待一般意义上理性的民事主体应对使用非自身姓名或者名称时采取程度较高的审慎注意义务，因此审查姓名权侵权一般不考量行为人的主观因素，只要客观上存在侵权行为和损害后果，且二者之间存在法律上的因果关系即可。综上，某某时光的行为不构成姓名权侵权。

本案引申出的关于姓名权使用消极权能的限制问题值得深思。固然未经姓名权人许可其他主体一般不得使用其姓名，但是当下社会信息交流越发重要，若凡是使用自然人的姓名都要经过姓名权人同意，会给社会正常运行造成极大的不便，增加了不必要的社会成本。因此在司法实践中应承认部分情况下对于姓名权可以进行合理使用，以便达到协调利益冲突的法律效果和社会效果。《中华人民共和国民法典》第一千零一十二条所规定姓名权行使不得违背公序良俗亦为此种制度的构建留存了解释空间。姓名权的合理使用制度可以参照著作权的合理使用制度进行构建，即在不造成与他人姓名识别混淆的前提下，以下使用他人姓名的行为不需要经过姓名权人同意，也不需要承担姓名权侵权的责任：个人学习、科学研究、介绍或评论，适当引用（使用）他人姓名；为报道时事新闻，在报刊、电视台、网络等媒体中不可避免地使用他人姓名；国家机关执行公务而在必要范围内使用他人姓名；为姓名权人自身的利益使用其姓名；工作单位在合理范围内使用其工作人员姓名；其他不会造成与他人识别混淆、损害姓名权人姓名利益的使用他人姓名的行为。该种制度的适用范围和认定标准的确立仍需在社会生活和司法裁判中不断实践与探索。

编写人：北京市海淀区人民法院　秦纳杰　魏择旭

31

大数据背景下侵害姓名权的精神损害认定

——王某诉北京国某有限责任公司姓名权案

【案件基本信息】

1. 裁判书字号

北京市丰台区人民法院（2020）京 0106 民初 5128 号民事判决书

2. 案由：姓名权纠纷

3. 当事人

原告：王某

被告：北京国某有限责任公司

【基本案情】

北京国某有限责任公司原名称为北京恒信某有限公司，法定代表人及出资人均为徐某周，于 2008 年年初设立。在北京恒信某有限公司申请设立的材料中，工商登记材料里公司监事一栏显示“王某”，登记身份证号与王某身份相吻合。

2008 年 9 月 17 日，北京恒信某有限公司《第二届第一次股东决定》决定：廖某度任公司执行董事，北京恒信某有限公司变更名称为北京某展览展示有限责任公司。相关变更材料中，监事仍记载为王某，产生方式为“选举”，但到场签字人为“廖某度”。同日，北京市工商行政管理局丰台分局对北京恒信某有限公司名称变更进行了通知。

2009 年 3 月 20 日，北京某展览展示有限责任公司第三届第一次股东决定，北京某展览展示有限责任公司更名为北京国某有限责任公司，出资人及法定代表人均由廖某度变更为史某晓，相关变更材料中，监事仍记载为王某，产生方式为“选举”。本案审理过程中，北京国某有限责任公司于2020年9月18日至工商局办理了变更登记，变更了对王某担任监事的工商登记。

王某认为，北京国某有限责任公司在其毫不知情的情况下擅自利用其身份信息，严重侵害其姓名权、知情权等权利，给其夫妇造成极大的精神损害，造成夫妻离婚的后果。此外，很可能会对王某作为股东的两个公司造成损害。故起诉要求：1. 判令北京国某有限责任公司立即停止对王某姓名权的侵害；2. 判令北京国某有限责任公司到市场管理机关变更、撤销王某作为公司监事的有关工商登记项目；3. 判令北京国某有限责任公司向王某公开赔礼道歉；4. 判令北京国某有限责任公司向王某支付精神损害抚慰金20万元。

【案件焦点】

公司以冒用姓名的方式办理工商登记侵害自然人姓名权且工商登记信息存在网络信息公开，如何认定精神损害后果。

【法院裁判要旨】

北京市丰台区人民法院经审理认为：自然人的姓名权依法受法律保护。王某诉请北京国某有限责任公司冒用其身份信息，并提供了工商的登记材料，登记材料上显示“王某”身份证号信息与本案王某本人的身份证号信息一致，可以认定系同一人。在案证据显示自2008年起“王某”始终被登记为北京国某有限责任公司的监事，但王某并未实际担任该职，故可以认定北京国某有限责任公司未经王某本人同意冒用了王某的姓名进行登记，对王某请求停止对其姓名权的侵害，并要求办理变更监事姓名的诉请予以支持，鉴于北京国某有限责任公司于本案诉讼中已经办理变更，其变更姓名诉请已无事实基础，不再处理。对王某主张精神损害抚慰金的请求，王某虽未能提供证据证明其婚姻的解除与其姓名被冒用一事存在关联性，但考虑到在当前的网络信息时代，因其姓名被冒用，在网络大数据的收集、自然人的个人信息等方面所留有的无法消除的历史痕迹势必会给王某造成一定影响，且该信息亦很容易被他人获取、了解。同时考虑姓名权作为人格权亦属保护程度较高的权利，北京国某有限责任公司使用王某姓名作为监事一职在工商管理部门登记时间较长，故王某主张精神损害抚慰金的诉请有相应事实及法律依据，予以支持。对给付的数额考虑王某受影响程度、时间的长短、后果及目前的状态，酌定给付精神损害补偿 3000 元。北京国某有限责任公司虽经数次出资人及公司名称变更，但不影响其公司本身作为有限公司法人主体的一致性，应对自 2008 年起至本案审理期间长时间冒用王某姓名的行为承担侵权责任，故对该公司辩解此事与其无关、不同意赔偿的抗辩意见不予采纳。综上所述，依照《中华人民共和国民法通则》第九十九条及《最高人民法院关于确定民事侵权精神损害赔偿责任若干问题的解释》第一条、第八条规定，判决如下：

一、北京国某有限责任公司于本判决生效之日起七日内向王某支付精神损害赔偿金 3000 元；

二、驳回王某的其他诉讼请求。

【法官后语】

侵害姓名权属于侵害人格权的行为。原 2001 年《最高人民法院关于确定民事侵权精神损害赔偿责任若干问题的解释》第一条明确了有权请求精神损害赔偿的情形，包括特定民事权利受侵害以及采用“违反社会公共利益、社会公德”侵权方式侵害人格利益两类情形，姓名权属于前者，权利受到侵害即有权主张精神损害赔偿，无需考量是否采用了“违反社会公共利益、社会公德”的侵权方式。本案对其精神损害的认定，主要有以下司法考量：

一、姓名权作为传统人格权权利，对其司法保护应遵循立法取向和时代需求

目前已废止的《中华人民共和国民法通则》在“人身权”部分最早对姓名权、侵害姓名权的主要方式作出规定：公民享有姓名权，有权决定、使用和依照规定改变自己的姓名，禁止他人干涉、盗用、假冒。在传统民事法律中，姓名权是典型的自然人人格权，与名誉权、隐私权等构成自然人主要的人格权利。而《中华人民共和国民法典》将人格权作为独立的一编予以规定，这是《中华人民共和国民法典》在世界范围内的一次立法创举，也是《中华人民共和国民法典》编纂的最大亮点之一，将对人格权利的尊重提到了新的高度。而人格权

从传统民事权利体系中独立出来，将对今后的司法裁判提出新的考验，如何将《中华人民共和国民法典》人格权编的各项人格权从法典的体系性形式权利落实成为司法裁判中活生生的个体权利，以及在互联网信息科技及大数据时代探索新时代下符合当前社会权利保护期待的权利内涵外延，并最终使人格权利与民法典侵权责任编形成人格权利保护的互补，是今后司法裁判面临的三项挑战。本案对姓名权的损害后果认定，既考量了民法典对人格权益保护的立法取向，又考量了以传统方式侵害姓名权在网络时代下产生的损害事实的新的特征。

二、侵犯姓名权在《中华人民共和国民法典》施行后可能同时影响个人信息权益

在法律事实层面，姓名是自然人得以区分他人的主要标识，是姓名权利的承载对象。而在当今互联网科技时代，姓名又有了新的法律意义，《中华人民共和国民法典》人格权编第六章“隐私权和个人信息保护”中，回应了当前的时代诉求，将个人信息作为人格权利的一种给予明确保护，个人信息自此成为民事基本法领域的特定法律概念。《中华人民共和国民法典》第一千零三十四条第二款规定：个人信息是以电子或者其他方式记录的能够单独或者与其他信息结合识别特定自然人的各种信息，包括自然人的姓名、出生日期、身份证件号码、生物识别信息、住址、电话号码、电子邮箱、健康信息、行踪信息等。显然，姓名作为个人信息中区分“个人”的关键信息，属于构成个人信息这一权益的“必要非充分”要素，具有了新的法律意义。而本案中，正是基于此种考量，认为被侵权人王某姓名权遭受侵害具有与传统侵害姓名权所截然不同的后果，具体而言，王某的姓名权虽系被以冒用这一传统的侵害姓名权的手段所侵害，但是在侵害结果上，王某曾经被挂名为某公司监事这一历史事实已然随着企业工商登记电子化、网络化而成为电子或者其他方式记录的、具有识别度的个人信息的要素。

三、侵犯姓名权在网络信息时代还需考量网络大数据技术下的损害后果

本案王某姓名被冒用进行工商登记，由于公司工商登记的电子化和网络化，公司的基础工商登记信息具有了网络公开性，王某长期“担任公司职务”通过网络信息广为传播，成为网络信息的一部分，得以被非常便捷地查询、获取，

对姓名权的侵害在互联网上产生持续的影响。司法裁判对其姓名权遭受侵害的事实，应当考量侵害后果的时代特点，网络信息时代既破除了大量的信息壁垒，亦导致公开信息在信息网络中将长期存在，司法裁判中还由此产生了网络用户要求搜索引擎服务提供商删除自己名字或相关个人信息的“被遗忘权”这一新型个人权利。而近年来兴起的网络大数据技术更是将网络信息定向收集和归类推向新的高度。此种情况下，被冒用的姓名随着网络信息公开，既成为长期存在的无法更改的历史信息，亦成为网络大数据能够收集到的客观历史数据，对被冒用姓名的被侵权人在个人信息、个人征信方面将存在长期影响，司法裁判在认定姓名权存在网络侵害后果时，应当纳入考量。

基于以上法律规定、价值及后果的综合考量，足以认定王某因姓名权遭受侵害导致了精神损失，本案在综合北京国某有限责任公司侵权手段、侵权行为持续时间及在网络信息时代的影响等因素的基础上，酌定了相应的精神损害抚慰金，支持了王某的精神损害赔偿诉请，既保障了自然人的姓名权利，又宣示了对类似侵权行为的否定。

编写人：北京市丰台区人民法院　庄永生　王淑贞

三、肖像权纠纷

32

摄影作品中肖像权的行使与保护

——郭某某诉某服饰商贸（上海）有限公司肖像权、姓名权案

【案件基本信息】

1. 裁判书字号

上海市第一中级人民法院（2019）沪01民终8400号民事判决书

2. 案由：肖像权、姓名权纠纷

3. 当事人

原告（被上诉人）：郭某某

被告（上诉人）：某服饰商贸（上海）有限公司（以下简称某公司）

【基本案情】

某公司（委托方）与案外人公司（承办方）签署合约，约定承办方负责拍摄艺人，在杂志内页中应含艺人身穿委托方指定品牌服装拍摄照片一页。另约定委托方、承办方有权免费在网络以及品牌、官网、新媒体等平台合法转发、推广、宣传且标明出处，委托方网店推广图片只能用于产品详情的产品描述区域，可写艺人名字同款。后郭某某（曾用名：郭某婷）（系模特、影视演员）接受拍摄，授权在《ST××××》杂志刊登摄影作品。

后，某公司在其官方商城、京东、天猫等线上旗舰店使用郭某某身着该公司品牌服饰所拍摄的图片（以下简称案涉图片）进行宣传。在某公司官方网站上的案涉图片，使用如下文字进行描述："明星同款 #抢明星们喜欢的#郭某婷来源于《ST××××》"，另对郭某某的身份情况及演艺情况进行了描述。在京东商城官方旗舰店、天猫商城官方旗舰店首页上对服饰描述："某某女神 郭某婷同款"，另在服饰描述中使用了案涉图片（图片上标注 ST××××），并对郭某某的身份情况及演艺情况进行了描述。

郭某某认为某公司未经其许可将其肖像、姓名进行商业性使用，该行为侵犯其肖像权，要求某公司向其赔礼道歉、消除影响、赔偿经济损失、精神损害抚慰金等。

【案件焦点】

1. 某公司在相关网站上使用案涉照片是否侵犯郭某某的肖像权、姓名权；2. 如构成侵权行为，相关法律责任如何认定。

【法院裁判要旨】

上海市徐汇区人民法院经审理认为：某公司在其经营的店铺网页上使用郭某某肖像进行产品展示，并对郭某某身份及演艺情况进行描述，意图利用郭某某的知名度引导消费者购买其产品，其行为构成以营利为目的使用郭某某肖像。对于某公司是否有权使用郭某某肖像，根据某公司与案外人签署的广告合约，案外人拍摄艺人身着某公司品牌服饰，在杂志上进行产品植入，郭某某配合拍摄案涉图片系用于杂志宣传，并不代表郭某某同意某公司可以通过其他方式使用案涉图片，某公司虽主张其与案外人约定可以使用案涉图片，但未能进一步证明案外人有权授权某公司使用郭某某肖像。因此，某公司的行为侵犯了郭某某的肖像权，同时侵犯了郭某某的姓名权。某公司对其侵权行为，理应赔礼道歉、消除影响，而赔礼道歉、消除影响的范围应该与某公司实施的侵权方式及造成的影响范围相当，考虑到某公司系通过该公司网上店铺使用案涉图片，故可由某公司在相关网站首页连续七日刊登声明，消除影响；对于经济损失及精神损失的具体数额，根据郭某某的知名度、某公司的过错程度、侵权行为的情节等因素酌情确定，凭据支持郭某某律师费 0.5 万元。

依照《中华人民共和国民法总则》第一百一十条第一款、第一百七十九条第一款及第三款，《最高人民法院关于确定民事侵权精神损害赔偿责任若干问题的解释》第一条、第十条第一款规定，一审法院判决：

一、某公司于判决生效之日起十日内在其官方商城、京东商城某官方旗舰店、天猫商城某官方旗舰店的首页连续七日刊登声明，对使用郭某某肖像及姓名发布公开赔礼道歉的声明（声明内容须经法院审核，如不履行，法院将在相关媒体上公布本判决的主要内容，费用由某公司负担）；

二、某公司于判决生效之日起十日内赔偿郭某某经济损失 12 万元、精神损害抚慰金 3 万元、公证费 0.2 万元、律师费 0.5 万元。

某公司不服一审判决，提起上诉。

上海市第一中级人民法院经审理认为：关于争议焦点一。某公司主张其公司作为广告主根据与案外人签订的广告合约有权使用案涉照片，不存在侵权行为。案涉照片作为拍摄自然人肖像的摄影作品，其上权利除著作权人的著作权外，亦附着被拍摄人的肖像权，两者权利主体、客体与内容并不相同，不可等同来看。故即便该合约真实有效，对案涉照片的使用，某公司取得了作为著作权人的案外人的许可，但该公司未举证证明亦获得了作为肖像权人郭某某的直接或间接授权。某公司因销售服饰需要，在相关网站上使用案涉照片进行商业宣传，其行为已经侵犯了郭某某的肖像权。某公司对案涉照片所配文字描述亦侵犯了郭某某的姓名权。由此，一审法院认定某公司的行为对郭某某构成侵权具有事实及法律依据，本院予以认同。

关于争议焦点二。郭某某作为演艺人士，其肖像、姓名承载着人格利益，在商业宣传中具有一定的商业价值，某公司未经许可，擅自在相关网站上使用，理应承担相应的侵权责任。一审法院综合考量郭某某的知名度、某公司过错程度、案涉照片使用情形以及侵权行为的其他情节等因素，酌情确定的赔礼道歉范围与经济损失金额，具有法律依据且在合理的范围之内，本院予以认同。郭某某针对律师费及公证费的支出，是由某公司的侵权行为所引起，应属郭某某维护自身权利的合理费用，一审判决由某公司承担并无不妥。关于精神损害抚慰金，一审判决金额超出郭某某请求金额，确有不当。根据《最高人民法院关于确定民事侵权精神损害赔偿责任若干问题的解释》第八条第一款之规定，因侵权致人精神损害，但未造成严重后果，受害人请求赔偿精神损害的，一般不予支持，人民法院可以根据情形判令侵权人停止侵害、恢复名誉、消除影响、赔礼道歉。某公司虽存在侵权行为，但所使用的照片及文字未丑化、侮辱郭某某的公众形象，为其带来消极影响，亦未降低受众群体对其评价，难称对其造成严重后果。故在判令某公司向郭某某公开赔礼道歉的情况下，对该公司要求不赔偿精神损害抚慰金的上诉请求，予以支持。

综上所述，某公司上诉请求中的合理部分，予以支持；一审判决第一项并无不当，予以维持；一审判决第二项确有不当，予以纠正。据此，依照《最高人民法院关于确定民事侵权精神损害赔偿责任若干问题的解释》第八条第一款，《中华人民共和国民事诉讼法》第一百四十八条第二款、第一百七十条第一款第一项、第二项规定，判决如下：

一、维持上海市徐汇区人民法院（2018）沪0104民初27314号民事判决第一项；

二、撤销上海市徐汇区人民法院（2018）沪0104民初27314号民事判决第二项；

三、某公司应于本判决生效之日起十日内赔偿郭某某经济损失12万元、公证费0.2万元、律师费0.5万元；

四、驳回某公司其余上诉请求。

【法官后语】

肖像摄影作品同时存在肖像权和著作权，两项权利均需要通过载体予以呈现，若权利主体不同，肖像摄影作品的使用有可能产生权利冲突。司法实践中，对于两项权利的保护应当进行区分，对于精神损害的认定亦应审慎谦抑。本案例即讨论摄影作品中肖像权人的利益保护问题。

一、肖像权兼具精神利益和财产利益

肖像权是一种人格权，其内容包括制作权、公开权、使用权。常见的肖像权侵权行为一般也即侵犯上述三方面内容。肖像权兼具精神利益和财产利益。对肖像权的保护亦应当区分侵犯何种利益并明确保护方式及责任承担形式。

肖像权的精神利益保护体现在尊重自然人制作肖像、公开肖像、使用肖像的主体意愿。肖像作为一种直观、真实的自然人外部形象，代表自然人的人格特征、精神风貌，因此不同形式和目的之肖像使用能给权利人带来不同的社会评价，从而影响其精神利益。就损害精神利益之责任承担形式主要有：停止侵害，赔礼道歉，消除影响、恢复名誉，精神损害赔偿等。

肖像权的财产利益主要表现为，肖像权人通过授权许可他人使用其肖像而获得收益。实践中常见的是利用公众人物肖像进行商业广告宣传。从肖像的商业价值而言，因特定形象的肖像可能符合某产品特质及宣传目的，所以自然人的肖像能够带来财产性收益。因此肖像权人就其肖像之使用理应获得报酬。就损害财产利益之责任承担形式主要有：停止侵害，赔偿损失等。

具体到本案，某公司未经郭某某许可，将其肖像用于网上商城之服装宣传，该行为侵犯了郭某某的肖像权。首先，某公司侵犯了郭某某对于其肖像的精神利益。其一，杂志宣传与网上商城的商业广告宣传不同，两者所展现出来的人格形象或商业形象亦不同，郭某某虽身着某公司品牌服装参与拍摄，然通过杂志宣传的更多地是其个人的时尚性、影响力等，而服装广告更多的贴以收取代言费的商业化标签；其二，明星往往通过选择代言产品来展示其个人特质，而某公司之使用会让公众认为郭某某代言了某公司的品牌服装，固化了郭某某的商业形象。因此某公司的使用行为侵犯了郭某某的精神利益，应当赔礼道歉并消除影响。另外，通过商业广告，肖像权人可以获得相应报酬，某公司对郭某某肖像的商业性使用侵犯了郭某某的财产利益，还应当赔偿郭某某的财产损失。

二、使用肖像摄影作品应取得肖像权人与著作权人的双重授权

肖像摄影作品之上除肖像权外，还附着著作权。也就是说一张照片成为肖

像权与著作权这两种权利的共同表现形式，实践中两种权利的行使会产生冲突。著作权包括人身权与财产权两部分。对比发现，肖像权与著作权的权利内容存在交叉。我们认为，虽然两种权利主体不同，内容相似，但一般情况下并不排他，因此如一方欲行使相关权利需取得另一方之许可，如第三人欲行使相关权利，应取得著作权人与肖像权人的双重授权，即需取得双方之许可。

本案中，某公司称其在使用照片时已获得拍摄方的许可，但因其未同时取得肖像权人授权，最终被认定侵犯肖像权。首先，关于肖像权所保护的精神利益，既以杂志拍摄为目的，则无论是肖像权人还是著作权人自然认可该摄影作品之公开与使用。然某公司将案涉照片用于网上商城服装广告宣传，该使用目的与郭某某拍摄照片时所授权之目的难称一致。尤其是明星广告存在选取特定品牌和平台以契合其欲展示的人格形象等考虑因素。因此某公司的行为侵犯了郭某某的精神利益。其次，关于财产利益，虽拍摄方享有照片的使用权，然某公司系使用郭某某之肖像进行商品宣传，仅取得了著作权人之授权并不足够，还应取得肖像权人之许可。因此某公司的行为也损害了郭某某之财产利益。基于上文分析，某公司须承担相应侵权责任。

三、请求支持精神损害赔偿一般需造成严重精神痛苦

精神损害赔偿是对精神利益抑或非财产损害进行金钱赔偿。随着人格自觉的提升，侵害可能性的增加以及损害范围的扩大，精神损害赔偿成为保护人格的一种重要制度。肖像权作为一种人格权，其包含着人格自由、人格尊严等重要价值，对肖像权的损害可能造成巨大精神痛苦，侵权行为人应当对当事人的精神利益进行赔偿。

《最高人民法院关于确定民事侵权精神损害赔偿责任若干问题的解释》确认了精神损害赔偿的可诉性，并且肖像权作为人身权益在保护范围之内；该司法解释对精神损害赔偿的具体适用进行了明确，以侵权并造成严重损害为要件。

对于常见的三种侵害肖像权行为所产生的严重后果之认定可以考虑以下因素：首先，关于未经许可的制作行为。肖像制作包含两方面，其一，肖像作品的拍摄，可以考虑拍摄肖像之用途、作品所展现的形象等要素，如未经同意拍

摄丑化或不雅照片等。其二，肖像作品的修改，如未经同意修改照片，可以考虑修改照片程度、传播程度、社会评价降低程度等，如将肖像作品进行带有侮辱性、丑化性修改并广泛传播等。[①] 其次，关于肖像的公开行为。主要为擅自公开肖像作品，可以考虑展示的目的、展示的场合、展示的内容等，肖像权人需就其该作品之展示对其精神上产生特定的重大损害进行充分说明，并符合常人可理解之范畴。最后，关于肖像的使用行为。主要是不合目的之使用，实践中常见的是强制商业化，需要明确的是就肖像的使用，一般可以在财产性损害中得到赔偿，在此基础上，就精神损害赔偿当严格认定。需考量肖像拍摄之目的以及商业化形式上的差距，如为公益目的或为展示自然人非商业形象的拍摄被用于商业行为，则可以酌情支持精神损害赔偿。对于未能获得财产性赔偿的情形，则可适当放宽认定标准，以填补损失。

具体到本案，虽然某公司侵犯了郭某某的肖像权，但是该侵害是否达至造成严重精神损害之程度值得考虑。我们认为，涉案照片的拍摄系经郭某某许可，某公司非拍摄主体，未进行修改或丑化；某公司使用照片时，该照片已在杂志上公开，因此从制作和公开角度来说，某公司未对郭某某造成人格损害。从使用权角度而言，本案主要涉及使用目的与商业化，由于该照片系杂志所拍摄，本身就存在一定的商业目的。某公司将其用于服装广告，虽可能与郭某某之初衷不符，违背其使用目的，然难以认定达到造成严重精神损害之程度。在判令某公司赔礼道歉及赔偿损失的情况下，就郭某某精神损害赔偿之请求不应再支持。

编写人：上海市第一中级人民法院　王剑平　陈姝

---

① 《中华人民共和国民法典》第一千零一十九条第一款规定："任何组织或者个人不得以丑化、污损，或者利用信息技术手段伪造等方式侵害他人的肖像权……"该条明确"丑化、污损"系侵权行为，虽此前未对此有明确规定，但实践中我们已经将其作为考量产生严重后果的重要因素。

33

使用明星肖像造成虚假代言效果时应承担更重的赔偿责任

——孙某某诉浙江某安防科技有限公司网络侵权责任案

【案件基本信息】

1. 裁判书字号

北京互联网法院（2019）京 0491 民初第 37915 号民事判决书

2. 案由：网络侵权责任纠纷

3. 当事人

原告：孙某某

被告：浙江某安防科技有限公司（以下简称浙江某公司）

【基本案情】

孙某某系知名影视演员。浙江某公司经营范围包括防盗门、铝合金门窗等。2018 年 3 月至 9 月，浙江某公司微信公众号陆续推送 5 篇含有孙某某肖像的广告文章，部分文章中含有“《××绅士》主演：孙某某 携手助力某某门窗”的广告宣传语。2019 年 4 月，浙江某公司官方网站首页显著位置发布有 4 幅孙某某正面半身像图片并配有“《××绅士》主演：孙某某 携手助力某某门窗”等广告语以及该公司产品品牌介绍、合作方式、产品、预约合作的详细介绍，内容旁另穿插 5 幅孙某某的肖像图片。在网站门窗合作页面显示的实体店铺图片中，配有 8 幅孙某某的肖像图片。孙某某主张浙江某公司未经许可，以营利为目的擅自使用其肖像进行广告宣传，且广告内容具有明显的虚假代言性质，已构成对孙某某肖像权、姓名权的侵害，要求浙江某公司立即停止侵权、公开赔礼道歉，赔偿经济损失及维权合理开支。浙江某公司认为其使用孙某某的肖像系电视剧《××绅士》的海报、剧照，已经与第三方签订了许可使用合同，且其使用孙某某肖像时并未因此获利，不同意赔偿。

【案件焦点】

浙江某公司应当如何承担侵权责任。

【法院裁判要旨】

北京互联网法院经审理认为：自然人的肖像权受法律保护，未经本人同意，不得制作、使用、公开肖像权人的肖像。浙江某公司在购买孙某某的肖像照片进行商业使用时，应对肖像的来源、权属等事项审慎查验，案外人向浙江某公司提供孙某某肖像照片时，并未提供电视剧出品人的授权及肖像许可使用授权。浙江某公司亦未审核涉案照片是否与《××绅士》剧照有关，故对浙江某公司主张使用孙某某肖像拥有合法权利来源的抗辩不予采信，浙江某公司对此存在过错。浙江某公司未经肖像权人孙某某的许可，擅自在其官方网站、微信公众号中将孙某某的肖像大量用于其商业广告推广，且使用方式为将孙某某作为其商业代言人，冒名进行商业宣传，具有以营利为目的使用肖像的明显特征，侵害了孙某某的肖像权。公民享有姓名权，有权决定、使用和依照规定改变自己的姓名，禁止他人干涉、盗用、假冒。浙江某公司在其运营的网站中未经孙某某同意使用其姓名，系以冒用孙某某的姓名进行宣传，易使他人误认为孙某某同意浙江某公司使用自己姓名进行商业代言，侵犯了孙某某的姓名权。

自然人的肖像权、姓名权受到侵害的，有权要求停止损害、消除影响、赔礼道歉，并可以要求赔偿损失。其中关于孙某某经济损失的诉讼请求，《中华人民共和国侵权责任法》第二十条规定：侵害他人人身权益造成财产损失的，按照被侵权人因此受到的损失赔偿；被侵权人的损失难以确定，侵权人因此获得利益的，按照其获得的利益赔偿；侵权人因此获得的利益难以确定，被侵权人和侵权人就赔偿数额协商不一致，向人民法院提起诉讼的，由人民法院根据实际情况确定赔偿数额。孙某某既未证明其经济损失也未提交证据证明浙江某公司获利情况，故本院根据本案实际情况确定具体赔偿金额。孙某某作为演员，其肖像和姓名的使用已经具有较高的商业价值，浙江某公司将孙某某的肖像图片修改成品牌代言的广告且配有孙某某的姓名及推荐语，同时发布在其官方网站和微信公众号上吸引公众注意，容易使公众形成浙江某公司与孙某某之间存在品牌代言关系的误认，侵权主观故意明显。且依据一般常识，明星进行品牌代言通常比单纯的肖像许可使用的市场价格更高，企业以品牌代言方式使用明星肖像比单纯配图使用明星肖像的影响更大。此外，浙江某公司使用孙某某肖像、姓名持续时间较长，在收到孙某某律师函至第一次庭审期间始终未能停止侵权行为。综合上述因素，本院认为浙江某公司侵权情节严重，行为影响恶劣，应当依据《最高人民法院关于审理利用信息网络侵害人身权益民事纠纷案件适用法律若干问题的规定》（以下简称《利用信息网络侵害人身权益司法解释》）第十八条第二款规定的赔偿金额之上限承担赔偿责任。

综上，依照《中华人民共和国民法总则》第一百一十条、第一百七十九条，《中华人民共和国侵权责任法》第二条、第六条、第十五条、第二十条，《利用信息网络侵害人身权益司法解释》第十八条，《中华人民共和国民事诉讼法》第六十四条第一款规定，作出如下判决：

一、浙江某公司于本判决生效之日起十日内在微信公众号连续三十日登载声明，并在《人民法院报》登载声明一次，向孙某某赔礼道歉；

二、浙江某公司于本判决生效之日起十日内赔偿孙某某经济损失 50 万元及维权合理开支 0.3 万元，以上共计 50.3 万元；

三、驳回孙某某的其他诉讼请求。

【法官后语】

本案是一起利用信息网络侵害明星肖像权，造成虚假代言效果的典型案例。本案在侵害行为、损害后果等方面具有网络侵权的典型特征。同时，在判赔金额方面，本案依据《利用信息网络侵害人身权益司法解释》第十八条第二款规定的赔偿金额上限 50 万元作为最终赔付金额，体现出侵害肖像权造成虚假代言效果的应当承担更重赔偿责任的裁判规则。

一、利用网络侵害肖像权案件的主要特征

据统计，在涉网侵害肖像权案件中，绝大多数权利人具有一定的社会知名度。权利人的肖像在社会、经济和文化生活中具有较高价值。随着市场经济和大众消费社会的高度发展，包括肖像权在内的部分人格权的人格要素越来越具有经济价值，这种经济价值既能够给权利人带来可观的经济收益，同时也容易成为部分市场主体商业行为的侵害对象，我国民法典关于肖像权保护的相关条文正是对这一现实社会问题的回应。

从侵权场景上看，大量明星肖像被使用于微信公众号中，主要以文章配图的形式展现。此外在淘宝、京东等电商平台的网络店铺，以及企业官方网站或微博中，被侵权人肖像通常以商品或服务推介方式展现。本案中，被告使用原告肖像的场景，既包括微信公众号发布的文章，也在被告经营的企业官方网站上，侵权方式存在于多种场景之中。网络传播的特点也决定了侵权损害后果的不可控性，这既扩大了侵权损害后果的范围，又为日后消除侵权影响增加了难度。

二、使用明星肖像造成虚假代言效果应当承担更重赔偿责任

造成虚假代言效果，是指侵权人未经肖像权人同意，擅自制作、使用或公开肖像权人肖像，并将上述行为与侵权人所经营的产品或品牌相结合，足以使社会公众产生该产品或品牌与肖像权人存在代言关系的误认。例如在本案中，孙某某作为知名演员，其肖像已经具有较高的商业价值，浙江某公司将孙某某的肖像图片修改成品牌代言的广告且配有孙某某的姓名及推荐语，同时发布在其官方网站和微信公众号上吸引公众注意，极易使公众形成浙江某公司与孙某某之间存在品牌代言关系的误认。

一般侵权行为的侵权责任构成要件包括侵害行为、损害后果、二者之间的因果关系及过错。从要件构成角度分析，造成虚假代言效果的案件亦有别于普通肖像侵权案件：一是侵害行为具有更加明显的商业特征。在该类案件中商品或品牌与明星肖像结合更加紧密，并通常伴有“鼎力支持”“倾情推荐”等相关推荐语。二是以商业代言的方式使用明星肖像，比使用其他方式影响更大。这种影响一方面体现在侵权期间企业违法获得的利益将显著增加，另一方面体

现在对肖像权人的同类代言、个人声誉等将产生不利影响。三是侵权人在明知没有获得授权的情况下使用明星肖像进行商业代言，通过违法行为提升企业效益，相比普通侵权行为主观过错更加明显。因此，造成虚假代言效果的案件，行为人应当比普通案件承担更重的赔偿责任。

综上，本案在具备网络侵权传播范围更广、影响力更大等特点的同时，兼具产生虚假代言效果，法院依据案件基本事实，最终以《利用信息网络侵害人身权益司法解释》规定的赔偿上限50万元作为判赔金额，为网络环境中肖像权人被侵害的司法保护提供了有益借鉴。

编写人：北京互联网法院　刘邢

四、名誉权纠纷

34

网络服务提供者侵权责任的认定

——郑某愚诉北京某某创科网络技术有限公司名誉权案

【案件基本信息】

1. 裁判书字号

上海市第二中级人民法院（2021）沪02民终1199号民事判决书

2. 案由：名誉权纠纷

3. 当事人

原告（上诉人）：郑某愚

被告（被上诉人）：北京某某创科网络技术有限公司（以下简称某某创科公司）

【基本案情】

某某创科公司系某社交平台网站的运营方，为网络提供服务。2019年9月9日，ID名为“嘉丽××”的用户先后在某某创科公司运营的某社交平台上发表文章一、文章二两篇文章，其中涉及郑某愚的居住地址等个人信息。郑某愚因用户“嘉丽××”在某某创科公司运营的某社交平台上发表不当言论，主张某某创科公司承担侵权损害赔偿责任。

【案件焦点】

郑某愚未对某某创科公司进行有效通知，郑某愚的主张是否应当得到支持。

【法院裁判要旨】

上海市黄浦区人民法院经审理认为：网络服务提供者、网络用户有义务维护良好的网络环境。某某创科公司作为某社交平台的网络服务者苛责其对网络上海量的信息进行审查并不合理。郑某愚现无证据证明某某创科公司对“嘉丽××”所发布的信息事先知情，郑某愚也未曾通过有效方式通知某某创科公司删除，故某某创科公司并无过错，不构成侵权。2019 年 9 月 9 日“嘉丽××”发布的文章涉及郑某愚居住地址，故其要求删除并无不当，可以支持。至于郑某愚要求某某创科公司向郑某愚赔礼道歉、恢复名誉、支付损失的诉讼请求，于法无据，不予支持。上海市黄浦区人民法院判决：

一、某某创科公司应于判决生效之日起十日内删除某社交平台上 2019 年 9 月 9 日“嘉丽××”发布的文章；

二、郑某愚要求某某创科公司赔礼道歉、恢复名誉的诉讼请求，不予支持；

三、郑某愚要求某某创科公司支付精神损害抚慰金等其他各项损失的诉讼请求，不予支持。

郑某愚不服一审判决，提起上诉。

上海市第二中级人民法院经审理认为：郑某愚在本案一审、二审阶段提供的证据涉及某社交平台和某博客两个载体，故应对本案审查范围进行固定。郑某愚起诉状中称：“2019 年 9 月以来，‘嘉丽××’在某某创科公司运营的某社交平台上对其进行诽谤。”而郑某愚二审阶段提供的文章二，发布者、发布时间及发布载体均与之相吻合，故该文所涉内容属于应审查范围之内。二审阶段，郑某愚另提供某博客文章截图一份，而某某创科公司已经提供充分证据证明其并非某博客的运营主体，且该文作者亦非“嘉丽××”，故该文所涉博客并不属于应审查范围之内，对于郑某愚基于该博客文章要求某某创科公司承担侵权责任的主张，无事实和法律依据，不予支持。

依照《最高人民法院关于适用〈中华人民共和国民法典〉时间效力的若干

规定》第一条第二款以及 2010 年《中华人民共和国侵权责任法》（以下简称侵权责任法）第三十六条之规定，网络用户利用网络服务实施侵权行为的，被侵权人有权通知网络服务提供者采取删除、屏蔽、断开链接等必要措施。网络服务提供者接到通知后未及时采取必要措施的，对损害的扩大部分与该网络用户承担连带责任。网络服务提供者知道网络用户利用其网络服务侵害他人民事权益，未采取必要措施的，与该网络用户承担连带责任。

首先，网络服务提供者承担侵权责任的前提和基础是网络用户利用网络服务实施侵权行为。名誉是对民事主体的品德、声望、才能、信用等的社会评价。任何组织或者个人不得以侮辱、诽谤等方式侵害他人的名誉权。而个人信息是以电子或者其他方式记录的能够单独或者与其他信息结合识别特定自然人的各种信息，包括自然人的姓名、出生日期、身份证件号码、生物识别信息、住址、电话号码、电子邮件、健康信息、行踪信息等。故此，一方面，侵犯民事主体名誉权的前提是因行为人侮辱、诽谤行为而造成该民事主体社会评价的降低。文章一虽涉及郑某愚的家庭住址，但并非因“嘉丽××”的侮辱、诽谤等行为造成其社会评价的降低。另一方面，处理自然人已经合法公开的信息应当避免侵害权利人的重大利益。而即便是以公共利益为依据进行的个人信息处理活动，也必须满足合法、正当、必要的原则，不对实现目的必要范围之外的个人信息进行收集和处理。此外，行为人应履行相应的告知义务，且在其处理目的实现之后应当尽快删除或者对相关信息进行匿名化处理。因文章二涉及郑某愚的姓名，亦非以公共利益为目的。故此，“嘉丽××”发布两篇文章均触及郑某愚的个人信息，但均不构成对郑某愚名誉权的侵犯。

其次，关于网络服务提供者在网络用户构成侵权基础上的责任承担问题。依据侵权责任法第三十六条之规定，仅当郑某愚对某某创科公司进行有效通知，或者举证证明某某创科公司未经郑某愚通知即已知道侵权事实存在时，方可要求某某创科公司与实施网络侵权行为的网络用户承担相应责任。郑某愚并未在起诉前对某某创科公司采取有效的通知措施，亦不能举证证实某某创科公司已经知悉侵权事实存在，故某某创科公司不应当承担侵权责任。因某某创科公司称其已主动删除涉案微博，故一审法院判决某某创科公司将该微博删除，并无不当。而本案二审阶段，某某创科公司明确表示同意将文章二所涉内容删除，故某某创科公司应当将该文一并删除。综上，一审法院判决某某创科公司在判决生效之日起十日内删除某社交平台上2019年9月9日“嘉丽××”发布的文章，应当包括文章一和文章二。

鉴于某某创科公司不构成侵权，郑某愚主张某某创科公司赔礼道歉、恢复名誉、支付损失，均无事实和法律依据。一审法院判决不予支持郑某愚的上述诉讼请求，并无不当。

综上所述，郑某愚的上诉请求不能成立，应予驳回。一审判决认定事实清楚，适用法律正确，应予维持。据此，上海市第二中级人民法院依照《中华人民共和国民事诉讼法》第一百七十条第一款第一项规定，判决如下：

驳回上诉，维持原判。

【法官后语】

在互联网时代，行为人利用网络服务实施侵权行为已经成为引发诉讼的常态。如何在行为人的言论自由与受害人权益保护之间找寻平衡点，是司法实践中值得探讨的问题。本案的核心在于，在哪些情况下，网络服务提供者在网络侵权案件中需要承担责任。《中华人民共和国民法典》第一千一百九十四条到第一千一百九十七条体系化地明确了权利人、网络用户、网络服务提供者三方的权利义务，较好地平衡了各方利益。其中对于网络服务提供者的责任，审判实践中，应当注意：

其一，网络服务提供者在接到受害人的通知后未及时转达行为人也未采取必要措施的，应当承担责任。《中华人民共和国民法典》第一千一百九十五条与第一千一百九十六条确立了“避风港原则”。权利人，即被侵权人如果发现网络用户利用网络服务侵害其合法权益，有权向网络服务提供者发出通知，要求其采取必要措施。如果网络服务提供者及时采取了必要措施，则不承担侵权责任，此即为“避风港原则”。第一千一百九十五条第二款规定，网络服务提供者在接到权利人要求其就侵权行为采取必要措施的通知后，未将通知转送相关网络用户并及时采取删帖等必要措施，或者采取的措施不合理，造成损害结果扩大，此时网络服务提供者需要承担责任，但承担责任的范围是，因未采取必要措施而造成的损害的扩大部分与直接侵权的网络用户承担连带责任。

网络空间具有即时性特征，如果网络服务提供者接到通知后不及时采取必要措施，可能导致损害后果无限放大。但是，此种情形隐含的前提是，权利人应当先行向网络服务提供者发送相关通知。这是考虑到在通常情况下，网络服务提供者无法就发生在大流量的网络服务平台上的侵权事实做到全部掌握，若要求网络服务提供者对在其提供的平台上发生侵权行为均承担部分责任，对其过于苛刻。

本案中，郑某愚未举证证明其曾经向某某创科公司发出通知，要求其采取必要措施，而是直接向法院起诉要求某某创科公司承担责任，混淆了实际侵权人与网络服务提供者应当承担责任的情形，不具备要求某某创科公司承担责任的条件。

其二，网络服务提供者知道或者应当知道已有行为人对受害人实施了侵权行为时，应当承担责任。网络侵权的惯常模式是，行为人通过网络服务提供者提供的网络服务，对受害人实施侵权行为。网络服务提供者并非直接造成侵权的责任主体，而是为行为人提供了实施侵权行为的“途径”。根据《中华人民共和国民法典》第一千一百九十七条，网络服务提供者在知道或者应当知道侵权人实施侵权行为而不采取必要措施时，与侵权人承担连带责任。与违背“避风港原则”而需要承担扩大的损害责任不同的是，此时网络服务提供者应当就侵权人所造成的全部损害承担连带责任。而对于哪些情况下可以认定网络服务提供者“知道或者应当知道”侵权行为存在，2020年施行的《最高人民法院关于审理利用信息网络侵害人身权益民事纠纷案件适用法律若干问题的规定》第六条对此予以明确。

此外，相比于原侵权责任法第三十六条，《中华人民共和国民法典》增加了“应当知道”作为评判标准之一。申言之，按照当前规定，仅当网络服务提供者不知道且不应当知道侵权行为存在时，网络服务提供者不需要承担侵权责任。在举证责任分配方面，应当由受害人举证证明网络服务提供者知道或者应当知道侵权行为的存在。

本案应当适用原侵权责任法的规定，即郑某愚应当举证证明某某创科公司知道侵权人实施侵权行为而不采取必要措施，从而主张某某创科公司承担责任。但郑某愚所提供的证据均系用以证明“嘉丽××”存在侵权事实，而未能就某某创科公司是否知道该侵权事实提供相关证据，故不能主张后者承担侵权责任。

综合以上两点，郑某愚要求某某创科公司承担侵权责任的诉讼请求不应得到支持。然因某某创科公司同意删除涉案微博，并提供后台信息资料证明已予以删除，故人民法院通过判决的形式予以确认。

编写人：上海市第二中级人民法院　费　鸣

上海市虹口区人民法院　徐丹阳

35

动态系统论在微信聊天言论是否构成侵犯名誉权认定中的适用

——孙某诉周某名誉权案

【案件基本信息】

1. 裁判书字号

北京市顺义区人民法院（2020）京0113民初15596号民事判决书

2. 案由：名誉权纠纷

3. 当事人

原告：孙某

被告：周某

【基本案情】

因某理财平台“爆雷”而建立维权微信群，群成员为讨回理财款共同入群交流，孙某、周某亦在该微信群中。

孙某主张周某在微信群和私信中对孙某的言论侵犯其名誉权，应承担法律责任，微信群中的主要言论如下：1.“……现在三年了，突然冒出来……又组织群……我有权怀疑她的动机……”2.“昨天，是清明节，举国哀悼，少数人为了不知道什么目的……这种素质，是真的令人汗颜！是真的有胸怀有眼光，带着大家走出一条光明之路的人吗?”3.“有人故意睁眼瞎，说明另有企图！她退群了，是因为她知道接下来有人会反驳她……”4.“……我难道不怀疑她的来路吗？她已经进群这么多天了，看不清楚？……”

【案件焦点】

1. 孙某诉讼主体是否适格；2. 周某在微信群及私信中的言论是否构成名誉侵权。

【法院裁判要旨】

北京市顺义区人民法院经审理认为：一、关于焦点1。根据《中华人民共和国民事诉讼法》第一百一十九条规定，原告是与本案有直接利害关系的公民、法人和其他组织。本案中言论发表的主要载体是微信，虽使用昵称，但言论指向的对象是现实的。经核实“S……y”是孙某的微信昵称，与孙某可以对应。微信群及私聊中的言论指向的对象是具体的，孙某在本案侵犯名誉权法律关系之诉中有维护自己名誉权并排除他人侵害的利益，与本案有直接利害关系，故孙某是本案适格的原告。

二、关于焦点2。根据《最高人民法院关于审理名誉权案件若干问题的解答》第七条规定，是否构成侵害名誉权的责任，应当根据受害人确有名誉被损害的事实、行为人行为违法、违法行为与损害后果之间有因果关系、行为人主观上有过错来认定。以书面或口头形式侮辱或者诽谤他人，损害他人名誉的，应认定为侵害他人名誉权。就本案主要考察并分析如下：

（一）周某是否实施了对孙某的侮辱或诽谤行为

侮辱行为表现为行为人以暴力或其他方法公然贬损他人人格、破坏他人声誉，其中的“其他方法”，是指以语言、文字等暴力以外的方法侮辱他人，语言侮辱如当众用恶毒刻薄的语言对被害人进行嘲笑、辱骂，使其当众出丑，散布被害人的生活隐私、生理缺陷等，文字侮辱如贴传单、漫画、书刊或者其他公开的文字等方式诋毁他人人格、侮辱他人。侮辱必须是公然进行，因此在周某、孙某微信私聊中周某的言论不构成对孙某的侮辱行为。至于微信群中周某的言论，有他人在场，从语言来看具有引导性，但并不至污言秽语，故不构成侮辱行为。诽谤行为表现为行为人实施捏造并散布某种虚构的事实，足以使社会公众对被侵害人的社会评价降低。可见捏造事实的行为与散播行为必须同时具备，因此在周某、孙某微信私聊中周某的言论不构成对孙某的诽谤。至于微信群中周某关于孙某“被关”的言论，采用的是反问语气，目的是劝解群成员和平维权，并非捏造事实贬损孙某人格，影响范围也不及于社会公众，故其言论并不构成对孙某的诽谤。

（二）周某发表的言论是否导致孙某的社会评价降低

社会评价降低需要看言论的影响范围以及评价降低的程度，从影响的广度和深度两方面来看，周某发表涉案言论时微信群在群人数为九十九人，且该群并非实名制群，成员有实名亦有非实名，群成员之间有相识也有不相识的，孙某在本群中非实名，因此涉诉言论影响范围的广度和深度均有限，并不能导致孙某的社会评价明显降低。

周某在微信群及私聊中对孙某的言论不构成名誉侵权。但值得注意的是，随着信息网络的普及和发展，利用互联网侮辱、诽谤他人的行为也不断增多。公民有言论自由，但不得超出合理的限度，否则会侵害他人的合法权益。本案中，当事人的言论虽不致侵犯名誉权，但也应当引起注意，享有言论自由的同时，亦不得侵犯他人的权益。

综上，依照《中华人民共和国侵权责任法》第二条、第六条，《中华人民共和国民法总则》第一百一十条，《中华人民共和国民事诉讼法》第一百一十九条之规定，判决如下：

驳回孙某的全部诉讼请求。

【法官后语】

法律后果的形成，是基于“多种动态作用力”的“协同作用”。本案探讨了认定微信中言论侵犯名誉权民事责任的参考因素，尝试将动态系统论的思路应用到侵害精神性人格权的民事责任认定。之所以做如此尝试，在于不同人格权保护客体的差异性、人格权不断变化发展的特点、指导法官案件审理的需要。生命权、身体权、健康权即物质性人格权与民事主体的生命、身体、健康利益密切相关，对其的保护具有基础性和高位阶性，往往不与其他价值发生冲突。而对姓名权、肖像权、名誉权、荣誉权等人格权的保护则有不同，该等人格权常常与其他价值发生冲突，如言论自由与名誉权的冲突，个人利益与公共利益的冲突。随着科学技术的发展，人格权也在不断变动和发展，要求认定民事责任时需要考量不同的因素。在侵害物质性人格权以外的人格权的民事责任中，引入动态系统论，用于协调和平衡人格权与其他利益之间的冲突，满足人格权不断变动发展的需要，同时为法官行使自由裁量权提供有益的指引，并进行合理的限制。

本案判决在一般侵权四要件的基础上，引入动态系统理论，考虑了行为人和受害人的身份、影响范围、过错程度、行为目的、行为方式、行为后果等因素。1. 身份方面。身份在一定程度上决定言论的立场，本案中孙某和周某均是理财平台爆雷的受害者，因维权的方式不同而产生冲突，二人之间并无根本利益冲突。2. 影响范围方面。需要考量言论的传播范围、受众数量、影响力大小，具体在该案中则考虑了微信群成员人数、群成员的实名认证情况等。3. 过错程度方面。行为人有无故意或过失，主要考虑的是主观可谴责性。4. 行为目的方面。行为目的与行为人过错紧密相关，侵害行为系为行使舆论监督的公共利益还是泄私愤的个人利益，系非商业目的还是商业目的，不能等同视之。本案中周某的言论目的系劝解群成员和平维权，本意并非侮辱或诽谤孙某。5. 行为方式方面。行为方式不同，侵害的影响范围不同，通过网络实施侵害行为比传统的口头形式造成的影响范围往往更大，承担的责任亦有差别。6. 行为后果方面。该要素的考察与传统四要件中的损害后果所要考量的因素一致。

将动态系统理论应用到侵害精神性人格权的民事责任认定中，注重的是法律规则背后的内在体系，为评价的方法提供一个框架和一系列标准，避免僵化，也抑制随意。

编写人：北京市顺义区人民法院　曾庆贺

36

发布微信朋友圈侵害他人名誉权的司法认定

——李某某诉崔某某名誉权案

【案件基本信息】

1. 裁判书字号

北京市第二中级人民法院（2020）京02民终8905号民事判决书

2. 案由：名誉权纠纷

3. 当事人

原告（上诉人）：李某某

被告（被上诉人）：崔某某

【基本案情】

2017年8月，崔某某在其微信号“朋友圈”内发布《××××警讯公告》，公告加盖有东莞市某某精品模型玩具有限公司公章，主要内容为：……李某某、李某于2017年8月26日起离职，并将仓库价值约100万元的库存私自盗走，拒不交还一事，和私自截留我公司销售货款一事，本公司已报警，……原有的销售业务和财务账务往来由以下工作人员接手……原尚有欠款的客户注意！离职后的工作人员不得催收公司账款。

2018年8月，崔某某以李某某涉嫌盗窃罪向北京市大兴区人民法院提起刑事自诉，该院以缺乏罪证、提不出补充证据为由，裁定驳回崔某某的起诉。后北京市第二中级人民法院裁定驳回崔某某的上诉，维持原裁定。2019 年 6 月，崔某某以财产损害赔偿纠纷为由将李某某起诉至北京市大兴区人民法院，该案现在审理过程中。

李某某确认其认为崔某某损坏其名誉权的行为包括在朋友圈发的警讯公告、对其提起刑事自诉以及民事诉讼的行为。李某某对搬走货物一事的理由称，因为库房所在的位置政府通知 7 月底要拆迁，所以于 2017 年 8 月 26 日把货搬走。库房里的货系其与崔某某共同的。之所以主张崔某某侵害其名誉权，是因为其本人在北京工作生活多年，崔某某的行为给其生活造成了影响，导致其生意不好，社会评价降低。

【案件焦点】

崔某某在其微信朋友圈发布《××××警讯公告》的行为是否构成对李某某名誉权的侵害。

【法院裁判要旨】

北京市丰台区人民法院经审理认为：对崔某某在其朋友圈发布《××××警讯公告》一事，从主体上看，该公告系东莞市某某精品模型玩具有限公司所作出，崔某某仅在其个人微信朋友圈中进行发布，看到的人也仅是与崔某某、李某某共同相识的人；从内容上看，该公告整体内容意在告知李某某搬走了货物，该公司已进行了报警，并告知相关客户业务及账户的接手人，属于该公司的一个工作流程；从公告的措辞上看，其中“私自盗走”“私自截留”两项措辞虽显然存在情绪化，但属于因纠纷事实存在，崔某某对纠纷事实单方主张、认识的范畴，并非对事实层面无中生有的捏造，亦并非存在主观恶意的侮辱或毁谤。关于崔某某提起刑事自诉、民事诉讼的行为的认定，根据相关法律规定，对涉嫌违法、犯罪的行为依法向有关机关进行控告、提起刑事自诉，以及对民事纠纷依法向有关人民法院起诉，均系正当行使个人法定权利的行为，不属于侵权行为。崔某某通过刑事自诉、民事起诉的行为系为了寻求法律上的帮助，以解决其与李某某之间的经济纠纷，系其正当行使其法定权利的行为，故崔某某以上三项行为均不构成对李某某的名誉权侵害。李某某主张崔某某的行为给其生活造成了影响及损失，未有充足的证据佐证，故对其要求崔某某赔偿精神损害抚慰金的诉请，于法无据，不予支持。

综上，依照《中华人民共和国民法总则》第一百一十条、《中华人民共和国侵权责任法》第六条规定，判决如下：

驳回李某某的全部诉讼请求。

李某某不服一审判决，提起上诉。

北京市第二中级人民法院经审理认为：在涉案纠纷发生之前，李某某与崔某某之间在商业经营方面存在较长时间的合作关系，李某某在未与崔某某协商一致的情况下将存储的货物变更存放地点，崔某某作为东莞市某某精品模型玩具有限公司的法定代表人，在个人微信朋友圈中发布了涉案公告信息。结合该公告信息文字内容分析，虽然在措辞上带有主观臆断的意思表示，但是综合本案具体情况，该行为尚不足以产生降低李某某品德、声望、才能、信用等方面社会评价的后果。一审法院据此认定崔某某的行为不构成对李某某名誉权的侵害，事实及法律依据充分，二审法院不持异议。

北京市第二中级人民法院依照《中华人民共和国民事诉讼法》第一百七十条第一款第一项规定，判决如下：

驳回上诉，维持原判。

【法官后语】

本案属于发布微信朋友圈侵害他人名誉权的典型案例，要认定崔某某行为是否侵害李某某名誉权，在分析一般名誉权侵权案件构成四要件这一成熟的审判原则外，还应结合微信朋友圈这一传播平台的特殊性综合认定侵权责任。具体分析如下：

一是关于在朋友圈发布言论行为是否可纳入“公共空间”管制范围。朋友圈是社交软件“微信”的重要应用功能之一，微信用户发布朋友圈内容后，添加其为“微信好友”的其他用户可根据该微信用户的权限设置进行阅读并通过点赞、评论等进行互动。结合其应用特点来看，一方面，微信“朋友圈”的言论只呈现在特定的空间领域，虽然部分微信用户还可设置允许未添加其为“好友”的陌生人查看最近十条信息，但一般来说朋友圈中言论的表达只有成为微信好友关系之后、在被开放阅读权限的前提下才能被看见并进行互动，这使朋友圈天然带有“半隐蔽性”属性。另一方面，朋友圈在设计之初其受众虽然仅限于具有较强私人性质的熟人社会，但随着微信软件在全球范围内广泛应用，微信使用人群和使用用途越来越宽泛化，出现办公化、营销化的趋势，很多微信用户（如“微商”“代购”等）将朋友圈作为营销平台，而且一旦某一条朋友圈信息被其他好友转发，相同信息又会被在以该人为中心所形成的“朋友圈”中其他与该人具有微信好友关系的人看到，朋友圈的这种“自媒体”属性，使其受众开始由添加其为“朋友”的特定多数人变为不特定的陌生人，此时朋友圈在“半隐蔽性”之外，同时兼具一定“半公共空间”属性。故要认定行为人在朋友圈发布言论是否对他人造成不良影响、降低其社会评价，应从朋友圈传播次数、受众范围、规模等予以综合判断。本案中，崔某某将《××××警讯公告》发布在其朋友圈，但只有一次，且其传播范围仅限于崔某某的好友，其中能够认识李某某的也只有几个经营某某模型的客户，此时其朋友圈的“私密性属性”更为突出，很难将传播范围直接界定为“公共空间”，故应重点结合名誉权侵权构成要件对崔某某是否侵权作出进一步认定。

二是结合名誉权侵权构成四要件分析。首先，本案中，崔某某与李某某因商业合作经营发生矛盾，李某某在未告知崔某某的前提下私自将双方共同合作货物搬离至别处存放，崔某某在报警后出于维护自身利益、提示客户风险的出发点，才在其个人朋友圈发布了涉案警讯，虽然措辞中带有一定情绪化的负面评价，但结合查明事实来看，崔某某发布的内容只是站在其利益立场的单方描述，并不存在刻意捏造、损害李某某名誉的故意。其次，无论是发布朋友圈的行为、向公安报警，还是提起刑事自诉行为的认定，均为崔某某在面对民事纠纷或者可能的刑事犯罪，采取自力救济或公力救济的正常手段，这些行为均不具有违法性质。最后，李某某主张自己因崔某某的行为名誉权受到了损害，但如前所述崔某某的朋友圈传播范围有限，根据现有事实无法认定崔某某的行为有产生降低李某某品德、声望、才能、信用等方面社会评价的损害后果，故综合侵权构成要件来看，本案中崔某某发布朋友圈的行为尚不构成侵害李某某名誉权的行为。

编写人：北京市丰台区人民法院　毕凯丽

37

个人信息和隐私应予合理区分

——黄某诉某讯科技（深圳）有限公司等隐私权、个人信息权益网络侵权责任案

【案件基本信息】

1. 裁判书字号

北京互联网法院（2019）京0491民初16142号民事判决书

2. 案由：隐私权、个人信息权益网络侵权责任纠纷

3. 当事人

原告：黄某

被告：某讯科技（深圳）有限公司（以下简称某讯深圳公司）、某讯科技（北京）有限公司（以下简称某讯科技公司）、深圳市某讯计算机系统有限公司（以下简称某讯计算机公司）

【基本案情】

××读书软件（版本号：v3.3.0，以下简称××读书）系一款手机阅读应用，用户可以在该款软件上阅读书籍、分享书评等。在应用软件市场中，××读书的开发者是某讯科技公司广州分公司，注销后由某讯深圳公司承继其权利义务。某即时通讯软件的开发者是某讯科技公司。三被告称，两软件的运营者为某讯

计算机公司（三被告统称某讯公司）。

原告在通过某即时通讯软件登陆××读书时发现，某即时通讯软件及××读书通过不授权无法登录使用的方式，将通讯录好友关系的数据交予××读书，在××读书的“关注”栏目下出现了使用该软件的原告通讯录好友名单。同时，在原告没有进行任何添加关注操作的情况下，原告账户中“我关注的”和“关注我的”页面下出现了大量原告的通讯录好友。此外，无论是否在××读书中添加关注关系，原告与共同使用××读书的通讯录好友都能够相互查看对方的书架、正在阅读的读物、读书想法等。原告认为，××读书与某即时通讯软件系两款独立的软件，某即时通讯软件好友关系数据和××读书的阅读信息均应属于自然人的隐私和个人信息范畴，在原告并未自愿授权的情况下，某即时通讯软件及××读书的上述行为侵犯了原告的个人信息权益和隐私权，某讯公司作为两款软件的开发、运营方，应当承担相应的侵权责任。故请求法院判令某讯公司停止其侵权行为，解除××读书中的关注关系、删除好友数据、停止展示读书记录等；某讯深圳公司、某讯计算机公司向原告赔礼道歉。

【案件焦点】

1. 通讯录好友关系、读书信息是否属于个人信息和隐私；2. ××读书获取原告通讯录好友关系、向原告共同使用该应用的通讯录好友公开原告读书信息、为原告自动关注通讯录好友并使得关注好友可以查看原告读书信息的行为，是否构成对原告个人信息权益或隐私权的侵害；3. 如果构成，某讯公司应当如何承担法律责任。

【法院裁判要旨】

北京互联网法院经审理认为：××读书迁移用户××读书好友列表、向用户通讯录好友公开读书信息，存在较高的侵害用户人格利益甚至隐私权的风险。某讯公司未以合理的“透明度”告知用户，即让用户清晰知晓其个人信息的使用方式、目的，并未获得原告的有效同意，侵害了原告的个人信息权益。但同时，民法典分别对个人信息、隐私的概念及二者关系予以明确，司法实践应对此予以区分。原告主张的具体读书信息尚未构成私密信息，某讯公司不构成对原告隐私权的侵害。

北京互联网法院依照《中华人民共和国民法总则》第一百一十一条，《中华人民共和国侵权责任法》第八条、第十五条，《中华人民共和国网络安全法》第四十三条、第七十六条第五项，《最高人民法院关于审理利用信息网络侵害人身权益民事纠纷案件适用法律若干问题的规定》第十二条、第十六条、第十八条的规定，判决如下：

一、某讯计算机公司停止××读书收集、使用原告通讯录好友列表信息，删除××读书中留存的原告通讯录好友列表信息；解除原告在××读书中对其通讯录好友的关注；解除原告的通讯录好友在××读书中对原告的关注；停止将原告使用××读书软件生成的信息向原告共同使用××读书的通讯录好友展示的行为。

二、某讯深圳公司、某讯计算机公司以书面形式向原告赔礼道歉。

三、某讯深圳公司、某讯科技公司、某讯计算机公司连带赔偿原告公证费6660 元。

四、驳回原告的其他诉讼请求。

【法官后语】

一、民法典实施背景下隐私与个人信息的联系及区别

《中华人民共和国民法典》（以下简称《民法典》）明确将隐私权与个人信息权益归入人格权编，并对隐私、个人信息以及保护方式进行了定义。从隐私的定义来看，包括私生活安宁、私密空间、私密活动、私密信息几个方面，而私密信息属于个人信息范畴，这意味着隐私中的信息隐私属于个人信息范畴。司法实践中，如何合理区分隐私与个人信息成为亟待解决的问题。法理上，隐私与个人信息的区别主要有以下方面：

人格与财产。隐私权主要体现精神利益，而个人信息兼具人格利益与财产利益。目前，个人信息经济价值主要还是从企业数据财产的角度讨论。随着社会交往形态、互联网业态的不断发展，与人格权的财产利益逻辑类似，个人信息对于信息主体的财产价值可能更加凸显。

防御与自决。隐私更偏重一种消极的、防御性的权利，而个人信息的人格尊严、人格自由实现包含着信息主体对信息的积极利用与控制，这一积极利用控制则同时可能给信息主体带来财产和精神利益。从某种程度上讲，个人信息权利既包含隐私期待中拒绝被动地被刻画“数字人格”的权能，也包含主动地建立“数字人设”的权能。

主观与客观。根据《中华人民共和国个人信息保护法》第二十八条规定，敏感个人信息是一旦泄露或非法使用容易导致自然人的人格尊严受到侵害或人身、财产安全受到危害的个人信息，该条还对敏感信息的范围作了列举式规定，包括生物识别、宗教信仰、特定身份、医疗健康、金融账户、行踪轨迹、不满14周岁的个人信息等。从个人敏感信息的概念、适用场景来看，主要是“客观风险”思维路径，即强调信息泄露或不当使用可能给信息主体带来的风险。如个人敏感信息中列举的财产性信息，显然是从相关信息泄露后给信息主体带来的财产风险角度考量的。《民法典》规定的隐私范畴的私密信息（隐私信息）则是“主观意愿”思维路径，强调信息主体“不愿为他人知晓”的主观意愿，如自然人的行踪轨迹属于隐私信息，缘于自然人主观上不愿意公开。

二、隐私的二重架构：“核心隐私”+“场景隐私”

（一）核心隐私

根据隐私内容“不愿为他人知晓”的社会一般理性标准，从体系建设考虑出发，应有相对静态的隐私概念，即那些对于具有明确内涵外延而居于隐私核心位置的类型，应当给予充分的法律救济，保证法律的确定性和可预见性。因此，可将在社会一般认知下与人格尊严存在重要关联、一经泄露即能引起信息主体人格尊严重大损害的信息纳入当然隐私信息的范畴。如涉及性生活、基因信息、疾病史、未公开的违法犯罪记录等，应划入相对固定的隐私范畴。

（二）场景隐私

对于核心隐私之外的其他个人信息，则应在具体的信息流通场景下加以理解，以一种“场景化模式”来判断是否属于隐私信息，即用户的隐私期待。具体考虑的场景因素一般可包括：

处理信息的类型。一些处在动态、模糊地带的信息，可以“人格利益距离”及“公共利益距离”来考量。一方面，这些信息中存在可能落入核心隐私领域的特定信息。另一方面，一定量的信息组合，可以彰显一个人的兴趣、爱好、审美情趣、文化修养，可能勾勒刻画出一个人的人格特点即“数字人格”，在特定的使用方式下，可能给信息主体带来困扰、不安、尴尬甚至羞耻感等，也可能构成隐私侵害。

产品功能定位。互联网产品的多样态导致产品功能定位的多元化，产品功能直接影响收集信息的正当性、合理性、必要性。需要强调的是，这里指的功能定位，是可被一般用户合理期待的功能定位。

处理目的和方式。如购物网站汇集消费者购买各类宗教图书的数据，若目的或使用方式为公开消费者的宗教信仰倾向，则可能构成隐私侵权，若目的或使用方式只在于收集并统计各类购书比例，则不构成隐私侵权。

信息主体意愿。信息主体是否宣誓其隐私意愿应当成为场景判断的重要标准。若用户对于某应用有了明确或可推定的隐私期待宣誓，如将具体信息导入至网盘或文档应用中的“私密文件夹”，或对某一具体信息设定为“仅自己可见”，则此类信息应纳入具体场景中的隐私信息范畴。

编写人：北京互联网法院　孙铭溪　张乃毓

38

个人信息与隐私的区分

——陈某某诉北京某某科技有限公司网络侵权责任案

【案件基本信息】

1. 裁判书字号

北京市第四中级人民法院（2020）京04民终363号民事判决书

2. 案由：网络侵权责任纠纷

3. 当事人

原告（被上诉人）：陈某某

被告（上诉人）：北京某某科技有限公司（以下简称某公司）

【基本案情】

某公司系某网站的运营者。陈某某系某网站的注册用户。2019 年 10 月，陈某某发现某网站上匿名发布以下帖子：1. 标题为“如何评价某大学某级周某某和陈某某这对情侣?”（以下简称涉案言论一），帖子下方有跟帖评论，“物以类聚，人以群分”；2. 标题为“如何评价某大学某级周某某同学?”（以下简称涉案言论二），帖子下方有跟帖评论：来张流传已久的图（来源不明），图中文字记载：……和他男朋友考试作弊——拿奖后嫌弃。陈某某认为，上述帖子的内容涉及陈某某的学校、年级、姓名以及与周某某的情侣关系，泄露了陈某某的个人信息，侵犯了陈某某的隐私权。同时，帖子称周某某的男朋友考试作弊，该内容缺乏事实依据，属于诽谤，侵犯了陈某某的名誉权。陈某某向某公司平台举报并多次拨打客服电话，要求某公司删除上述帖子和评论、披露上述两匿名用户的个人信息。某公司未对举报的信息进行屏蔽、删除处理，也拒绝披露涉案匿名用户的个人信息。陈某某认为，某公司的行为违反了侵权责任法第三十六条的规定，应承担侵权责任，故诉至法院请求判令：1. 某公司提供匿名发帖人和匿名评论人的个人信息；2. 某公司赔偿陈某某合理支出 1 元；3. 某公司向陈某某书面赔礼道歉。

【案件焦点】

匿名用户发布的帖子是否侵犯了陈某某的个人信息和隐私权。

【法院裁判要旨】

北京互联网法院经审理认为：个人信息是指与个人相关联的、反映个体特征的具有可识别性的符号信息，包括个人身份、工作、家庭、财产、健康等各方面的信息。本案中，匿名用户在某网站平台上发布帖子涉案言论一，帖子的主要标题限定于学校、年级、姓名等信息，结合起来足以具有可识别性，能够直接或间接指向特定的个人。并且在互联网平台上提供一个空间，供不特定人就特定个人进行讨论、评价，在权利人不具有公众利益属性的前提下，不特定人的讨论足以打破个人信息的私密性，进而影响其生活的安宁；陈某某主张涉案言论二帖子中跟帖内容侵犯其名誉权，结合涉案帖子内容，本院认为“考试作弊”内容指向陈某某，涉嫌诽谤，有侵犯陈某某名誉权之嫌疑。某公司提供信息存储空间服务，陈某某起诉时已附有相关涉案网址链接，某公司在庭审时未提交证据证明其何时删除涉案帖子及跟帖，无法证明其及时采取了相应的必要措施。故判决：

一、本判决生效之日起七日内，某公司向陈某某提供涉案两名匿名用户的真实用户信息；

二、本判决生效之日起，某公司向陈某某书面赔礼道歉；

三、驳回陈某某的其他诉讼请求。

某公司不服一审判决，提起上诉。

北京市第四中级人民法院经审理认为：对于涉案言论一，自陈某某最早投诉到被删除，存续期间只有8天时间，现有证据不能证明某公司对涉案言论一未采取必要措施。就该条言论，某公司对陈某某不承担网络平台未及时采取必要措施的侵权责任。涉案言论二包含陈某某的学籍、情侣关系等信息，某公司认为学籍信息因陈某某的论文发表而公开，不再是隐私信息。即便是陈某某对外发表论文，其授权论文发布单位也应在约定的传播范围使用权利人的个人信息。这不意味着其他人可以不经权利主体同意，超越授权范围随意使用或传播权利人的个人信息。陈某某作为权利人，对自己的个人信息传播和利用有支配权，对不合理的信息传播范围、传播途径、传播时间等有权提出权利保护的主张。某公司作为网络管理平台的运营者，在权利人主张权利保护时，应当尽到平台管理职责。更何况，除学籍信息外，情侣关系信息属于权利人不愿为人知晓的私密信息。陈某某自2019年10月29日至2020年4月12日先后9次通过投诉举报渠道表示要求删除的意愿，某公司均以处理事由不对而拒绝删除。退一步而言，有效通知应包括相关事由，陈某某的前期通知并未主张侵权，但在2020年1月7日陈某某提起侵权之诉，在起诉状送达两个月之后，即2020年4月13日，某公司才删除涉案言论二。某公司以陈某某为某奖获得者，应当具有识别侵权事实的能力为由，一再否认其通知的有效性。这种转嫁审核义务的理由没有法律依据。综上，涉案言论二涉及不当使用个人信息和侵犯隐私，在权利人陈某某向某公司平台发送有效通知后，某公司并未采取必要措施，应当承担赔礼道歉的责任。故判决：

综上，一审判决认定事实存在瑕疵、但适用法律和裁判结果正确，故对某公司的上诉请求不予支持。判决：

驳回上诉，维持原判。

【法官后语】

根据《中华人民共和国民法典》第一千零三十二条第二款规定，隐私是自然人的私生活安宁和不愿为他人知晓的私密空间、私密活动、私密信息。第一千零三十四条第二款规定个人信息是以电子或者其他方式记录的能够单独或者与其他信息结合识别特定自然人的各种信息，包括自然人的姓名、出生日期、身份证件号码、生物识别信息、住址、电话号码、电子邮箱、健康信息、行踪信息等。个人信息中的私密信息，适用有关隐私权的规定；没有规定的适用个人信息保护的规定。《中华人民共和国民法典》第一千零三十二条在定义隐私时，将私密信息包含在内，而私密信息本身又是个人信息的组成部分，和第一千零三十四条中的生物识别信息、健康信息、行踪信息等形成了交叉重叠。对此，第一千零三十四条规定了区分保护规则，即当某信息既涉及私密信息，也涉及个人信息的时候，首先适用隐私的保护，不能适用隐私保护规则的，才适用个人信息的保护。由此可以看出我国民法典对个人信息与隐私两种人格权益进行了区分保护，但对二者如何区分却未明确。在司法实践中如何厘清二者之间的界限，如何给予准确而全面的保护也成为难点。

要厘清个人信息与隐私的关系，首先应着重考虑私密信息与个人信息之间的关系。个人信息与作为隐私权客体的私密信息既有交叉亦有不同。两者都体现了人格尊严、人格自由价值的保护，体现人格利益。但隐私权是绝对权，是一种防御性权利，具有消极、防御的特征。而个人信息是一种主动性的权益，既包括精神价值，也包括财产价值。从权利客体看，隐私是私人生活安宁和不愿为他人知晓的私密空间、私密活动、私密信息，而个人信息是能够单独或者与其他信息结合识别特定自然人的各种信息。

从权利内容看，隐私权主要包括维护个人的私生活安宁和私密空间、个人私密不被公开、个人私生活自主决定等内容，重心在于防范个人的私密信息被披露，而不是保护这种秘密的控制和利用，通常只有隐私被侵害才能提出主张。而个人信息主要是指权利人对个人信息的支配和自主决定，不仅包括被动防御第三人侵害，还包括积极地、排他地、能动地控制和利用。

从侵害方式看，民法典第一千零三十三条详细列举了侵害隐私权的各种方式，一是非法披露他人不愿为他人知晓的隐私，二是采用非法披露以外的其他方式，例如非法拍摄、私闯民宅、非法窃听等，而侵害个人信息的方式主要表现为未经许可非法处理他人信息，以及因过错导致个人信息的泄露、篡改和丢失。常见的有非法收集、非法利用、非法存储、非法倒卖等。从保护的方式看，对个人信息的保护应注重预防，而隐私的保护应注重事后救济。

基于上述讨论，可以确定的是不能把所有与公共事务无关的私人信息一律划入隐私范畴，对于隐私的判定应强调“私密性”，考虑因地域、文化传统、风俗习惯、经济发展状况、社会普遍价值观等因素的影响，对是否属于私密信息，是否属于隐私的认定应符合社会公众的合理认知。个人信息的核心特点为可识别性，既包括对个体身份的识别，也包括对个人特征的识别，前者确定信息主体“是谁”，后者确定信息主体“是什么样的人”，并能够显示个人自然痕迹和社会痕迹，勾勒出个人人格形象。

本案中，匿名用户在某网站平台上发布帖子涉案言论一，主要标题限定于学校、年级、姓名等信息，结合起来足以具有可识别性，能够直接或间接指向特定的个人，应认定为个人信息。该信息发布在互联网这一公共平台，供不特定人就对该信息涉及的陈某某进行讨论、评价，在权利人不具有公众利益属性的前提下，不特定人对情侣关系的讨论足以打破个人信息的私密性，进而影响其生活的安宁，应认定为隐私。

编写人：北京互联网法院　方淑梅　喻航

39

网络言论脱离基本事实表达构成名誉权侵权

——某某堂公司诉梁某某、某讯公司名誉权和不正当竞争案

【案件基本信息】

1. 裁判书字号

广东省江门市中级人民法院（2020）粤07民终396号民事判决书

2. 案由：名誉权和不正当竞争纠纷

3. 当事人

原告（被上诉人）：某某堂公司

被告（上诉人）：梁某某

被告：某讯公司

【基本案情】

某某堂公司是一家从事陈皮收购、销售等经营活动的企业，是“甲陈皮”地理标志产品专用标志核准使用企业。梁某某系自媒体行业从业者，从事茶行业研究与评论。

2018年12月3日、5日，梁某某通过其所有的微信公众号发布文章一、文章二。在文章一中，梁某某将某某堂公司出售的陈皮评价为“你是百年老字号，你可以说几年就几年”“做假蒸煮烘干做旧，某某堂，永远卖不完”等内

容。在文章二中，梁某某称“谁可以在20年前囤大量的陈皮，除了一个答案：造假”。上述微信公众号在发布涉案两篇文章时订阅人数有2.8万人，两篇文章均开通有“打赏功能”。

某某堂公司认为梁某某在上述两篇文章中捏造事实，误导市场、误导消费者，侵犯了某某堂公司的名誉权。

【案件焦点】

1. 网络言论自由的边界应如何界定；2. 网络言论自由的行使与企业名誉权权利保护冲突时，如何判断言论表达是否构成侵权。

【法院裁判要旨】

广东省江门市新会区人民法院经审理认为：消费者对企业的产品或服务有批评、评论之权利，由市场其他消费者对企业的产品进行自主选择，经营者也应当积极听取消费者对其提供的商品或者服务的意见，接受消费者的批评与监督，对消费者的质疑进行释疑，且经营者对消费者的批评权利负有多于普通大众的容忍义务。基于公民的言论自由权利，任何公民有权对某某堂公司的产品提出批评、评论。但是，无论基于消费者的角度还是普通大众的角度，批评、评论的基础都应当依据客观事实，权利的行使以不侵犯他人的权利为限。梁某某在其文章中引用的数据、得出的结论，均建立在其个人的认知或他人的臆断之上，未对其所主张的某某堂公司的产品存在年份、产地造假的论断，提供科学的检验意见，其评判基础缺乏科学依据。梁某某虽有权对某某堂公司的陈皮产品年份、产地提出质疑，但无权根据其个人认知，对某某堂公司的陈皮产品进行无科学依据的贬损性、误导性评价，以确定性、批判性的口吻主观推断某某堂公司作假的相关结论，影响其他消费者的选择权，梁某某的行为已经超出了消费者或者普通大众对企业产品、服务进行批评、监督的界限，足以造成某某堂公司的社会综合评价降低的后果，属于对某某堂公司名誉权的侵害。

某某堂公司与梁某某并非竞争对手。梁某某并非陈皮等的生产者与销售者，仅为某行业相关的自媒体从业者，从事相关评论、推广，某某堂公司与梁某某之间并不存在竞争关系。因此，某某堂公司主张梁某某构成不正当竞争，缺乏法律依据，不予支持。

网络平台并非法外空间，言论的发表应当谨慎适当，更不能以评论之名，行侵权之实。梁某某虽为个人，但其涉案微信公众号的运营者，该微信公众号在发布涉案两篇文章时订阅人数有 2.8 万人，涉案两篇文章被删除前阅读量分别为 89937 次、29720 次。上述两篇文章发布后，引起了部分关注该公众号的读者留言。从该公众号的订阅人数、涉案文章的阅读量、读者留言的内容综合分析，梁某某发布的涉案文章足以造成某某堂公司社会综合评价降低的后果，应当承担相应的侵权责任。

对某某堂公司的损失从以下四个方面综合考量进行酌定：一、某某堂公司在陈皮行业内知名度。某某堂公司是“甲陈皮”地理标志产品专用标志的使用者，是陈皮行业内知名企业。侵犯其名誉权给该企业造成的社会舆论、生产经营等方面的负面影响，较之普通企业更为严重。二、梁某某的身份。作为微信公众号关注人数多达 2.8 万人的自媒体行业从业者，具有区别于普通网民的相当影响力，尤其是其日常以某行业相关评论家自居，其微信公众号的关注者，多为某行业从业者、消费者。三、从涉案两篇文章的阅读量以及精选留言内容来看，梁某某的侵权文章阅读量大，对某某堂公司名誉权造成的社会影响广泛且恶劣。部分读者甚至将对某某堂公司产品的误解扩大到了整个甲地区陈皮产业，对“甲陈皮”地理标志产品在全国范围内造成负面影响。四、梁某某的主观恶意。涉案文章开通了打赏功能，梁某某亦实际通过打赏获利，梁某某挑选的精选留言内容也多为赞扬其敢说真话、敢于批判之类言论，梁某某意在通过发表侵权文章获得打赏，增加其影响力，其侵权的主观恶意明显。综上，酌定梁某某应当赔偿某某堂公司损失 5 万元。

因本案的侵权行为及影响后果主要集中于网络空间，结合梁某某侵权的具体方式和所造成的影响范围，梁某某除在微信公众号上公开道歉外，还应在南方日报上向某某堂公司赔礼道歉。

某某堂公司主张某讯公司迟延删除侵权文章，应当与梁某某对某某堂公司的损失承担连带赔偿责任。某讯公司作为网络服务提供者，对于知晓或法律法规明文规定为禁止的侵权事实，负有积极主动审查并采取必要措施的义务，对其他侵权事实，在接到通知后亦负有及时采取必要措施的义务。如本案的一般侵权事实，某讯公司事前并不知晓，对此亦不负有主动审查的义务，而在有效获知某某堂公司的删除通知后，某讯公司即已及时对涉案文章进行了删除。因此，某讯公司无需承担侵权责任。江门市新会区人民法院判决：

一、梁某某在本判决生效之日起十日内赔偿某某堂公司损失 5 万元；

二、梁某某在本判决生效之日起十日内赔偿某某堂公司合理费用支出 24060 元；

三、梁某某在本判决生效之日起十日内在其涉案微信公众号上发表声明，向某某堂公司赔礼道歉，致歉内容由法院审核；

四、梁某某在本判决生效之日起十日内在南方日报上向某某堂公司赔礼道歉，致歉内容由法院审核。如梁某某逾期未能履行，法院将在报纸上刊登判决书主要内容，费用由梁某某承担；

五、驳回某某堂公司对梁某某的其他诉讼请求；

六、驳回某某堂公司对某讯公司的全部诉讼请求。

某某堂公司不服一审判决，提起上诉。

广东省江门市中级人民法院经审理认为：本案争议的实质问题是，梁某某对某某堂公司的批评、评论是否超过合理合法的必要界限。首先，梁某某作为自然人享有对市场经营主体的批评和评论的权利，其在作出相关评论时，如果仅是言辞过激，但主观上并无明显侮辱相关经营主体人格的恶意，则根据法律上对法人的商业信誉和商品声誉的保护应有别于自然人的人格利益保护程度的原则，某某堂公司作为具有一定社会知名度的经营主体，其对消费者或者普通大众的批评、质疑应当承担适度的容忍义务，且此原则亦应同样适用于其他市场经营主体，法律应予以合理保护。其次，虽然无论是基于消费者的角度还是普通大众的角度，公众以其主观认识或感受对市场经营主体提供的商品或服务有权提出质疑、批评或评论，但如果该评论者在发表明确的结论性意见时，原则上应以客观事实或明确依据为基础，其权利的行使以不侵犯他人的权利为限。并且如果批评超出了合理的限度，变为不加约束的谩骂、攻击甚至谴责，则背离了批评的目的，不利于理性、文明、友善社会氛围的形成，即便是出于善良的目的，这种不加限制的表达，也会导致异化的结果。考虑到微信公众号属于自媒体平台，受众具有不特定性、广泛性，对网络用户发布的言论是否构成侵权，应当综合考虑行为人主观上是否具有过错，特别是根据行为人的职业、影响力及言论发布和传播方式等综合判断其注意义务程度或边界。梁某某从事某行业研究与评论的自媒体行业，其作为涉案微信公众号的运营者，发布涉案两篇文章时订阅人数有 2.8 万人，具有高于普通网络用户的影响力，更有别于普通消费者。梁某某对某某堂公司的陈皮产品予以关注并合理发表自己的意见及评论，系其依法享有言论自由的行为，本身并无不妥。但基于网络空间的特殊身份及较大影响，应承担与其身份性质、影响范围相适应的较高注意义务，更应谨慎发表批评意见，尤其是观点明确的结论性意见。梁某某在其发布的文章中多次出现“某某堂”的企业名称，有“作假”“造假”等概括性事实及结论性观点，其理应对此批评性文章所得出结论的真实性负有举证责任。但梁某某直至本案二审辩论结束前仍未能就其结论的真实性提交科学的检验意见，其对某某堂公司陈皮产品作出的评价不具有客观性与公正性。因此，梁某某的涉案两篇文章在无明确依据能够证明的情况下，以确定性、批判性的口吻主观推断某某堂公司作假的相关结论，已超出批评及监督的合理限度，足以造成某某堂公司的社会综合评价的降低。故一审法院认定上述文章中对某某堂公司的贬损性、误导性论断构成对某某堂公司名誉权的侵害，并无不当，予以维持。梁某某上诉主张其没有侵害某某堂公司名誉权的理据不能成立，不予支持。最后，梁某某的行为已构成对某某堂公司名誉权的侵害，其理应承担相应的法律后果。因本案的侵权行为及影响后果主要集中于网络空间，商誉被侵害的损害后果难以具体量化，一审法院结合梁某某侵权行为的具体方式和所造成的影响范围及某某堂公司维权成本支出等因素，判令梁某某除在微信公众号上公开道歉外，还应在南方日报上向某某堂公司赔礼道歉，并判令梁某某应当向某某堂公司赔偿合理费用支出 24060 元，并无不当，应予维持。该判决内容也足以在一定程度上消除上述侵权文章对某某堂公司商誉所造成的影响，与梁某某发表涉案两篇文章内容所造成的影响大致相当。至于某某堂公司诉请的其他经济损失赔偿问题，考虑到某某堂公司并无充分证据证明其在本案的损失数额，而梁某某也并未于本案侵权行为中获取高额非法利益，本院综合本案各种因素，对一审判决的经济损失赔偿额适当调整，酌定判令梁某某应向某某堂公司赔偿损失 15000 元。

综上所述，梁某某的上诉请求和理由中有理部分，予以支持；理据不足部分，予以驳回。一审法院认定事实清楚，法律适用正确，但处理欠妥，予以纠正。依照《中华人民共和国合同法》第六十条、第一百零七条，《中华人民共和国民事诉讼法》第一百七十条第一款第二项规定，判决如下：

一、维持广东省江门市新会区人民法院（2019）粤 0705 民初 186 号民事判决第二项、第三项、第四项、第六项；

二、撤销广东省江门市新会区人民法院（2019）粤 0705 民初 186 号民事判决第一项、第五项；

三、梁某某应在本判决生效之日起十日内向某某堂公司赔偿损失 15000 元；

四、驳回某某堂公司对梁某某的其他诉讼请求。

【法官后语】

言论自由是公民基本权利。随着信息网络技术的不断发展，微博、微信公众号、短视频等网络平台已经逐渐成为言论表达的主要渠道，言论自由也得以在网络空间延伸。区别于传统形式的言论表达，网络平台丰富了言论表达的方式，拓宽了表达群体的范围，但同时，因表达主体广泛、表达形式匿名、传播对象不特定性、传播速度迅捷等特征，网络言论自由极易超越其权利界限，对其他合法权利造成侵害且难以控制。这种侵害尤其体现在网络言论自由作为非公共事务表达时，更易与他人的合法民事权利产生冲突。如本案所涉网络言论自由权利与企业名誉权的冲突。司法机关如何准确界定网络空间言论自由的界限，是防止该项权利滥用并保障权利正确行使的关键。

网络言论自由赋予权利人自由表达、监督的权利，法无禁止即自由，单纯从网络言论自由探讨其权利界限，存在一定的模糊性与不确定性。基于此，笔者认为，应当将网络言论自由的边界划定回归到名誉权被侵犯本身，从侵权行为的构成要件出发进行判断。具体到名誉权侵权，名誉权的本质在于权利人有权要求他人对其进行客观公正的评价，保持其社会综合评价不降低或丧失。因此，表达与评价是否客观公正、不脱离基本事实，是判断网络言论是否构成名誉权侵权的基本事实要件，也即网络言论自由与名誉权保护的界限。

如果言论自由与名誉权以客观事实表达为中线，超过上述边界，是否必然构成对他人名誉权的侵犯？笔者认为，边界划定也并非与侵权判断等同。基于言论自由的特殊性，即便是非公共事务的言论表达，相对人也需保持一定容忍度，让渡部分权利于言论表达人。当表达超出客观事实，但并非恶意且未造成影响时，名誉权人对此应予容忍，而非苛责，以保障未来网络言论的表达自由与有效监督。本案中，被告梁某某也抗辩原告企业对其言论应秉持一定的容忍度，但被告梁某某在本案事实中的表达，已经脱离了基本客观事实，且对企业作出贬损性、误导性的结论性评价，其公众号在发布涉案两篇文章时订阅人数达两万余人，文章阅读量超十万，行为足以造成原告企业社会综合评价降低的后果。法院据此认定被告梁某某的行为已经超出了网络言论自由的界限，也超出了原告企业应予容忍的程度，构成对原告企业名誉权的侵犯，应当承担相应的侵权责任。

编写人：广东省江门市新会区人民法院　庄华伟

40

自媒体发文侵害他人名誉权的认定

——李甲、李乙诉王某网络侵权责任案

【案件基本信息】

1. 裁判书字号

北京市第四中级人民法院（2020）京04民终454号民事判决书

2. 案由：网络侵权责任纠纷

3. 当事人

原告（被上诉人）：李甲、李乙

被告（上诉人）：王某

【基本案情】

李甲是李乙的姐姐。李乙是听力障碍患者，需要靠佩戴人工耳蜗辅助听力。某天，李乙乘地铁时不慎丢失人工耳蜗外机，李甲当天在微信朋友圈发布寻物启事，希望通过朋友帮忙寻找耳蜗。王某得知该信息后在其微信公众号中发布文章，质疑信息发布者是媒体与商家合谋的骗局，文章得到高度关注，引发网民对李甲、李乙的质疑。此后，王某在媒体采访中继续以“炒作”“商家得益”等不实言论诽谤李甲、李乙，并将此文发布在微信公众号中。李甲、李乙认为王某的行为侵害了其名誉权，要求王某赔礼道歉、赔偿经济损失及精神损害抚慰金。

【案件焦点】

1. 王某撰写并在其微信公众号中发布的涉案文章是否侵害了李甲、李乙的名誉权；2. 若侵权成立王某应承担何种民事侵权责任。

【法院裁判要旨】

北京互联网法院经审理认为：言论包括事实陈述和意见表达。事实陈述是指现在或过去的具体历程或状态，具有可以验证其为真伪之性质。意见表达是指行为人表示自己的见解或立场，无论是纯粹的价值判断还是单纯的意见表述，均无真伪之别。判断某种言论是否侵害名誉权，对于“事实陈述”，行为人需举证证明其所言为真实，或经合理查证，有相当理由确信所言为真实。对于意见表达，观点正确与否并非法律评价的范围，但言语上不得存在侮辱他人的情形。

王某的文章存在捏造事实的情形。涉案文章对于李甲、李乙发布的寻找人工耳蜗的消息声称：“经过多方求证，这 99.99%是媒体和商家合谋的大骗局！”然而，其未能提交在文章中所指称的“多方求证”的相关证据，该指称属于捏造的事实。王某的文章意见表达明显不当。王某在文章中后续所提出耳蜗丢失“三大疑点”等评论性观点，虽然引用的其他例证可能存在情况属实的成分，但上述标题及文章采用的辞藻，均是为了论证其“这 99.99%是媒体和商家合谋的大骗局！”这一观点。而这一观点及“多方求证”提法的捏造超出了对社会热点的一般评论或批评的范围，使观者对李甲、李乙产生负面印象，公然丑化了李甲、李乙的人格，损害了李甲、李乙的名誉，应当认定为侵害了李甲、李乙的名誉权。王某称其文章中并未指明李甲、李乙的身份，其并非适格的被告。法院认为李甲、李乙发布寻物启事的过程中已向身边熟人求助或被身边熟人所知晓，因此，王某发布涉案文章的行为必然会对李甲、李乙产生负面影响。

关于王某承担侵权责任的方式。公民的名誉权受到侵害的，有权要求停止侵害、恢复名誉、消除影响、赔礼道歉，并可以要求赔偿损失。关于赔礼道歉。根据侵权责任的承担与侵权行为性质、侵权情节相适应原则，综合考虑王某的主观过错、侵权情节、影响范围等因素，由王某在其微信公众号刊登道歉声明，为期三十日，公开向李甲、李乙赔礼道歉，以消除对李甲、李乙造成的不利影响。关于精神损害赔偿。王某发表涉案文章，使得李甲、李乙的名誉权受到损害，但综合上述分析，损害结果的产生是由诸多因素造成的，李甲、李乙对于损害结果的产生亦有一定的责任，不能完全归咎于王某撰写的涉案文章。因名誉权不应过于依赖且很难以金钱数量去衡量，对名誉的影响应当以消除影响为根本目的。综合考虑本案实际因素，对精神损害赔偿金酌情确定。关于合理开支。本案中确有律师参与诉讼及取证的相关事实，就该项主张，一并以经济损失一项酌情确定。北京互联网法院依据《中华人民共和国民法总则》第三条、第一百一十条，《中华人民共和国侵权责任法》第二条、第十五条、第二十条、第二十二条，《最高人民法院关于审理利用信息网络侵害人身权益民事纠纷案件适用法律若干问题的规定》第十八条规定，作出如下判决：

一、自判决生效之日起十日内，王某以书面形式向李甲、李乙赔礼道歉；

二、自判决生效之日起十日内，王某支付李甲、李乙精神损害赔偿金 5000 元及经济损失（律师费、公证费）5000 元；

三、驳回李甲、李乙的其他诉讼请求。

王某不服一审判决，提起上诉。北京市第四中级人民法院经审理认为：王某在缺乏事实依据的情况下，在涉案文章中将耳蜗遗失事件定性为媒体和商家合谋的大骗局，虽然李甲在发布相关言论的过程中亦有不严谨之处，但这不是王某在缺乏事实依据的情况下发表涉案文章的合理理由，故王某发表的涉案文章及相关评论已经超出了公众表达的合理合法的范畴，即事实陈述的内容要基本属实，王某在微信朋友圈等公众范围内发布的未经核实的且对人格带有负面指向的文章构成对李甲、李乙名誉权的侵害。王某认为其在朋友圈发表的涉案文章不构成对李甲、李乙的名誉侵权，但未提供相应的证据加以证明，对其上诉请求不予支持。一审法院考虑本案的起因以及王某侵犯李甲、李乙名誉权的主观过错、情节、后果等因素后，判决王某向李甲、李乙进行赔礼道歉的方式、范围及酌情确定的王某赔偿李甲、李乙精神损害赔偿金、经济损失的金额均无不当。综上，王某的上诉请求不能成立，应予驳回。依照《中华人民共和国民事诉讼法》第一百七十条第一款第一项规定，判决如下：

驳回上诉，维持原判。

【法官后语】

民事主体享有名誉权。任何组织或者个人不得以侮辱、诽谤等方式侵害他人的名誉权。自媒体的普及使得人人都有发声的机会，但是自媒体发文不能损害他人名誉，否则会构成侵权，《中华人民共和国民法典》第一千零二十五条规定："行为人为公共利益实施新闻报道、舆论监督等行为，影响他人名誉的，不承担民事责任，但是有下列情形之一的除外：（一）捏造、歪曲事实；（二）对他人提供的严重失实内容未尽到合理核实义务；（三）使用侮辱性言辞等贬损他人名誉。"第一千零二十六条规定："认定行为人是否尽到前条第二项规定的合理核实义务，应当考虑下列因素：（一）内容来源的可信度；（二）对明显可能引发争议的内容是否进行了必要的调查；（三）内容的时限性；（四）内容与公序良俗的关联性；（五）受害人名誉受贬损的可能性；（六）核实能力和核实成本。"该案的裁判提示网络自媒体发布言论要客观公正，实事求是，不得发表侵害自然人名誉权的言论，在民法典加强人格权保护的背景下为自然人名誉权的保护提供了指引。

自媒体也是媒体，其所发布的信息言论旨在传播事实或者评论。因此，自媒体的管理人以及在自媒体发布信息言论等的网络使用者，应当尽到法律法规所要求的注意义务。对其有无过错的判断，适用一般"理性人"的标准，并考虑其影响力等因素。如果传播的事实不真实或者评论不当，有侮辱、诽谤情节，则可能构成侵权。这里的"真实"，要求的是基本真实或者法律上的真实；"不当"是指违反了法定的或者社会共识的评价标准。

本案涉及网络自媒体发言与公众名誉权之间的关系问题。网络自媒体的发展为公民表达意见、发表观点提供了广阔的平台，促进了公民对社会事务的监督，推动社会秩序的发展。但是网络传播具有匿名性、及时性的特点，加之网民对信息的掌握相对片面，在网络发言的过程中，如果不了解事件全貌即进行发言评论，容易误导公众对事件的认知，进而对事件的当事人造成不良的影响，本案即属此类情形。该案的裁判明确，判断某种言论是否侵害名誉权，对于事实陈述，行为人需要举证证明其所言为真实，或者经合理查证，有相当的理由确信所言为真实；对于意见表达，言语上不得存在侮辱他人的情形。本案是因原告丢失耳蜗引发，二原告在网络中发表寻物启事的目的是尽快找回失物，被告在得知这一信息后理应从一般公民的认知角度出发看待这一事件。但是，其为了博取公众的关注，凭借在网络中相关事件的报道进行捕风捉影的联系，质疑二原告的寻物动机是媒体跟耳蜗制造商进行合谋炒作的骗局。在案件审理中仍坚持认为发言是为了揭露所谓的骗局，并没有意识到其行为对二原告可能造成的不利影响。诚然，目前网络中确实存在某些虚假信息，比如网络中屡次出现的新闻反转的情况。对于网络中真实存在的不良现象，公民确有权利进行反映，但前提是一定要有确凿的证据，不能主观臆断或者过分夸大甚至捏造事实。对某类事件的评价，应当基于切实、充分的证据，做到客观、公正，在没有进行任何求证的情况下发布相关信息和言论极易引发公众的误解甚至对他人的名誉权造成侵害。

编写人：北京互联网法院　侯荣昌

41

不实举报是否侵犯名誉权的认定

——周某诉王某名誉权案

【案件基本信息】

1. 裁判书字号

北京市第二中级人民法院（2020）京02民终10134号民事判决书

2. 案由：名誉权纠纷

3. 当事人

原告（上诉人）：周某

被告（被上诉人）：王某

【基本案情】

周某、王某于2014年6月26日结婚，双方均系再婚。2016年12月，王某起诉周某，要求离婚。2017年3月，王某撤诉。2017年9月，王某再次起诉周某，要求离婚。在本案一审审理过程中，周某、王某经法院判决离婚。王某于2017年6月1日向周某所在单位纪委递交了举报材料。周某认为，王某向其单位纪委提交的材料是对其的公然污蔑、诋毁。由于王某递交的上述材料，造成单位纪委就材料内容找其谈话、做笔录，并于2017年6月将其从××单位驻北京办事处调回××市单位的后果。故认为王某侵犯其名誉权，起诉要求王某出具正式的道歉信赔礼道歉；消除影响、恢复名誉并赔偿名誉侵权损失费和精神损失费。

【案件焦点】

王某向周某所在单位递交材料的行为是否侵犯周某的名誉权。

【法院裁判要旨】

北京市西城区人民法院经审理认为：本案事实发生在王某第一次起诉周某离婚撤诉后，第二次离婚诉讼前，王某在涉案材料中的不当言辞系其在双方矛盾较大情况下对某些事项的个人评论，不具有以侵犯周某名誉权为故意的违法性。此外，王某并未将涉案材料的内容向不特定人群公开发表，周某亦未提供证据证明因王某向周某单位纪检部门递交材料的行为导致周某的名誉受损、社会评价降低，故周某所述名誉权因此受到损害的事实无法认定。周某主张王某侵犯其名誉权，缺乏依据。

北京市西城区人民法院依据《中华人民共和国侵权责任法》第二条、第六条，《中华人民共和国民事诉讼法》第六十四条规定，判决如下：

驳回周某的诉讼请求。

周某不服一审判决，提出上诉。北京市第二中级人民法院经审理认为：是否构成侵害名誉权的责任，应当依据受害人确有名誉被损害的事实、行为人行为违法，违法行为与损害后果之间有因果关系、行为人主观上有过错来认定。名誉是否受到损害，不以被害人的主观感受为准，应就社会一般人的评价予以客观判断。王某所写涉案材料内容中主观评价用语确有不当，但其不当言辞系其在双方矛盾较大情况下对某些事项的个人评论，主观上不具有侮辱诽谤的故意。王某向周某单位送达涉案材料，并非向不特定第三人公开宣扬。周某单位纪委就材料内容找其谈话、做笔录属于正常的工作流程，并未对周某作出处分，纪委调查结果亦不会对外公布。结合本案证据，不足以证明王某向周某单位送达涉案材料的行为导致周某名誉权受损，社会评价降低。故周某提出的由于王某的诽谤信造成其从北京调回××市，对其造成损害，导致名誉权受损、社会评价降低的上诉主张缺乏事实及法律依据，不予采信。

北京市第二中级人民法院依据《中华人民共和国民事诉讼法》第一百七十条第一款第一项规定，作出如下判决：

驳回上诉，维持原判。

【法官后语】

举报是公民监督权的一种，是政治性权利之一。名誉权是民事主体所享有的一种重要人格权，其关系到一个民事主体在社会经济生活中所处的地位以及应受到的信赖和受到尊重的程度，是民事主体进行民事活动，乃至其他社会活动的基本条件。本案的争议表现为行为人是否借行使举报权侵害了他人的名誉权，核心问题是如何正确把握检举、控告他人违法、违纪与侵害他人名誉权之界限。

《中华人民共和国宪法》第四十一条第一款规定："中华人民共和国公民对于任何国家机关和国家工作人员有提出批评和建议的权利；对于任何国家机关和国家工作人员的违法失职行为，有向有关机关提出申诉、控告或者检举的权利，但是不得捏造或者歪曲事实进行诬告陷害。"根据这一规定，公民检举、控告他人违法、违纪是合法的行为，即使反映的情况不实或者不完全属实也是正当行使权利的行为，不构成侵权。那么在何种情况下才构成侵权呢？应当明确的是，借行使举报权侵害名誉权符合传统名誉权侵权的所有特征，即名誉权的基础内容和侵权的构成要件并未改变，但亦存在其特殊性。

侵害主体的认定方面。实践中，有关机关必须对实名举报的内容和实名举报人身份、工作单位等信息严格保密，并且严格管理举报材料，严禁私自扣押、销毁或泄露。所以侵权人身份难以确定，亦是受害人举证证明的难点，受害人难以固定证据直接指向侵权人。本案中，虽然王某不认可涉案材料是其递交给纪委的，但是依据另案庭审笔录中王某对于该涉案材料系其递交的自认，结合涉案材料的内容，能够认定涉案材料系王某书写，且根据周某提供的火车票等证据，能够认定王某到周某单位送达该材料的事实。

主观过错的认定方面。侵害名誉权案件中的过错是指行为人对其实施的侵害名誉权行为及该行为的损害后果所持的主观心理状态，包括故意和过失。一般是故意为之，有较少的过失行为也会造成他人名誉受损。本案中，周某和王某发生纠纷的时间段正值王某第一次起诉周某离婚撤诉后、第二次离婚诉讼前。王某在涉案材料中的言辞确系不当，但王某是在双方矛盾较大情况下表达了对某些事项的个人评论，未有侵害周某名誉权的故意。

客观损害的认定方面。实践中，行为人虽然发布了一些关于受害人的不实言论，但如果受害人的社会评价并没有降低，就不存在名誉权受损害的问题。一是受害人社会评价是否降低应当以社会一般人的评价为标准进行判断，不能仅以受害人自己的主观感受为标准。只有当其社会评价降低时才能通过名誉权制度获得救济。二是如果行为人发布的信息或者所作的陈述真实客观，且没有包含侮辱性的内容，即使受害人认为自己的名誉受到了损害，也不构成名誉权侵权。三是行为人侵害他人名誉权的行为需要受害人以外的人知悉。本案中王某向纪委举报的内容，并未被不特定的第三人所知悉，周某的社会评价就不存在降低或者受损的问题，即不存在名誉权受损害的问题。在不存在损害后果的情况下，就不存在违法行为与损害后果之间的因果关系。综上，王某的举报行为不构成对周某名誉权的侵犯。

编写人：北京市第二中级人民法院　刁久豹　梁辰

42

不实举报是否构成侵犯名誉权

——沈某东诉刘某相名誉权案

【案件基本信息】

1. 裁判书字号

北京市西城区人民法院（2020）京0102民初6025号民事判决书

2. 案由：名誉权纠纷

3. 当事人

原告：沈某东

被告：刘某相

【基本案情】

2017年1月，原告先后借给被告80万元人民币，及时解决了被告资金周转的应急之需和债务危机，双方约定利息为月利息2.5分和3分，到期后连本带息偿还给原告。借款到期后，被告一再违约，无奈之下，原告诉至法院。北京市西城区法院于2019年3月作出调解书，被告应给付原告本金及相应的利息。调解书生效后，被告仍不履行生效法律文书，原告只好申请法院强制执行，并要求被告承担拒不履行调解书的法律责任。被告得知后，仍拒不给付，还到西城区公安局控告原告对其发放高利贷。西城区公安局刑侦大队依法传唤了原告并作了笔录，了解情况后认为原告的行为属于正常借贷，不构成高利贷罪名。原告认为，被告的行为对原告完全是一种诬陷和诽谤，已经给原告造成了严重的名誉损害，为此原告向法院提起诉讼，要求判令被告：1. 立即到西城区公安局撤回对原告的诬告；2. 在报纸上公开向原告道歉，并赔偿精神损失费1万元。

【案件焦点】

在法院出具调解书已确认双方的借贷关系符合法律规定后被告举报原告非法发放高利贷是否构成侵犯名誉权。

【法院裁判要旨】

北京市西城区人民法院经审理认为：依据《中华人民共和国侵权责任法》第二条、《最高人民法院关于审理名誉权案件若干问题的解答》第七条之规定，公民、法人享有名誉权，禁止用侮辱、诽谤等方式损害公民、法人的名誉。是否构成侵害名誉权的责任，应当根据受害人确有名誉被损害的事实、行为人行为违法、违法行为与损害后果之间有因果关系、行为人主观上有过错予以认定。

首先，原告认为被告的行为侵犯了其名誉权，但名誉是否受到损害，不以被害人的主观感受为准，应就社会一般人的评价予以客观判断。被告虽存在举报不实的情况，但其向相关部门举报，并非向不特定人群公开宣扬。公安部门就被告的举报内容找原告谈话、做笔录，属于正常的工作流程，并未对原告作出处理结果，亦未对外公布。此外，被告对原告所述其在朋友间传播原告放高利贷的事实不予认可，对此原告未提供相应证据，故不予采信。现原告未能提供证据证明因被告的举报行为导致其名誉受损、社会评价降低，故原告所述名誉权因此受到损害的事实无法认定。

其次，举报是法律赋予公民的权利，任何单位和个人发现有犯罪事实和犯罪嫌疑人，有权利也有义务向公安机关等部门进行举报，但举报人负有据实举报之义务，应实事求是，不得捏造事实，伪造证据，诬告陷害他人。关于被告举报原告发放高利贷的问题，本院出具的民事调解书已确认双方之间就借款本金及利息自愿达成的还款协议符合法律规定。被告在调解书出具后再行举报原告上述问题，依据不足。关于被告举报原告催款过程中，对其进行骚扰、威胁、恐吓等问题，因被告未按约定履行还款义务，违约在先，原告作为债权人向其追要借款，符合常情，但在催要过程中应通过合法途径，不能采取暴力威胁等违法犯罪手段。

综上，北京市西城区人民法院依照《中华人民共和国侵权责任法》第二条，《中华人民共和国民事诉讼法》第六十四条、第一百四十四条，《最高人民法院关于审理名誉权案件若干问题的解答》第七条规定，判决：

驳回原告沈某东之诉讼请求。

【法官后语】

本案的争议焦点是不实举报是否构成侵害名誉权。根据《最高人民法院关于审理名誉权案件若干问题的解答》第七条之规定：是否构成侵害名誉权的责任，应当根据受害人确有名誉被损害的事实、行为人行为违法、违法行为与损害后果之间有因果关系、行为人主观上有过错来认定。侵犯名誉权行为的构成要件同一般侵权行为一样：行为人的行为具有违法性；客观上有损害事实的发生；侵权行为与损害事实之间具有因果关系；行为人主观上存在过错。

首先，就行为人的行为具有违法性来看，不实举报不具有违法性。行为违法性，是指行为人实施了法律禁止的以侮辱、诽谤、宣扬他人隐私、捏造事实丑化他人人格等方式损害公民和法人名誉的行为。但同时法律也规定，任何单位和个人发现有犯罪事实或者犯罪嫌疑人，有权利也有义务向公安机关、人民检察院或者人民法院报案或者举报。我国公民享有合法的举报权，举报权受法律保护。从本案来看，虽然被告在法院已出具调解书，认定原被告之间就借款本金及利息自愿达成的还款协议符合法律规定之后再行举报原告高利贷问题，属于不当行使权利，但被告的行为不具有违法性。故公民向有关国家机关检举、控告他人有违法乱纪的行为，不论反映的情况是否属实，只要其没有借检举、控告之名，捏造、歪曲事实而侮辱、诽谤他人，其检举、控告行为就是行使其权利的合法行为，不具有违法性。

其次，就客观上有损害事实发生来看，不实举报没有形成损害后果。认定名誉是否确有被损害的后果，不应以被害人的主观感受为准，应就社会一般人的评价予以客观判断。就本案来说，被告向相关部门举报，并非向不特定人群公开宣扬。公安部门就被告的举报内容找原告谈话、做笔录，属于正常的工作流程，并未对原告作出处理结果，亦未对外公布，没有产生社会一般人对原告评价降低的损害后果，故不应认为名誉权受到侵害。故如果不实举报仅是向纪检部门、公安机关等相关部门陈述、检举的行为，该行为并非向社会捏造、散播侮辱、诽谤言论的行为，故没有造成社会评价降低的名誉确有损害的后果。

最后，因不实举报行为不具有违法性，不属于侵权行为且不实举报未产生损害后果，故也无须讨论该行为是否存在主观过错及是否具有因果关系。故而不实举报不能算作侵害名誉权的行为。

需要强调的是，虽然不实举报不能算作侵害名誉权的侵权行为，无需承担侵权责任。但作为一个合格的公民应当审慎行使我们手中的权利。举报是法律赋予公民的权利，任何单位和个人发现有犯罪事实和犯罪嫌疑人，有权利也有义务向公安机关等部门进行举报，但举报人负有据实举报之义务，应实事求是，不得捏造事实，伪造证据，诬告陷害他人。

编写人：北京市西城区人民法院　高融

43

企业信息查询平台公示错误信息侵害名誉权的，应考虑其公益性减轻赔偿责任

——江苏某船务有限公司诉北京某科技有限公司名誉权案

【案件基本信息】

1. 调解书字号

江苏省无锡市中级人民法院（2020）苏02民终1371号民事调解书

2. 案由：名誉权纠纷

3. 当事人

原告（被上诉人）：江苏某船务有限公司（以下简称船务公司）

被告（上诉人）：北京某科技有限公司（以下简称科技公司）

【基本案情】

船务公司成立于2011年3月，组织机构代码为5××××××××，曾用名为"江阴市某船务有限公司"（以下简称江阴公司）。船务公司更名后，其曾用名被新公司注册使用，即现仍存续的案外人江阴公司，该公司组织机构代码为0××××××××。

2017年2月至2018年3月，江阴公司因未履行生效裁判确定的付款义务，被法院列为失信被执行人，该公司共有9条失信信息。同期，科技公司在其经营的某企业信息查询平台将江阴公司的9条失信信息关联在船务公司企业信息网页并进行发布，包括失信被执行人名称、组织机构代码、执行案号、执行法院、生效法律文书确定的义务等，关联信息中载明失信被执行人为江阴公司，组织机构代码为0××××××××。

2019年9月5日、10日，船务公司发现上述关联错误的失信信息后先后向科技公司进行电话投诉，后向法院提起诉讼，请求判令科技公司：1. 立即停止侵权，删除企业信息查询平台上其公司为"失信被执行人"的9条记录，并在该平台上刊登道歉信息、消除影响、恢复名誉；2. 赔偿船务公司维权所产生的公证费、律师费、经营损失，合计257020元。

2019年9月23日，科技公司将上述关联失信信息从船务公司企业信息中删除。

【案件焦点】

科技公司是否侵害了船务公司名誉权。

【法院裁判要旨】

江苏省江阴市人民法院经审理认为：科技公司作为一个全国企业信息查询平台的运营者，负责采集并整合企业的各项信息，包括相关经营风险、司法风险等信息，社会公众通过该平台展示的信息对企业作出一定的评价。科技公司自2017年2月至2018年3月陆续将案外人江阴公司的失信信息关联到船务公司，并长期留存在船务公司企业信息页面，客观上导致船务公司社会评价的降低，造成其名誉受损。

科技公司系依法注册登记从事互联网信息服务的企业，其将来源于国家企业信用信息网、中国执行信息公开网等权威网站的信息在其经营的企业信息查询平台发布，确属合法渠道获取公开信息，但该平台并非单纯转载上述公开信息，其通过数据采集、清洗、聚合、建模、产品化呈现企业详细信息，通过挖掘和分析相关数据，起到风险预警的作用。科技公司作为一家经营性网站，本身系通过所开发的数据产品经营获利，其在数据核查时应尽到较普通转载网站更多的注意义务，避免数据失真。本案两个船务公司系相互独立的法人，组织机构代码并不相同，且科技公司在企业信息查询平台上发布的失信被执行人详情中明确载明失信船务公司的组织机构代码，两公司系可区分的不同公司，科技公司虽未对发布的信息进行实质性修改，但其在数据整合时，未尽到合理的监管和注意义务，将案外人江阴公司的失信信息关联到船务公司名下，存在相应过错。对于科技公司承担责任的形式，虽目前侵权信息已被科技公司从网站上删除，侵权行为已经停止，但船务公司作为权利人，仍可要求恢复名誉，消除影响，并赔偿损失。因本案所涉侵权信息系在企业信息查询平台发布，故科技公司应当在相同平台发布致歉声明，对船务公司要求科技公司在相同网站刊登致歉声明的诉讼请求予以支持，对于致歉声明的保留时间，法院综合依据科技公司的侵权情节酌定其致歉内容须自发布之日起连续保留十五日。对于船务公司主张的公证费、律师费，符合《最高人民法院关于审理利用信息网络侵害人身权益民事纠纷案件适用法律若干问题的规定》第十八条之规定，应予支持。对于船务公司主张的经营损失 25 万元，该公司并未提供证据证明，但因科技公司的侵权行为确对船务公司的名誉造成一定影响，在一定程度上降低了部分企业与船务公司发生经济往来的意愿。考虑到科技公司关联错误系因船务公司曾用名被现失信江阴公司注册并使用导致，其本身并无侵权的故意，过错程度较小，而科技公司开发的企业信息查询平台，系通过提供数据产品服务推动市场信息公开，构建社会诚信体系，在一定程度上具有公益性；此外，科技公司在船务公司向其投诉反馈当月即删除了失信信息，及时停止侵权行为，故法院充分考虑科技公司的过错程度、具体侵权行为和方式、造成的损害和影响等因素，酌定科技公司应赔偿船务公司的财产损失为 3000 元。希望科技公司以此为鉴，积极改进技术，提高抓取数据的准确性，并加大人工复查的力度，尽力减少数据错漏的发生，在促进诚信体系发展的同时不能滥用信息，侵害其他市场主体的合法权益。

江苏省江阴市人民法院依照《中华人民共和国民法总则》第一百一十条、第一百七十九条，《中华人民共和国侵权责任法》第六条第一款，《最高人民法院关于审理利用信息网络侵害人身权益民事纠纷案件适用法律若干问题的规定》第十六条、第十八条规定，作出如下判决：

一、科技公司于本判决发生法律效力之日起十日内在企业信息查询平台上刊登致歉声明（该致歉声明自发布之日起连续保留十五日，致歉内容须经法院审核），为船务公司恢复名誉，消除影响；如科技公司未履行上述义务，法院将选择一家在全国发行的报纸上刊登本判决主要内容，费用由科技公司负担。

二、科技公司应于本判决发生法律效力之日起十日内赔偿船务公司因本次诉讼花费的律师费 6000 元、公证费 1020 元、其他损失 3000 元，共计 10020 元。

三、驳回船务公司的其他诉讼请求。

科技公司不服一审判决，提出上诉。经江苏省无锡市中级人民法院调解，双方达成调解协议，主要内容为：

一、科技公司应于 2020 年 6 月 25 日之前在企业信息查询平台船务公司详情页刊登致歉声明（该致歉声明自发布之日起连续保留十五日，致歉声明内容由双方当事人协商确定），为船务公司恢复名誉，消除影响；如科技公司未履行上述义务，法院将选择一家在全国发行的报纸上刊登致歉内容，费用由科技公司负担；

二、科技公司应于 2020 年 6 月 25 日之前一次性向船务公司支付 20000 元。

【法官后语】

网络侵权，是指发生在网络空间或借助于网络技术的各种侵害他人民事权益的行为。随着网络科技的飞速发展，信息网络已经在人们的生活中得以普及，网络侵权行为也层出不穷，较为典型的是利用信息网络平台发布不实、不当言论诽谤侮辱他人，此类行为被认定为侵犯他人名誉权应无异议。但是网络服务提供者将失信被执行人信息错误关联至正常经营主体名下是否侵犯其名誉权，值得探讨。《中华人民共和国民法典》构建了较为完善的网络侵权责任规范体系，其第一千一百九十四条规定："网络用户、网络服务提供者利用网络侵害他人民事权益的，应当承担侵权责任……"该条文强调权利人的合法民事权益保护，也给司法裁判确立了规则。

随着互联网产品与技术的不断创新与升级，企业信息查询平台已经逐步成长并发展成为互联网用户乃至整个社会重视和依赖的企业信息查询渠道之一，呈现出社会公共利益的属性。这种与社会公共利益紧密结合的属性，对企业信息查询平台的内容建设提出更高的要求。此类平台在数据采集及整合过程中应尽到谨慎注意义务，避免关联错误信息给企业带来不利影响。虽然此类企业没有贬低和损害他人名誉的故意，但只要客观上导致企业社会评价降低，也即侵害了权利人的名誉权，就应承担侵权责任。

至于侵权责任的承担，《最高人民法院关于审理侵害信息网络传播权民事纠纷案件适用法律若干问题的规定》第一条规定："人民法院审理侵害信息网络权民事纠纷案件，在依法行使裁量权时，应当兼顾权利人、网络服务提供者和社会公众的利益。"该条文所确定的利益平衡原则，具有开放性、成长性。当今时代，科学技术的发展速度已经远远超过了人们的想象。针对今后有可能出现的新技术及新的商业模式与信息网络传播权的保护及社会公众利益之间发生冲突的情形，利益平衡原则指导着每一个法律规范的适用。互联网信息服务企业对企业公开信息进行整合，以企业信息查询平台的方式集中向社会公开企业信用信息数据，系对国家信用信息平台建设的有益补充，一定程度上促进了社会诚信体系建设，夯实了社会诚信基础，有利于营造和谐的市场环境，实现良好的经济和社会效益。因此，此类互联网信息服务企业的经营行为具有一定的公益性，对于此类企业在经营过程中的网络侵权行为需要考虑其经营行为的公益性及过错程度，酌情降低其赔偿数额。

本案判决确立了互联网信息服务企业利用网络公开信息时要加强保护企业名誉的导向，以及网络服务提供者经营行为的公益性可作为其侵权赔偿责任酌减因素的裁判规则。互联网信息服务企业应当积极改进技术，提高抓取数据的准确性，并加大人工复查的力度，减少数据错漏的发生，在促进诚信体系发展的同时不能滥用、误用信息，侵害其他主体的合法权益。

编写人：江苏省江阴市人民法院　李峰　黄静宇

44

不正当维权可构成侵权

——某药房公司名都分店诉莫某名誉权案

【案件基本信息】

1. 裁判书字号

广西壮族自治区北海市银海区人民法院（2020）桂0503民初1969号民事判决书

2. 案由：名誉权纠纷

3. 当事人

原告：某药房公司名都分店（以下简称名都分店）

被告：莫某

【基本案情】

2019年1月1日，莫某与张某卿签订一份《合作协议书》，双方就共同出资注册、经营北海市银海区某药房的事宜达成协议。该药房的工商登记信息显示为个人独资企业，投资人为张某卿。2020年5月1日上午7时55分，莫某报警称其在某药房的部分药品被张某卿偷走，派出所出警后告知莫某系民事纠纷，不属公安机关管辖。5月21日，莫某与张某卿就某药房的纠纷达成了《股份转让协议》。

2020年5月1日至3日，莫某协同家人在名都分店的店前阻拦买药客人进店，与店面周边人员交谈称店老板偷药；拉横幅、用喇叭播放，内容为“偷药！还药！偷药！还药！偷药！还药！”；还让老人躺在名都分店门前阻碍该店经营。其间，张某卿两次报警，派出所出警后均告知系民事纠纷，不属公安机关管辖。

名都分店提起诉讼，请求判令莫某：1. 就其到名都分店扰乱秩序以及骚扰该店股东等行为通过在人民日报报刊上刊登、手写道歉信等方式给名都分店赔礼道歉，消除影响，恢复名誉；2. 赔偿名都分店因莫某行为营业损失31248元；3. 承担名都分店因本案支付的律师费3500元。

【案件焦点】

莫某的“维权行为”是否构成名誉权侵权。

【法院裁判要旨】

广西壮族自治区北海市银海区人民法院经审理认为：《中华人民共和国民法通则》第一百零一条规定，公民、法人享有名誉权，公民的人格尊严受法律保护，禁止用侮辱、诽谤等方式损害公民、法人的名誉。故禁止用侮辱、诽谤等方式损害法人的名誉。莫某协同其家人在名都分店门前，以言语、拉横幅、广播等方式称名都分店老板偷药，并要求还药，莫某提供的证据并未能显示其上述所公开的内容，其与张某卿之间的民事纠纷应通过合法的途径进行解决，而不应通过过激的方式到名都分店前以言语、拉横幅、广播等方式阻挠该店正常经营，且名都分店负责人系闫某云，现有证据未能证实张某卿与名都分店有任何关系，根据《最高人民法院关于审理名誉权案件若干问题的解答》的规定，应认定莫某在名都分店前以言语、拉横幅、广播等方式称名都分店老板偷药，并要求还药的行为属故意侵权行为，已经构成对名都分店名誉权的损害。该行为发生在公共场合，影响的范围不可谓不大，莫某因过错侵害名都分店民事权益的行为应承担民事责任。根据《中华人民共和国侵权责任法》第十五条的规定，结合被告的过错程度、言行场合、行为方式及影响范围，名都分店主张莫某通过在人民日报上刊登、手写道歉信等方式给名都分店赔礼道歉、消除影响、恢复名誉，因人民日报是全国性的报刊，考虑莫某的行为影响空间的有限性，故莫某应在北海日报上进行刊登向名都分店赔礼道歉、消除影响、恢复名誉。名都分店请求莫某赔偿损失，但其提供的证据损失清单系其自行制作，且销售利润并非固定的，因莫某的行为对名都分店造成了名誉上的影响，本院酌情支持名都分店主张的损失赔偿为5000元，名都分店主张莫某承担律师费3500元，因律师费并非必然发生的损失，对名都分店该主张不予支持。依照《中华人民共和国民法通则》第一百零一条、《中华人民共和国侵权责任法》第二条、第三条、第六条、第十五条规定，判决：

一、莫某于本判决发生法律效力之日起十五日内在北海日报上刊登向名都分店赔礼道歉的信息，向名都分店赔礼道歉、消除影响；

二、莫某赔偿名都分店损失5000元；

三、驳回名都分店的其他诉讼请求。

【法官后语】

本案是一起以不正当的维权方式构成故意侵害他人名誉权的典型案例。该案审理中涉及以下问题：

一、公司法人享有名誉权

《中华人民共和国民法典》最大的特色是将“人格权”独立成编。根据《中华人民共和国民法典》第九百九十条、第九百九十一条、第九百九十二条的规定，人格权是指民事主体专属享有的，以人格利益为客体，为维护人格独立所必备的固有权，其不得放弃、转让或者继承。自然人、法人只要具有法律上的人格，即享有人格权，不能因某种事实而丧失，也不得因某种原因被剥夺。民事主体的人格权受法律保护，任何组织或者个人不得侵害。公司法人作为民事主体，依法享有法律赋予的人格权，在人格权受到侵害时，受害人有权依照法律的规定请求行为人承担民事责任。本案原告系公司法人，属于民事主体，依法享有人格权，在人格权受到侵害时，有权提起本案民事诉讼。

二、被告的行为是否属于不正当的维权并构成侵权

按照归责原则的不同，侵权责任分为一般侵权责任与特殊侵权责任。其中，一般侵权责任适用过错责任，特殊侵权责任适用无过错责任。本案是典型的一般侵权，应适用过错责任的归责原则。一般侵权责任的构成要件有：（一）损害事实的客观存在。侵权行为侵犯的客体是民事主体的民事权益。本案被告通过在公共场合拉横幅、放喇叭的方式播放有损原告名誉的内容，作为商业主体的原告，其名誉已经受到侵犯，并在一定程度上影响到原告的经营利益，故损失事实已经客观存在。（二）侵害行为，这是构成侵权责任的行为要件。此处的侵害行为，是指客观上侵害了他人民事权益的行为。本案被告通过在公共场合拉横幅、放喇叭，并纠结他人躺在原告的店铺门口，阻碍原告经营的行为已经客观上侵害了原告的民事权益，被告的上述行为属于侵害行为。（三）侵害行为与损害事实间的因果关系。因果关系是指各种现象之间引起与被引起的关系。如何判断行为与权益被侵害之间的因果关系，有不同的学说。目前，相当因果关系说为通说，是指如果行为与权益被侵害之间具有相当因果关系，在其他构成要件具备的情况下，则可以构成侵权。被告在公共场合范围内公开拉横幅以及放喇叭，播放不实言论的内容与原告的名誉权受损之间存在条件关系和相当性，故被告的侵害行为与原告的损害事实之间存在因果关系。（四）行为人的过错。民法上将过错区分为故意、重大过失与一般过失，区分标准是过错程度的大小。故意，是指明知损害会发生而希望或者放任其发生。过失，是指对损害的发生具有主观上的疏忽大意或者过于自信。进一步，过失又分为重大过失和一般过失，区分标准为衡量行为人的预见标准为普通预见水平还是专业预见水平。本案被告认为与原告之间存在的合伙纠纷未能解决，为达到其目的，即在公共场合公开不实言论，其作为普通人必然能知道其行为会对原告的名誉权及经营造成一定的影响，但是其希望或放任损害的发生，具有过错。综上，无论被告与原告之间是否存在民事纠纷，其采取的行为具有过错并客观上导致原告损害结果的发生，已经构成民事侵权，应承担相应的责任。

三、产生纠纷后如何正当维权

平等主体之间因财产、人身关系发生的争议为民事纠纷，民事纠纷的解决有三种解决方式。一是私力救济，即争议双方当事人就争议问题经过协商、达成协议而消灭争议；二是社会救济，包括在第三方的主持下达成的调解协议以及争议双方当事人将争议提交仲裁机构进行裁决；三是公力救济，当事人诉至法院，由法院代表国家行使审判权，依法审理和解决民事争议。民事主体在产生纠纷后，应正确行使权利，不能以“维权”之名行“侵权”之实。要倡导诚信、友善等个人层面的核心价值观，以正确的价值观为导向选择正确的维权道路。

编写人：广西壮族自治区北海市银海区人民法院　庞丽芬

45

公众人物名誉权保护的边界

——毕某某诉郝某某等名誉权案

【案件基本信息】

1. 裁判书字号

北京市第三中级人民法院（2020）京03民终9599号民事判决书

2. 案由：名誉权纠纷

3. 当事人

原告（上诉人）：毕某某

被告（被上诉人）：郝某某、徐某、韩某某

【基本案情】

光某文化传媒（北京）有限公司（以下简称光某公司）主要业务为媒体产

品，包括视频制作和公众号维护。该公司于2019年12月4日注销，郝某某、徐某是其股东。2017年10月5日，光某公司旗下微信公众号平台“××”发布署名原创作者为“灰×”的一篇文章（以下简称涉案文章），该文作者韩某某为光某公司的外约作者，“灰×”系韩某某撰写该文使用的笔名，文章内容涉及对毕某某论文的一些评价。

10月7日，毕某某撰写回应文章，要求光某公司删除案涉文章。10月25日，“××”公众号再次发布文章回应，表示知悉毕某某要求其删除案涉文章，并表示不同意。次日，毕某某再次发表《致××编辑部》。

案件审理过程中，“××”公众号陆续发布涉及毕某某的文章。

毕某某认为光某公司的行为严重侵犯了其名誉权及相关其他权利，故诉至法院，要求：1. 光某公司立即删除侵权文章，停止侵犯毕某某名誉权的行为；2. 光某公司在“××”公众号以等幅文字为毕某某消除影响、恢复名誉，并公开赔礼道歉；3. 光某公司、韩某某赔偿毕某某因侵权行为造成的精神损害抚慰金20万元，为制止侵权行为所产生的各项费用2万元，合计22万元。

【案件焦点】

涉案文章及后续文章是否构成对毕某某名誉权的侵犯。

【法院裁判要旨】

北京市朝阳区人民法院经审理认为：名誉侵权的构成要件要求，行为人公开作出关涉被侵权人的具有名誉毁损性质的陈述并存在过错。综观全文，首篇涉案文章主要内容为对毕某某博士论文内容的讨论，在毕某某的回应文章中，其也认可文章作者的确指出了论文的疏漏之处，并对其中作者的质疑进行了回应。毕某某作为公众人物，其毕业论文亦属于可为公众获得的资料，对其论文进行讨论、评论，具有一定的研究意义。虽然文章标题及文中一些词语，有一定夸大的成分，但本身并无侮辱或诽谤的内容，且之后双方围绕这一事件互有发文，着重于对事件的争论。

另从光某公司、韩某某是否存在主观过错分析，虽然光某公司运营的“××”

公众号包括对电影的讨论，并不能推断出其在主观上具有侵犯毕某某名誉权的故意。毕某某所称涉案文章的发表对其拍摄影片的放映产生影响，但其所拍摄影片的上映时间早于涉案文章发布时间，且在此之间已经产生了一定的社会评价。故从光某公司、韩某某言论造成的后果分析，亦难以认定其造成了毕某某社会评价的降低。由于毕某某系具有一定社会知名度的电影导演，属于公众人物的范畴，此种身份容易成为大众关注的焦点，具有吸引舆论的特质，使得社会对其评论具有全方位、多角度、纵深性、持久性的特点，其亦有更多的机会通过媒体对相关报道或评论加以澄清，因此，其理应对社会评论具有更大的容忍义务。涉案文章中部分用语虽然有些尖锐，但由于该评论未超过保护人格尊严的必要限度，因此，法律不宜对此类评论加以苛刻限制，而毕某某作为公众人物应对上述评论加以容忍和理解。

综上，毕某某认为光某公司、韩某某侵犯其名誉权，缺乏事实及法律依据，对其诉讼请求均不予支持。依照《中华人民共和国民法总则》第三条、第一百一十条，《中华人民共和国民事诉讼法》第一百四十四条规定，判决如下：

驳回毕某某的全部诉讼请求。

毕某某不服一审判决，提起上诉。北京市第三中级人民法院经审理认为：毕某某属社会公众人物，对社会评论应具较高容忍义务，且就光某公司、韩某某发表涉案文章，难以认定其在主观上存在侵犯毕某某名誉权的故意，毕某某亦未提交充分证据证明涉案文章造成毕某某社会评价降低，故一审法院认定光某公司、韩某某未侵犯毕某某的名誉权，并无不当，予以维持，郝某某、徐某、韩某某无需承担侵权责任。

综上所述，毕某某的上诉请求不能成立，应予驳回；一审判决认定事实清楚，适用法律正确，应予维持。依照《中华人民共和国民事诉讼法》第一百七十条第一款第一项规定，判决如下：

驳回上诉，维持原判。

【法官后语】

公众人物一般是指被公众所知的人物，在多大范围内为公众所知，应依时间、环境等因素，结合具体的案件来认定。不限于为全国人民所知晓，在某一地域范围内有名声的人，也可以成为公众人物。并且知名度不限于好名声，坏名声也不影响其成为公众人物。且公众人物系自愿进入公众视野，所谓公众视野，包括体育、演艺、新闻媒体等以追求公众注意，并能够从公众注意中获得利益的行业都属于公众视野。本案原告毕某某系职业导演，具有一定知名度，在本案涉及文章发表之前，有电影上映，进行了较多的宣传推广工作，属于具有一定知名度的公众人物。

名誉权是指自然人和法人就其自身属性和价值所获得的社会评价，享有的保有和维护的具体人格权。我国法律上没有区分官员、公众人物还是普通人，是否构成侵害名誉权的责任，应当根据受害人确有名誉被损害的事实、行为人行为违法、违法行为与损害后果之间的因果关系、行为人主观上有过错来认定，但在具体实践中，因为公众人物自愿进入公众视野的属性，对其评价性内容与普通人相比明显较多，评价范围可能涉及公众人物的方方面面，评价时间可能表现为持续，评价结论可能毁誉参半，评价内容存在多元性的特点。作为公众人物，既然享受比一般人更多的名望和社会资源，就应受到更多的监督，也应更能容忍监督中出现的瑕疵和轻微的损害。也就是说，基于公共利益需要，在接受社会舆论监督及满足社会公众知情权利方面，公众人物相应的人格权包括名誉权应当受到限制。同样性质的言论，针对一般民众可能构成名誉侵权，但针对公众人物，则可能不被认为是名誉权侵权。

本案中，原告就其影片及个人的宣传过程中，博士身份是其中一个宣传点，说明其已经自愿将该项内容置于社会公众视野之下，社会就其博士论文进行评价自然理所当然，韩某某所发表的文章并非单纯的恶意诋毁，很多内容系对原告已经完成及公众可查的毕业论文从学术、技术方面的探讨及评价，且原告亦承认其论文中的疏漏之处。名誉权受损的评判标准之一是社会对特定主体的评价发生变化，而非被侵权人的自我认识发生变化，任何人受到他人批评或负面评价，都会产生不快之感，但是否足以造成社会评价的降低不以其个人认知为准。原告作为公众人物，对其个人和影片的宣传均早于案涉文章发布，社会上对其影片和个人既已产生一定程度的争议甚至一定程度的负面评价，这是案涉文章发布之前已经存在的社会舆论，该后果并非因案涉文章所引起。

但仍需指出的是，对公众人物的人格权利限制并非没有限度，公众人物的名誉权应依法受到保护。自媒体监督已经成为舆论监督的重要组成部分，但并非法外之地，在发挥监督作用的同时也要注意言论内容的实事求是，把握正当合理的边界。

编写人：北京市朝阳区人民法院　李壮　付艳

46

消费者给予经营者差评是否构成名誉权侵权的认定

——北京某商贸有限责任公司诉李某网络侵权责任案

【案件基本信息】

1. 裁判书字号

北京市第四中级人民法院（2020）京 04 民终 1 号民事裁定书

2. 案由：网络侵权责任纠纷

3. 当事人

原告（上诉人）：北京某商贸有限责任公司（以下简称某公司）

被告（被上诉人）：李某

【基本案情】

2018 年 12 月，李某在某公司经营的淘宝店铺购买了某儿童润肺秋梨膏一盒。打开后发现产品的质地很稀，不是膏状。随后仔细观察又发现产品的生产日期显示为“2019/10/22”，且“2019”的前三个数字模糊不清。之后，李某从其他电商处再次购买了同款产品，进行了详细比对，发现涉案产品色泽较浅、浓稠度较稀、包装盒内侧无编码、包装袋无撕开豁口、生产日期编码打印位置靠下。

李某遂与某公司客服联系，客服一开始对该日期解释为是保质期，要求李某去厂家对产品真假进行鉴定。在双方沟通过程中，李某使用了“这种给孩子吃的东西卖假货，你们就不怕断子绝孙吗”“要不要点儿脸了”等语句。李某在淘宝平台申请退货退款，理由是假冒产品，某公司拒绝了该申请。

沟通未果后，李某在淘宝店铺商品评论中对该商品予以差评，评价详情为：“我一直觉得在淘宝上卖孩子的东西还卖假货是要＊＊＊＊的，奈何几经拉扯卖家就是不承认。还让我去鉴定，真搞笑，为了二十多块钱的东西我去鉴定，那我一定是假秋梨膏喝多了。好吧我们让事实说话吧，我不说你家是假货，反正就是跟正品不一样。特别搞笑的是，生产日期还是2019年，造假也不上点儿心。”＊＊＊＊部分为淘宝平台主动屏蔽的内容。李某当天追评为：“其实发现问题的时候我还没有确认收货，还是有机会退款的，但是我觉得不能再有妈妈上当了，所以决定把他家的问题揭露出来。看长图吧！那个一目了然，我在淘宝买了十几年东西了，从不轻易给人差评，这个实在是忍不了，必须差评，永远差评。”并在评论里上传了与某公司客服的部分聊天记录图片。截至作出判决时，涉案评论已被屏蔽，无法显示。李某当庭同意删除全部评论内容。

经过法院和生产厂家联系，厂家表示不排除货物包装在运输过程中进行了磨损，造成生产日期模糊，由于梨的品种不同，加上蜂蜜自身的属性，会产生不同批次的秋梨膏存在色泽上、浓稠度上的不同。

某公司请求法院判令李某删除发布的交易评价并且在《法制晚报》上登报赔礼道歉，支付维权的合理费用9800元。

【案件焦点】

消费者对生产者、经营者、销售者的产品质量或者服务质量进行批评、评论是否构成侵害他人名誉权。

【法院裁判要旨】

北京互联网法院经审理认为：《中华人民共和国民法总则》第一百一十条

第二款规定，法人、非法人组织享有名称权、名誉权、荣誉权等权利。本案纠纷系李某作为消费者，在淘宝店铺的评价页面对所购买产品发表差评所引发。虽然目前没有充分的证据表明涉案产品存在质量问题，但是，产品包装盒上的生产日期确实给消费者造成了混淆和误解。在此种情况下，某公司并未积极地给李某提供合理的解决方案，先是解释该日期是保质期，之后又始终强调让李某去鉴定产品质量，还拒绝了李某退货退款的要求。特别是李某购买产品的目的是给其幼子食用。故李某发表差评并非为了故意贬损卖家的名誉，不具有主观过错。综上所述，李某不具有主观过错，对某公司不构成诽谤、诋毁，加之目前该评论处于屏蔽状态无法显示，李某同意删除评论的全部内容，因此，李某不构成侵权，不应承担侵权责任。

在此强调的是，本纠纷之所以产生，一方面是因为出现产品纠纷时，经营者没有对消费者提出的问题提供积极、合理的解决方案；另一方面是消费者使用了一些过激的言辞和不文明用语，加剧矛盾的升级。首先，对于经营者来说，出现纠纷时，应先以完善自身产品质量、提升服务水平为根本出发点，对消费者的批评与评论应具有一定的容忍度；其次，对于消费者来说，淘宝评论机制不是消费者发泄个人情绪的工具。消费者应注意分清诉求表达与侵权的界限，理性行使权利、化解纠纷。

综上所述，依照《中华人民共和国民法总则》第一百一十条第二款、《最高人民法院关于审理名誉权案件若干问题的解释》第九条之规定，判决：

驳回某公司的全部诉讼请求。

某公司不服一审判决，提起上诉。在二审审理过程中，某公司申请撤回上诉。北京市第四中级人民法院认为：某公司撤回上诉的请求不违反法律规定，予以准许。依照《中华人民共和国民事诉讼法》第一百七十三条规定，裁定如下：

准许某公司撤回上诉。

【法官后语】

《中华人民共和国民法典》（以下简称《民法典》）第一百一十条第二款规定：法人、非法人组织享有名称权、名誉权和荣誉权。法人的名誉是对其经济活动、产品质量等方面的社会评价，是其取得经济利益的基础。与自然人名誉权相比较而言，法人并没有性格、品德等自然人的属性，因此侵犯法人名誉权的表现形式多为捏造、散布虚假事实，损害企业法人的商誉，在公开的媒体上发表内容不实的文章或者进行有失公允的评论等。

《民法典》第九百九十八条规定，认定行为人承担侵害除生命权、身体权和健康权外的人格权的民事责任，应当考虑行为人和受害人的职业、影响范围、过错程度，以及行为的目的、方式、后果等因素。该条规定是动态系统理论在精神性人格权保护方面的具体应用。虽然本案判决时《民法典》还未施行，但是其中的裁判思路已经体现了对动态系统保护论的适用。下面从《民法典》第九百九十八条的角度厘清消费者给予经营者差评是否构成名誉权侵权的裁判思路。

一、行为人和受害人的职业因素

本案属于消费者与经营者之间因评论引发的名誉权侵权纠纷。《民法典》施行前，原《最高人民法院关于审理名誉权案件若干问题的解释》第九条第一款规定，消费者对生产者、经营者、销售者的产品质量或者服务质量进行批评、评论，不应当认定为侵害他人名誉权。但借机诽谤、诋毁，损害其名誉的，应当认定为侵害名誉权。

法律之所以这样规定，是因为消费者在交易信息的获得上与经营者处于不对称的地位，其属于市场经济中的弱势群体。因此，允许消费者对产品进行评价，并给予一定的言论自由，有助于对经营者起到监督作用，避免产生“寒蝉效应”，使得商家能够在消费者的监督过程中提升产品质量和服务质量。基于此，经营者对于消费者的批评、评论应当具有一定的容忍度。

二、当事人的过错因素

考虑当事人是否具有过错可以从是否具有一定的客观依据及特定场景下予以考量。如果消费者评论的内容与一定的客观依据相符合，则不构成诽谤、诋毁。特别强调的是，这种客观依据不能强求消费者掌握了确凿的证据。具体到本案中，虽然没有充分的证据表明涉案产品存在质量问题，但是，产品包装盒上显示的生产日期为购买日期之后，确实给消费者造成了混淆和误解，也就是说李某发表的相关评论并不是杜撰，而是有一定的客观依据。

对于消费者的评论，到底是属于言论监督还是属于侵权，还需要结合特定的场景予以考量。在李某对产品质量产生质疑后，某公司本应积极地给李某提供合理的解决方案，但是却采取了搪塞和推托的态度，最终还拒绝了李某退货退款的要求，使李某通过协商解决纠纷的预期无法实现，加之李某购买产品的目的是给幼儿食用。在上述特定场景下，李某发表了涉案的评论内容，不宜认定为主观具有过错。

三、行为的目的、方式因素

要判断发表评论者的行为目的是监督还是恶意诋毁；其行为方式是否符合社会公认的价值观，也就是说，我们需要以一个普通的“诚信善良之人”的客观要求为主[①]进行综合判断。李某发表评论的内容是提醒其他消费者，而不是对商家恶意的诋毁。同时，其行为方式结合上述具体场景来看，为社会公认的价值观所容忍，不宜认定为诽谤诋毁商家。

四、后果、影响范围因素

李某发表评论的内容在一段时间后已经被屏蔽，同时李某也表示可以删除全部评论内容。从该角度也可以看出，李某的行为并未造成商家名誉上的严重不利后果。

通过上述情形综合判断，李某发表差评具有一定事实依据，并非为了故意贬损卖家的名誉，在特定场景下不具有主观过错，且未对商家造成严重的不利后果，故李某不构成诽谤、诋毁，不应承担侵权责任。

编写人：北京互联网法院　张博　曹爽

① 张新宝：《名誉权的法律保护》，中国政法大学出版社1997年版，第146页。

47

个人信息保护规则在认定信用权侵权中的适用

——孙某利诉河南某农村商业银行股份有限公司名誉权案

【案件基本信息】

1. 裁判书字号

河南省平顶山市中级人民法院（2021）豫04民终3608号民事判决书

2. 案由：名誉权纠纷

3. 当事人

原告（被上诉人）：孙某利

被告（上诉人）：河南某农村商业银行股份有限公司（以下简称某农商银行）

【基本案情】

孙某利与某农商银行之间因2013年9月24日的借款合同纠纷，某农商银行于2016年7月15日申请平顶山仲裁委员会仲裁，要求孙某利、赵某民、韩某定承担还款责任。平顶山仲裁委员会于2016年11月21日作出平仲裁字（2016）第121号调解书，由赵某民承担该49万元及利息的还款责任，韩某定承担连带清偿责任。该调解书第三条明确载明“被申请人孙某利不承担还款责任”，该仲裁调解书已生效。某农商银行后在中国人民银行征信管理中心上报公示孙某利逾期没有偿还借款的信息。故孙某利起诉要求某农商银行消除其在中国人民银行征信管理中心逾期还款的不良信息，为孙某利恢复名誉，消除不良影响。

【案件焦点】

某农商银行在达成孙某利不承担还款责任的协议后上报公示孙某利的逾期还款信息，是否构成对孙某利的侵权。

【法院裁判要旨】

河南省汝州市人民法院经审理认为：信用权是指自然人、法人、非法人组织就其所具有的经济能力在社会上获得的相应信赖与评价所享有的保有和维护的具体人格权。孙某利与某农商银行之间的借款合同纠纷，已经由生效的仲裁调解书确认“被申请人孙某利不承担还款责任”，但某农商银行仍在中国人民银行征信管理中心上报公示孙某利逾期没有偿还借款的不良信用记录，妨碍了孙某利内心安宁，降低其社会评价，根据《中华人民共和国民法典》第一千零二十九条之规定，判决：

某农商银行于判决生效后十五日内消除孙某利在中国人民银行征信管理中心逾期还款的不良信息记录。

某农商银行不服一审判决，提起上诉。

河南省平顶山市中级人民法院经审理认为：孙某利与某农商银行签订《个人借款合同》向某农商银行借款后，未按约定期限偿还借款，孙某利本身存在违约行为，该行为是导致其征信记录存在不良信息的直接原因。某农商银行将该信息提供给中国人民银行征信管理中心是正常履行职责的行为，并未对孙某利构成侵权。平仲裁字（2016）第121号调解书虽然约定免除了孙某利的还款责任，但仅仅是在债权债务关系中免除孙某利偿还金钱债务的责任，并不意味着免除孙某利在本次借款中因逾期还款而产生的违约责任，即征信记录记载不良信息。且依据《征信业管理条例》第十六条第一款规定：“征信机构对个人不良信息的保存期限，自不良行为或者事件终止之日起为5年；超过5年的，应当予以删除。”孙某利的不良信息保存期限为不良行为或者事件终止之日起5年，本案借款尚未清偿，不符合上述法律规定的删除条件。遂判决：

一、撤销河南省汝州市人民法院（2021）豫0482民初5273号民事判决；

二、驳回孙某利的诉讼请求。

【法官后语】

根据《中华人民共和国民法典》第一千零三十条规定："民事主体与征信机构等信用信息处理者之间的关系，适用本编有关个人信息保护的规定和其他法律、行政法规的有关规定。"信用权本质是一种人格权和财产权的结合，除反映一定的道德评价之外，也折射出多元化的利益内容和公共属性，这一点与兼具消极防御和积极利用双重属性的个人信息异曲同工。因此，是否构成信用权侵权可通过个人信息处理合规三原则进行判断：

一、获取信用信息处理权限是否经过权益主体同意

知情同意原则指处理信息时对主体的告知，并在取得同意后方可从事相应的个人信息处理活动，在没有豁免规定的情况下，该行为即构成对信用信息的侵权。因"知情"是"同意"的必然前提，只有在对信息处理规则充分了解和知悉的状态下作出的同意才发生授权的效力，故法院在审查信息处理者是否公开告知信息处理规则时除了"是"和"否"的简单判断，还应审查信息主体是否充分理解合同约定条款（规则）的法律意义和后果。而"同意"是"知情"的实质因素，将"同意"理解为建立在个人自由、自愿甚至有对价基础上的授权使用，更易把握实践中对有效告知和同意的评价。本案中，某农商银行与孙某利之间签订的借款合同明确约定，如孙某利逾期还款，不仅需承担还款责任，还应承担征信责任，孙某利作为完全民事行为能力人，自愿签订该合同，应理解为其同意案涉合同条款，认可授权某农商银行使用和处理其信用信息。

二、处理信用信息是否合法正当

遵循合法正当原则是个人信息保护法对信息保护的首要规制，判断信息处理者的行为是否合法正当时，应统一审查信息处理过程中，目的与手段是否相称。一是收集、加工、使用或处理个人信息是否符合相应法律规定；二是实现正常的商业使用目的是否采取合理的手段和方式，即是否存在欺诈、诱骗、误导，获取的渠道与具体处理方式与合同条款（信息处理规则）是否具有明显差异。本案中，某农商银行作为国家授权允许的具有更新信用事务职能的组织，在孙某利确实存在逾期还款不诚信行为时，为履行约定和职责处理其信用信息并

按照程序上报中国人民银行征信管理中心，其关于孙某利逾期还款不良信息记录的处理符合合同约定，采取的手段和方式亦不违反法律规定，应属合法正当。

三、处理信用信息是否超出必要限度

个人信息收集的最少必要原则对应民法典规定的“不得过度收集”和个人信息保护法的“不得过度使用”，亦可作为信用信息侵权与否的判断标准，即处理、使用信息是否系实现系统运营基本功能所必需或是否与现有业务功能密切相关，是否超出必要限度。对于本案“信用信息”的处理，某农商银行以实现披露借贷信誉的特定目的，通过相对封闭的征信系统进行公示，并未在不特定人群中传播，管理平台和开放形式均与现有业务功能相关，不构成对孙某利的侵权。

编写人：河南省平顶山市中级人民法院　张永祎

48

未经许可使用明星肖像用于医疗美容广告是否侵害其名誉权

——王某某诉岳阳市某某养生服务有限公司肖像权、名誉权案

【案件基本信息】

1. 裁判书字号

北京市第二中级人民法院（2020）京02民终924号民事判决书

2. 案由：肖像权、名誉权纠纷

3. 当事人

原告（被上诉人）：王某某

被告（上诉人）：岳阳市某某养生服务有限公司（以下简称某某公司，上诉过程中，该公司注销，公司股东阳甲、阳乙继受该公司诉讼地位。）

【基本案情】

王某某系中国大陆青年影视演员、歌手、模特。2017 年 10 月，某某公司在其主办的网站及经营场所外墙广告中使用一张（四次）王某某照片。在网站上，王某某照片旁边配有文字“中南特效调理”“26 年专注问题性皮肤调理针对皮肤暗黄、长斑、长痘、敏感、过敏肤质进行根本治疗”等；在外墙广告中，王某某照片旁边配有文字“医疗美容”“水光针”“孕睫术”“韩式定妆术”“细胞抗衰”“牙齿美白”“美肌精雕”“青春返程 美丽定制”等。

诉讼中，王某某主张其是公众人物，个人形象影响社会评价，某某公司在整形美容的背景下使用王某某肖像，会使人产生王某某是否进行过整形的疑问，客观上降低王某某的社会评价。某某公司侵犯王某某的肖像权、名誉权。请求判令某某公司：1. 立即断开侵权页面链接、停止侵权；2. 在全国公开发行的报纸上向王某某公开赔礼道歉；3. 赔偿经济损失 15 万元、精神损害赔偿 5 万元、维权成本等合理开支 0.3 万元。

阳甲、阳乙辩称，某某公司是一家从事养生服务的公司，并非医疗整形机构，没有提及王某某的姓名；也没有对其进行侮辱、丑化、诽谤；收到律师函后已及时删除相关图片，且网站流量才几十人，点击量很小，传播范围有限，在某某公司所在的小城市，不会误导相关受众，也不会造成王某某社会评价降低。

【案件焦点】

某某公司的行为是否侵犯王某某的名誉权。

【法院裁判要旨】

北京市东城区人民法院经审理认为：某某公司的行为构成对王某某肖像权的侵害。关于是否侵犯名誉权，某某公司未经证实即在其网站发表有关“逆龄”等内容并配王某某照片，足以误导相关受众群体，对王某某造成不良社会评价，侵害王某某名誉权。判决：

一、某某公司在官方网站中断开涉案侵权页面链接，删除侵权照片；

二、某某公司在官方网站刊登致歉声明；

三、某某公司赔偿王某某经济损失 1 万元、公证费 0.1 万元；

四、某某公司赔偿王某某精神损害抚慰金 0.5 万元；

五、驳回王某某的其他诉讼请求。

某某公司不服一审判决，提起上诉。

北京市第二中级人民法院经审理认为：一审判决认定某某公司行为侵犯王某某肖像权，并无不当，关于侵犯肖像权的民事责任，二审基于新事实予以相应调整。关于王某某主张名誉权受到侵害，虽然某某公司使用王某某肖像时配有“中南特效调理”等文字，但从上述图文结合方式看，使用该肖像是为给某某公司经营的问题皮肤的调理、治疗服务和美容服务项目进行商业宣传，并未明确王某某做过整形或曾经存在皮肤问题，且名誉是对人的品德、声望、才能、信用等的社会评价，王某某主张某某公司的行为会暗示浏览者王某某是某某公司形象代言人，正是接受了这个项目的服务，她的皮肤才会变得这么好，使浏览者误认为王某某曾经做过整形美容，进而造成其社会评价降低，依据并不充分。根据现有证据难以认定王某某社会评价因此降低，王某某主张名誉权受到侵害，依据不足，不予支持。对于一审法院基于认定侵犯名誉权所判决的精神抚慰金，二审予以撤销。判决：

一、撤销一审判决第一项、第五项；

二、变更一审判决第二项为：阳甲、阳乙在全国发行的报纸上就某某公司侵犯王某某肖像权刊登致歉声明；

三、变更一审判决第三项为：阳甲、阳乙赔偿王某某经济损失 1 万元、公证费 0.1 万元；

四、变更一审判决第四项为：阳甲、阳乙赔偿王某某精神损害抚慰金 0.1 万元；

五、驳回王某某的其他诉讼请求。

【法官后语】

行为人未经许可使用明星肖像用于商业宣传，构成对于明星肖像权的侵犯，实践中没有争议，但是，该类行为，特别是将明星肖像用于医疗美容的商业宣传，是否侵犯该明星的名誉权，审判实践中争议较大。主要有两种观点：一种观点认为，不构成侵犯名誉权。主要理由：虽然宣传内容与医疗美容服务相关，但如使用的文字为中性用语，未包含侮辱、诽谤、贬损、丑化性语言，并不必然导致公众认为该明星确实使用了医疗美容产品，不足以导致该明星社会评价降低。对于社会评价是否降低的判断，应当结合社会背景、经济发展、价值取向、受害人是否属于公众人物等因素综合认定，不宜泛化。特别是作为公众人物本身，其需要接受社会各界的监督，较之普通公民需要承受更多的评价和压力。在确定公众人物名誉权是否受到侵害的问题上，法院应当掌握更严格的标准。在现代社会，医疗美容机构广泛存在，进行医疗美容的人士也大有人在，公众对于医疗美容的接受度在逐渐增大，对于医疗美容行为的评价也趋于中性，不会作出否定评价，即便涉案行为可能使公众误认为该明星进行了医疗美容，但这样的认识也不足以导致明星社会评价降低。另一种观点认为，侵犯名誉权。主要理由：虽然广告并未直接表明该明星使用了医疗美容产品，但极易导致公众将广告宣传的医疗美容产品与该明星产生联系。且对于影视演员、歌手、模特等职业，按照一般理解，容貌对其在行业的发展具有重要意义，容貌是天然生成的，还是经过后天调理、治疗或者医疗美容后修复、再塑的，直接影响同行以及公众对其社会评价。实践中，从事影视演员、歌手、模特等职业的人士一般也避免将自己与医疗美容联系到一起，少有为医疗美容机构代言，避免让公众认为其曾经接受过医疗美容。故应当认定该行为会导致明星的社会评价降低。

对于该问题，本文认为，行为人未经明星的同意将其肖像用于医疗美容广告，构成对该明星肖像权的侵害；明星主张侵害名誉权的，应重点考察宣传内容是否使社会公众产生该明星进行了重大整形和宣传内容是否有相应的事实依据等要素，区分以下情形具体分析认定：一、如果医疗美容广告的宣传内容让普通社会公众产生该明星进行了重大整形的认识，比如削骨瘦脸，这类广告会给明星造成负面评价，行为人针对重大整形未能提供相应事实依据的，可以认定侵害名誉权。二、如果宣传内容虽涉及医疗美容项目，但按照一般大众的认知，不足以认定该明星进行过重大整形，明星也不能证明其社会评价因此降低的，不宜认定构成对其名誉权的侵害。三、如果医疗美容产品或服务与面部无关，但是涉及身体隐私部位的，在对这类产品或者服务进行商业宣传时使用明星肖像，从我国社会传统文化和价值观来考量，确实会对明星声誉产生消极影响，给明星带来负面评价，可以认定侵害名誉权。

本案中，行为人使用明星肖像用于其经营的问题皮肤的调理、治疗等商业宣传，该明星不能举证证明宣传内容对其个人形象具有特殊意义且造成其社会评价降低，不宜认定侵犯名誉权。

编写人：北京市第二中级人民法院　何江恒

49

如实作证不构成名誉侵权

——汤某某诉刘某名誉权案

【案件基本信息】

1. 裁判书字号

广东省江门市新会区人民法院（2020）粤 0705 民初 5877 号民事判决书

2. 案由：名誉权纠纷

3. 当事人

原告：汤某某

被告：刘某

【基本案情】

汤某某于 2020 年 3 月 1 日入职新会某通讯店，和刘某是新会某通讯店的同事。2020 年 3 月 30 日，汤某某被新会某通讯店辞退。汤某某对此不服向江门市新会区劳动人事争议仲裁委员会申请仲裁。新会某通讯店为举证证明汤某某工作表现不符合公司要求，且言行举止存在欠缺，不与其签订劳动合同符合法律规定，请在职的刘某出具《个人声明》作为证人证言。刘某就其对汤某某的印象及汤某某的工作情况，在《个人声明》中作出一些非正面评价。汤某某在劳动仲裁案件中获取该《个人声明》，认为该份证据对其进行了诽谤、侮辱，造成其精神损害，侵害其名誉权，故诉至法院，请求判令刘某赔偿精神损害等损失。

【案件焦点】

刘某出具《个人声明》的行为是否构成名誉侵权。

【法院裁判要旨】

广东省江门市新会区人民法院经审理认为：名誉是对民事主体的品德、声望、才能、信用等的社会评价。刘某出具《个人声明》的行为是否构成名誉侵权，应当根据受害人确有名誉被损害的事实、行为人行为违法、违法行为与损害后果之间有因果关系及行为人主观上有过错四要件进行认定。刘某出具《个人声明》是源于新会某通讯店欲以证人证言的方式完成其举证责任，并且根据双方确认该《个人声明》也仅用于劳动仲裁案件的审理，并无对外公开；回归到《个人声明》上载明的内容，刘某明确陈述其与汤某某的同事关系，其对汤某某的印象及汤某某的工作情况，刘某并不存在侮辱、贬损汤某某的故意。因此刘某出具《个人声明》的行为并不违法，主观上不存在过错。同时，汤某某亦不能提供证据证明刘某出具的《个人声明》致社会公众对其评价下降。虽然汤某某提交了抑郁症的诊断材料，但不能证明刘某出具《个人声明》的行为导致其抑郁症的产生。综上，刘某出具《个人声明》的行为不构成对汤某某名誉权的侵犯。汤某某主张刘某赔偿侵害其名誉权的损失，理据不足。

广东省江门市新会区人民法院依据《最高人民法院关于审理名誉权案件若干问题的解答》第七条和《中华人民共和国民事诉讼法》第六十四条第一款以及《最高人民法院关于适用〈中华人民共和国民事诉讼法〉的解释》第九十条

规定，作出如下判决：

驳回汤某某的全部诉讼请求。

【法官后语】

名誉直接影响到个人的社会评价，使人们越来越注重对自己名誉的保护，对任何可能侵害到名誉的行为也更加敏感。就证言内容向证人提起名誉侵权诉讼就是一种体现，此类纠纷会增加证人履行出庭作证义务的负担及压力，司法裁判须平衡好名誉权保护和国家法律尊严及正常审判秩序的关系，严格甄别证人作证行为是否构成名誉侵权，既不让“说真话”者蒙冤，也不容以“证人证言”之名肆无忌惮。对于证人证言是否构成侵权，仍应当根据侵权四要件，即受害人确有名誉被损害的事实、行为人行为违法、违法行为与损害后果之间有因果关系及行为人主观上有过错进行认定，不应当突破法定的认定标准。

针对证人证言这一特定的行为模式，案件的争议焦点往往集中在“行为人主观上是否有过错”这一要件上，证人作证是否存在损害他人名誉的故意或过失，往往跟证人所作证言的内容是否属实直接相关。对此应当明确：证人作证的过程本身是一个主观对客观的反映过程，受外部社会环境、证人本人的认识能力、记忆能力等因素影响，故证人所作证言是证人对自己亲身感知的事实进行事后陈述，证言的内容不必然与事实完全相符。在判断证人作证是否存在故意或过失时，应当综合考虑证人在所陈述事实发生时所处的位置和身份，证人本身的认知能力、知识水平等因素。证人所作证言与实际相符或基本相符，或者证言存在的不实之处，是基于专业技术知识或亲身感知事实的不全等，应当认定为如实作证，即使所作证言内容对“受害人”有负面评价，亦不应认定证人存在主观过错。

同时，证人所作证言是证人对自己亲身感知的事实进行事后陈述，该种陈述只能是一种如实的、客观的陈述，而不能妄加猜测或者评论。如证人所作“证言”非客观陈述所亲身感知的事实，而是使用猜测、推断或者评论性语言，就不属于证人证言，对该类“证言”，承办人员仍应按照侵权四要件进行认定。该类“证言”以猜测、推断、评论等主观认识为主，在判断行为人是否存在主观过错时，应综合行为人猜测或推断的依据、行为人所作“证言”与事实或推断依据的出入情况、行为人与“受害人”之间的关系亲疏以及对“受害人”既往的主观评价等情况。如行为人存在以丑化、扭曲事实等内容发表“证言”或肆意发表不当“证言”，应当认定为存在过错。

就本案来说，新会某通讯店为了证明汤某某在试用期间不符合录用条件，在汤某某提起劳动仲裁时提供了刘某的书面证言，是合理和必要的。刘某出具的书面证言只是陈述了其对汤某某的印象及汤某某在工作期间的表现情况，刘某并不存在侮辱、贬损汤某某的故意，并且该书面证言只用于劳动仲裁案件的审理，并无对外公开，因此刘某出具书面证言的行为不存在过错，汤某某也不存在名誉受损的事实，刘某不构成对汤某某的名誉侵权。

编写人：广东省江门市新会区人民法院　陈辉灿　陈银英

50

生效刑事裁判所确认的基本事实可作为认定侵害名誉权行为的判断标准

——杨某诉艾某某名誉权案

【案件基本信息】

1. 裁判书字号

江苏省宜兴市人民法院（2019）苏0282民初6774号民事判决书

2. 案由：名誉权纠纷

3. 当事人

原告：杨某

被告：艾某某

【基本案情】

杨某与艾某某均是家政月嫂人员培训及职业中介。2016 年 12 月，杨某在“某某市家庭服务行业协会论坛”微信群内发表对艾某某的主观负面言论。2017 年 10 月 15 日至 2018 年 7 月 21 日，艾某某在“美篇”和某微信群先后发出有关杨某伪造高级母婴护师证书，公安局立案伪造证书；受骗人数达几百个甚至近千个月嫂阿姨；伪造假证书案昨天法院已经判刑、监外执行，花了多少钱找关系才能不收监；假如不是花大价钱去找关系销毁了大量证据，就要牢底坐穿，罪有应得等内容，并上传了公安机关的立案决定书等材料的复印件。

2017 年 12 月 23 日，杨某因涉嫌伪造国家证件罪被公安机关取保候审。2018 年 7 月 2 日，检察机关指控杨某犯伪造国家机关证件罪，向法院提起公诉。7 月 19 日，法院作出刑事判决书，认定 2016 年 2 月至 4 月，杨某在自己经营的某某市某家庭服务有限公司为施某某、蒋某某等人进行母婴护理培训，后通过微信向他人购买《中华人民共和国职业资格证书》6 本，经鉴定，杨某购买的职业资格证书均为假证。法院判决：杨某犯伪造国家机关证件罪，判处有期徒刑九个月，缓刑一年，并处罚金一万元。

【案件焦点】

艾某某发表的言论是否构成侵害杨某的名誉权。

【法院裁判要旨】

江苏省宜兴市人民法院经审理认为：根据《中华人民共和国刑事诉讼法》的规定，未经人民法院依法判决，对任何人都不得确定有罪。艾某某在人民法院对杨某伪造国家机关证件罪一案依法判决前，在相关微信群中发出“杨某……已经犯法，被公安局取保候审”等内容，并且在相关微信群中上传公安机关的立案决定书等与刑事案件有关的材料确有不妥，但从艾某某提供的证据来看，杨某在宜兴市公安局和宜兴市检察院对其涉嫌伪造国家机关证件罪取保候审期间，特别是本院作出刑事判决前几日还在相关微信群内指责艾某某“搞来不真实的证据”“瞎说”，并为此与艾某某在微信群中争论不休导致各类纷争不断，杨某存在过错。艾某某为反驳或证明自己所述属实在相关微信群和“美篇”中发出文字或上传资料的行为虽有不妥，但相关文字和资料经与刑事判决认定的杨某所犯伪造国家机关证件罪的事实进行比对，艾某某的前述行为并未明显达到捏造事实公然丑化他人人格以及用侮辱、诽谤等方式损害他人名誉的程度，故艾某某在刑事判决作出前在相关微信群及“美篇”中所发内容不构成侵害杨某名誉权。在本院于 2018 年 7 月 19 日作出刑事判决书，且该判决已认定杨某通过微信向他人购买 6 本《中华人民共和国职业资格证书》假证等犯罪事实的情况下，艾某某在没有经过司法机关认定的充分事实证据的情况下，在相关微信群所发内容，显然会误导他人认为杨某存在“花钱找关系不收监”“伪造证书近千本”“花大价钱去找关系销毁了大量证据”等违法行为，甚至会使他人对司法机关的公信力产生怀疑。艾某某的这些言论显然属于夸大事实、捏造事实公然丑化杨某的人格，以及用侮辱、诽谤等方式损害杨某的名誉，必然在一定程度上造成家政行业内部对杨某的评价降低，导致杨某名誉受损。

江苏省宜兴市人民法院依照《中华人民共和国侵权责任法》第二条、第十五条、第二十六条、第三十六条第一款，《最高人民法院关于确定民事侵权精神损害赔偿责任若干问题的解释》第十条规定，判决如下：

一、艾某某于本判决生效之日起十日内在相关微信群公开发布向杨某道歉的声明，发布时间应保持七天，内容须经本院事先核准。逾期不履行，本院将根据杨某申请公布判决书相关内容，费用由艾某某负担；

二、艾某某于本判决生效之日起十日内支付杨某精神损害抚慰金 1000 元；

三、驳回杨某的其他诉讼请求。

【法官后语】

名誉权是我国自原民法通则、侵权责任法、民法总则，一直到民法典都明确规定的一种独立的人格权。法律对名誉权的保护之主旨在于维护一个人的一般社会评价不受恶意或者非正常因素的干扰而降低，从而使其体面地面对社会及他人（体面的生活）。[1] 根据民法典第九百九十八条规定，认定行为人是否承担侵害名誉权等精神性人格权的民事责任，应当充分考虑行为人和受害人的职业、影响范围、过错程度，以及行为的目的、方式、后果等因素。

本案中，艾某某提出其对外宣称杨某伪造国家机关证件的言论有法院生效刑事判决为证，故自己的行为并不违法。对于该刑事判决书在本案中的证据效力，根据《最高人民法院关于民事诉讼证据的若干规定》第十条相关规定，已为人民法院发生法律效力的裁判所确认的基本事实，当事人无须举证证明，但是当事人有相反证据足以推翻的除外。一般认为，刑事案件预决的事实在后行的民事诉讼中一般情况下有预决效力。如法院认定被告人犯重婚罪，则刑事判决认定的重婚事实在该被告人的配偶提起的离婚诉讼中能够产生预决效力。因此，对于本案，如未有相反证据足以推翻刑事裁判所确认的关于杨某犯罪的基本事实，则该生效刑事裁判所确认的前述事实在未决的杨某起诉艾某某名誉权纠纷的民事诉讼中有预决效力，前述事实可以作为法院认定艾某某的行为是否侵害杨某名誉权的判断标准。

从本案的裁判来看，采纳了关于名誉权侵权认定应区别事实陈述与意见表达的理论。该理论认为，事实陈述是陈述过去或现在一定的具体过程或事态，具有描述或经验的性质；意见表达则是对事务表达自己的见解或者立场，具有主观的确信，包括赞同及非议。[2] 事实陈述与意见表达最主要的区别在于事实陈述可以被证明是否属实。对于事实陈述是否构成侵害名誉权，如行为人能够证明其陈述的事实是真实的，则该事实陈述通常不构成侵权；对于意见表达是否构成侵害名誉权，应以行为人表达意见是否具有善意、所发表的意见是否关乎公共利益等多因素作为基准。为查明本案中艾某某的行为是否侵害杨某的名誉权，法院将生效刑事裁判所确认的杨某的基本犯罪事实，扩展到生效刑事判决书记载的杨某因涉嫌伪造国家机关证件罪被公安机关立案侦查、被检察机关提起公诉、被人民法院认定构成犯罪并判处刑罚的全过程，以此为事实依据，

---

① 李永军：《民法总则》，中国法制出版社2018年版，第324页。

② 王泽鉴：《人格权法》，北京大学出版社2013年版，第156页。

审查艾某某所发表言论中的事实陈述与实际情况是否相符，意见表达是否有侮辱的情形。通过这一审查方法，法院认定艾某某在法院对杨某涉嫌犯罪作出刑事判决前在相关微信群及“美篇”中所发表的内容不构成侵害杨某名誉权。但艾某某在法院作出刑事判决，且刑事判决已对杨某的犯罪事实作出认定的情况下，所发表的杨某“花钱找关系不收监”“伪造证书近千本”“花大价钱去找关系销毁了大量证据”等言论显然属于夸大事实、捏造事实，公然丑化杨某的人格。法院据此判决艾某某的行为侵害杨某名誉权，应承担相应的侵权责任。

编写人：江苏省宜兴市人民法院　钱晋　史芳

51

侵犯消费者人格尊严和名誉权的认定

——苏某某诉洛阳某某公司一般人格权及名誉权案

【案件基本信息】

1. 裁判书字号

河南省洛阳市中级人民法院（2020）豫03民终4586号民事判决书

2. 案由：一般人格权及名誉权纠纷

3. 当事人

原告（被上诉人）：苏某某

被告（上诉人）：洛阳某某公司

【基本案情】

2019年11月24日苏某某在洛阳某某公司经营的超市购物期间，苏某某携带所购物品离开走到超市安检门时，因安检门有提示报警声，超市工作人员发现其有一价值24.8元的商品未经收银结账。随即超市表示苏某某是偷盗商品，苏某某辩解称是自己在收银处大意未结款，双方因此发生争执。后双方自超市大厅来到超市的治安室（未安装监控）处理纠纷，超市一再强调公司对偷窃物品罚款 500 元的制度规定，要求苏某某按规定交付罚款。最终苏某某通过微信向超市转账 200 元离开，就该款项苏某某曾向洛阳某某公司索要发票未果。苏某某在超市购物及与超市协处争议过程中，带有两小孩，离开时苏某某把小孩衣服忘在超市治安室内。争议当天双方就纠纷事项未向公安机关报警。同月 30 日，苏某某及其婆母到超市拿取小孩衣服，双方再次发生言语冲突和争执，苏某某就此报警，公安机关出警并进行了接处警登记。

【案件焦点】

1. 超市要求罚款是否有法律依据；2. 超市在处理纠纷时是否对任某某的人格尊严造成了侵害；3. 苏某某所诉求的相应赔偿和赔礼道歉是否应当支持。

【法院裁判要旨】

河南省孟津县人民法院经审理认为：一、对于苏某某将超市物品未经收银台结账便带至超市安检口的行为，苏某某并不认可该行为系偷取商品，超市要求罚款，她表示由于身边所带两个小孩一直哭闹才妥协，遂付给超市 200 元，并向超市索要发票，但超市未予开具，据此尚不足以对苏某某购物未付款的行为属于盗窃作出必然推定。二、超市提交的接处警登记表显示苏某某“结账时因一同购买的物品忘记结账，被超市罚款 200 元”而没有涉及其有无偷盗，就事实本身，盗窃的成立应有主客观相统一的综合判断，超市在本案的证据亦不足以在民事诉讼中对苏某某行为是否具有偷窃的违法性给予充分证明和确认；超市是民事主体，不具有罚款的设定权，其对苏某某基于盗窃的罚款应认定无效。三、在民法意义上，如果将超市发现偷盗即予以罚款理解为是有关对象对公司损失的赔偿或补偿，该行为应可视为单方民事法律行为，此单方法律行为则为特定他人设置了义务，存在争议时，这种单方规定及告知并不会对外发生法律效力。综上所述，超市认为苏某某盗窃并要求罚款欠妥，超过了民事活动中私力救济的范围及程度，对苏某某的人格权构成了侵害，有损其人格尊严、影响其名誉，应承担相应侵权责任。

河南省孟津县人民法院作出如下判决：

一、洛阳某某公司于本判决生效之日起五日内向苏某某恢复名誉，方式为：洛阳某某公司将对苏某某恢复名誉的内容以书面形式在其经营的超市顾客入口处的醒目位置予以张贴（张贴时间两天，张贴内容须事先经法院审查）；

二、洛阳某某公司于本判决生效之日起五日内向苏某某赔礼道歉，方式为：洛阳某某公司向苏某某以书面或口头的形式进行（道歉内容除苏某某认可外，需经本院审查）；

三、洛阳某某公司于本判决生效之日起五日内赔偿苏某某精神损害抚慰金500元；

四、洛阳某某公司于本判决生效之日起五日内向苏某某返还款项175.2元；

五、驳回苏某某的其他诉讼请求。

洛阳某某公司不服一审判决，提起上诉，河南省洛阳市中级人民法院同意一审法院裁判意见，判决：

驳回上诉，维持原判。

【法官后语】

一、《中华人民共和国民法典》对民事主体人格权的特别关注

2021年1月1日开始施行的《中华人民共和国民法典》的一大重要创新是将人格权独立成编，将人格尊严作为其首要价值[①]，这一立法发展进一步加强了人格权保护，为法院审理人格权纠纷提供了明确的裁判依据，凸显了民法典的人文关怀。《中华人民共和国民法典》总则编第一百零九条规定了自然人的人身自由和人格尊严受法律保护的基本原则，人格权编据此在第九百九十条第一款明确列举了诸如名誉权、隐私权等具体人格权，第二款则重申对具体人格权以外的人身自由、人格尊严等一般人格权益的平等保护，以“列举+兜底”的形式全方位保护自然人的人格权益。具体人格权是一般人格权的具体化和个

① 王利明：《人格尊严：民法典人格权编的首要价值》，载《当代法学》2021年第1期。

别概括，一般人格权在保护自然人人身自由和人格尊严的同时，为新型人格权益保护提供了开放的空间。本案虽在民法典施行之前判决，但是裁判对受害人的一般人格权和具体人格权分别进行评判，体现了此类人格权受侵害具有多重的复合性，超市单方面认定盗窃并罚款的行为不仅侵害苏某某名誉，使其社会评价降低，同时亦有辱其人格尊严，因此，法院以一般人格权与具体人格权并行保护的方式维护当事人人格利益，在人身权法规则意义上，将《中华人民共和国民法典》平等保护和强化民事主体人格利益保护的立法精神贯穿始终，以司法实践尊重生而为人应当获得的基本人格尊严，回应人民群众对幸福精神世界的美好追求。

二、超市单方面认定盗窃并罚款行为的违法性认定

此类因侵害人格权引起的纠纷，认定违法性的标准有两个，一是对他人有损人格权的评价是否属实；二是是否有侮辱他人人格的内容。具体来说又分为以下三种情况：一是相关评价没有事实基础，有损他人人格；二是虽然有基本属实的事实依据，但是评价有侮辱他人人格的内容；三是相关评价不仅没有事实基础，而且还含有侮辱他人人格的内容。这三种情况导致他人的人格权益受到侵害的，都应当认定为构成人格权侵权。但对于如何判断案涉评价是否有事实依据以及是否有侮辱他人人格的内容，法律没有明确规定，需要法官充分考虑案涉评价的基础、内容、性质和影响，以普通公众的一般善良理解为基础，结合个人容忍义务的界限认定，矫正民事主体越界行使权利的行为，以充分保护自然人人格权益。

本案中，超市作为从事销售经营的民事主体，单方面认定消费者盗窃并罚款的行为超过了民事活动中权利主体私力救济的范围和限度。一是盗窃在客观方面应有窃取公私财物的行为，主观方面应具有非法占有目的的故意，对此，民事主体无权认定，而本案中，公安机关并未对苏某某的行为作出“盗窃”认定，所以不能对消费者作出“盗窃”的评价。二是罚款是一种公权力处罚行为，未经法律或者行政法规许可，任何单位和组织都没有权力进行罚款，超市作为民事主体实施罚款没有依据，无权对消费者作出罚款处罚。三是超市在民事法

律关系中与消费者处于平等地位，仅可要求消费者返还未结账商品或者要求对未结账商品按原价进行付款，如果协商不成，应选择寻求司法途径而非自行处罚。

三、超市单方面认定盗窃并罚款的行为对人格权益的损害及责任

第一，盗窃之名有损苏某某人格尊严。超市作为民事主体单方面为苏某某“冠上”的盗窃之名未经有权机关认定，在此基础上散播并要求罚款，孙某某不接受罚款难以离开超市的控制，说明超市没有平等地尊重苏某某的人格，有违平等交易、彼此尊重的善良风俗，使苏某某承受了一定的精神痛苦，并且本案发生在超市大厅此种公共场合，公开宣扬苏某某盗窃，给苏某某作为个体“人”起码应有的尊严带来了负面影响。

第二，盗窃之名有损苏某某名誉。超市系公共场所，在有第三人在场时单方面认定苏某某偷盗，受到超市内的众多消费者的关注，影响较大，对苏某某的名誉造成了不良影响，直接导致其名誉受损，致其客观社会形象和社会评价降低。

第三，苏某某要求超市恢复名誉、赔礼道歉应为合理。名誉作为个人的无形人身正面积极利益的积累，难以用财产来衡量和体现，但不是说因侵权导致名誉受损时不涉及财产问题。故按照《中华人民共和国民法典》第一千一百八十三条规定，侵害自然人人身权益造成严重精神损害的，被侵权人有权请求精神损害赔偿。结合本案超市的过错程度、侵权的行为方式、场合以及侵权造成苏某某损害的严重后果等因素，判决超市向苏某某承担恢复名誉并赔礼道歉的同时，赔偿其精神抚慰金500元。

在现实生活中，此类消费领域的人格权侵权并不少见，对疑似盗窃的人员，经营者应当将收集到的证据交给公安机关，依法通过法定途径解决，而消费者在无法自证清白时可选择适时报警等方式来维护自身合法权益。

编写人：河南省洛阳市中级人民法院　赵艳洁

河南省洛阳市孟津区人民法院　郭雅斐　何园园

五、一般人格权纠纷

52

祭奠权行使优先顺序之认定

——廖某某、王某某诉高泽某某人格权案

【案件基本信息】

1. 裁判书字号

北京市海淀区人民法院（2019）京0108民初53091号民事判决书

2. 案由：人格权纠纷

3. 当事人

原告：廖某某、王某某

被告：高泽某某

【基本案情】

高泽某某（曾用名：刘某某）与廖某甲系原配夫妻，双方于1998年在日本协议离婚。后双方于2005年1月在北京复婚。双方于婚姻关系存续期间收养一女名刘某。廖某某系廖某甲之姐姐，王某某系廖某某之子。2007年3月30日，廖某甲去世。廖某甲之父亲廖某乙于1977年2月去世，廖某甲之母亲金某某于2011年3月去世。

廖某某、王某某主张廖某甲去世后骨灰曾存放于八宝山公墓三年，后高泽某某在未告知的情形下于三年到期后擅自取走骨灰，导致其无法行使祭奠的权利。廖某某、王某某另主张高泽某某曾告知廖某甲骨灰被其带到日本，现尚未购买墓地。

【案件焦点】

高泽某某取走廖某甲骨灰之行为是否构成对廖某某、王某某祭奠权之侵犯。

【法院裁判要旨】

北京市海淀区人民法院经审理认为：骨灰是死者生前人格价值在死后的延续，近亲属因其与死者之间特殊的身份关系而对骨灰享有保管、祭奠的权利。当存在数个近亲属时，应根据亲疏远近决定权利归属的优先劣后。夫妻关系是最基本的家庭关系，是家庭存在的纽带，较之于兄弟姐妹关系更为密切。高泽某某作为廖某甲的丈夫，相对于廖某某、王某某来说与廖某甲之关系更为密切，其优先享有对廖某甲骨灰保管、祭奠的权利。廖某某、王某某主张高泽某某侵犯了其祭奠的权利并主张精神损害赔偿，缺乏事实及法律依据，对其诉讼请求不予支持。

北京市海淀区人民法院依据《中华人民共和国侵权责任法》第六条、《中华人民共和国民事诉讼法》第一百四十四条规定，判决如下：

驳回廖某某、王某某的全部诉讼请求。

【法官后语】

我国是有着五千多年历史的礼仪之邦，对逝去家人的追思与祭奠是家族血亲之间凝聚情感的纽带，也是个人在社会道德层面上获得认可的重要条件。生者通过祭奠活动表达对逝者的追思与哀悼，这种行为通常被认为是受地方习俗与礼仪道德约束的法外行为。然而近年来，关于祭奠的纠纷不断增多，“祭奠权”作为一种法律并未明文规定，但现实中却关乎人民群众切身利益和朴素感情的权利诉求出现在法院司法裁判的领域中。祭奠权是否为一项法律权利？该项权利应如何行使和保护？这是司法裁判面临的难题。

一、祭奠权的性质认定

我国的现行法律中并未明确规定自然人享有对其亲属（主要是长辈）的祭奠权。原《中华人民共和国民法总则》第一百零九条规定："自然人的人身自由、人格尊严受法律保护。"第一百一十条第一款规定："自然人享有生命权、身体权、健康权、姓名权、肖像权、名誉权、荣誉权、隐私权、婚姻自主权等权利"。由此可以推断，虽然法律并未将祭奠权作为一种具体的人格权利列明，但祭奠权所保护的法益无疑指向自然人的无形精神利益与健全人格的需求。基于法律对尊重人格尊严的原则要求，该项权利隐含在一般人格权的条款含义中予以保护。2021年生效的《中华人民共和国民法典》第九百九十条亦规定："人格权是民事主体享有的生命权、身体权、健康权、姓名权、名称权、肖像权、名誉权、荣誉权、隐私权等权利。除前款规定的人格权外，自然人享有基于人身自由、人格尊严产生的其他人格权益。"祭奠权所保护的法益应属于基于人格尊严产生的其他人格权益，该项权利的形成与行使系基于人格尊严天然形成，不因特定的身份利益消灭而消灭。同时，依据《最高人民法院关于确定民事侵权精神损害赔偿责任若干问题的解释》第一条规定："因人身权益或者具有人身意义的特定物受到侵害，自然人或者其近亲属向人民法院提起诉讼请求精神损害赔偿的，人民法院应当依法予以受理"，故对于自然人祭奠权的侵害亦可通过将之归类于"人身权益"而以司法途径进行救济。

依据司法实践和社会情理，通常认为祭奠权的主体为死者的近亲属，权利所对应的客体为死者近亲属的人格权益，即死者近亲属通过立墓碑、保管遗体和骨灰、举行仪式等祭奠死者的行为自由。祭奠权所具备的具体权能一般包括对死者死亡事实的知情权，对遗体、骨灰占有、保管的权利，选择以合理方式安葬的权利，举行悼念仪式的权利以及保持墓碑、遗体、骨灰等祭奠物完整无损的权利等。本案中，高泽某某取得对廖某甲骨灰的占有，导致廖某某、王某某系于骨灰这一祭奠物之上的祭奠权难以实现，从而发生纠纷。这种死者近亲属之间的祭奠权的冲突系祭奠权纠纷的典型案例，也是司法审查的焦点与难点。

二、祭奠权侵权的要件审查

审理祭奠权侵权纠纷一般遵循以下的审查步骤：（一）被告是否存在诉争行为。司法实践中较为常见的祭奠权侵权行为包括擅自安葬死者遗骨、骨灰或迁走死者遗骨、骨灰导致其他亲属无法或难以进行祭奠活动，擅自破坏墓碑、遗骨、骨灰等祭奠物，拒绝其他直系亲属在墓碑上署名，当地奉行某种安葬风俗但故意安排其他安葬方式等行为。根据谁主张谁举证原则，应由原告对被告存在侵权行为负举证责任。本案中，原告廖某某、王某某主张被告高泽某某存在擅自取走廖某甲骨灰的行为，从原告提交的证据可以认定，被告对自身的该行为并无异议，故就行为存在方面并无争点。（二）被告的该种行为造成了损害后果。由于祭奠权自身的人格权属性，其被侵害所体现出的损害后果往往表现为在客观上其祭奠活动的进行受到妨碍，或者其祭奠目的在主观层面难以实现，从而导致其人格权益受到损害。对于损害后果应由原告就自身祭奠权实现所面临的客观上的障碍或主观上的祭奠目的不能实现负举证责任。本案中，原告廖某某、王某某亦主张并举证证明存在因无法占有骨灰而导致祭奠活动进行的客观障碍，其人格权益受到损害亦无太大争议。（三）被告之行为与原告之损害结果是否具有法律上的因果关系。原告应对被告之行为与损害结果之间存在直接因果关系或者相当因果关系承担举证义务。本案中，被告高泽某某之行为直接导致原告二人失去祭奠物，故可认定行为与损害结果之间存在因果关系。（四）被告在主观上具有过错。2021 年 1 月 1 日生效的《中华人民共和国民法典》第一千一百六十五条第一款规定：“行为人因过错侵害他人民事权益造成损害的，应当承担侵权责任。”根据社会情理和公序良俗，祭奠权侵权一般应认为仅在行为人主观上存在故意或者重大过失时才认为其主观上具有过错，主观上一般意义的轻微过失一般不构成过错。本案中，被告高泽某某显然系故意占有廖某甲之骨灰，其在主观上系故意。（五）该侵权行为不具备免责事由。《中华人民共和国民法典》规定的免责事由包括受害人过错、受害人故意、第三人过错、自甘风险以及其他法律规定的情形。如果从上述祭奠权侵权审查要件的角度看，被告高泽某某似乎构成了对原告廖某某、王某某祭奠权的侵犯，应当承担相应的侵权责任。但是本案特殊之处在于，被告高泽某某的行为同时也是在行使自身的祭奠权，其作为廖某甲的配偶亦享有对逝者的祭奠权。因此，在双方作为死者近亲属均就祭奠物具有占有之权利时，其祭奠权行使的优先顺序决定了该案被告之行为是否构成侵权。

三、祭奠权行使的优先顺序和基本原则

祭奠权虽然本质上具有人格权属性，但是其仍对于亲属关系有着极大的依附性。依据社会常识及道德观念，与死者关系越近的亲属往往在死者去世后受到的精神冲击越大，其行使祭奠权的需求越强烈，故其法益保护的优先级便越高。因此，亲属关系的亲疏远近决定了祭奠权人格利益保护的优先顺序。在审理祭奠权人之间的权利冲突纠纷时，法院应向当事人释明祭奠权的行使应遵循公序良俗原则、诚实信用原则、尊重死者生前意愿原则以及共同协商原则。祭奠权之行使以不违反公序良俗为前提，首先应当尊重死者生前意愿，其次应由祭奠权人共同协商一致确定，最后再依据权利行使的优先顺序进行判断。这种优先顺序的确定标准可以参考法定继承的优先顺序，第一顺位为配偶、子女、父母；第二顺位为兄弟姐妹、祖父母、外祖父母。本案中，廖某甲生前并未就祭奠权之行使提出意愿，被告高泽某某并未到庭，且据原告陈述双方之前的沟通亦未达成一致，故法院认为双方难以就骨灰的占有以及祭奠权的行使通过协商达成一致。由此，依据祭奠权行使的优先顺序，被告高泽某某作为死者的配偶，其祭奠权优先于原告廖某某、王某某作为死者的姐姐和侄子的祭奠权进行保护，其占有骨灰的行为不构成侵权。

综上，祭奠权作为法律未列明的人格权益，应当受到法律的保护，受到侵害后也可以通过司法途径进行救济。然而，对于多个祭奠权人之间的权利冲突纠纷往往需要在侵权行为要件审查的基础上，综合案件当事人利益、公序良俗和法律原则进行行为违法性的判断。祭奠权行使的优先顺序可以参考法定继承的优先顺序，但是法院在运用这一裁判标准的同时也应注意结合案件当事人情况及公序良俗原则进行具体考察，从而使司法裁判兼具同案同判的法律效果和定纷止争的社会效果。

编写人：北京市海淀区人民法院　秦纳杰　魏择旭

53

祭奠权人格权益保护及精神损害赔偿之司法认定

——杨某平诉杨甲华、杨乙华人格权案

【案件基本信息】

1. 裁判书字号

湖北省武汉市洪山区人民法院（2020）鄂0111民初800号民事判决书

2. 案由：人格权纠纷

3. 当事人

原告：杨某平

被告：杨甲华、杨乙华

【基本案情】

杨乙华、杨甲华系姐妹，杨某平系杨甲华之兄、杨乙华之弟，三人的母亲为姚某美。2018年11月6日，姚某美因身体不适入湖北省肿瘤医院住院治疗，11月26日出院，出院诊断为右肺恶性肿瘤。2019年1月至7月，姚某美先后三次入医院住院治疗。2019年7月21日，姚某美在家中病逝。次日，其遗体火化。姚某美去世后以及遗体进行火化时，杨甲华、杨乙华均未通知杨某平到场。杨某平诉至法院，请求判令杨甲华、杨乙华一个月内在省级以上报纸公开登报赔礼道歉三次，各赔付杨某平精神损失费1万元。

自2019年1月起，姚某美住院期间一直由杨甲华、杨乙华陪护照料，其出院后也一直与杨甲华、杨乙华同住，由二人进行照顾，姚某美的生活开销、看病费用均由其本人及杨甲华、杨乙华负担，杨甲华每年为姚某美缴纳医保费用；姚某美去世后的丧葬事宜和费用也由杨甲华、杨乙华负责。杨某平对姚某美鲜

有探望，也未曾向姚某美支付过任何费用。2019年春节前夕，杨甲华曾建议杨某平将姚某美接过去，杨某平未采纳。2019年7月16日，原告曾与案外人杨显某（系原告与两被告的舅父）就其母姚某美的病情有过联系，原告向杨显某提出，如果姚某美身体出现问题，建议及时送往中部战区医院住院，并让杨显某转告两被告，别让姚某美在农历六月去世。

【案件焦点】

杨甲华、杨乙华是否侵犯了杨某平的人格权，是否应当承担赔偿责任。

【法院裁判要旨】

湖北省武汉市洪山区人民法院经审理认为：自姚某美病重起，杨甲华、杨乙华一直与姚某美同住并照顾有加，姚某美去世后，杨甲华、杨乙华未告知杨某平姚某美去世的事实便将其火化并安葬，导致杨某平未能对遗体进行告别，其行为侵犯了杨某平作为儿子对死者进行祭奠的权利，即其人格权受到侵犯。杨甲华、杨乙华辩称杨某平在姚某美病重期间未履行赡养老人的义务，也未时常探望老人，但这并不能成为侵犯杨某平祭奠权的抗辩理由，因此，杨甲华、杨乙华应当承担相应的赔偿责任。同时，成年子女对父母负有的赡养义务，系基于社会伦理和法律规定的义务，是良好社会风尚的传承与发扬。子女对父母尽心尽孝，给予老人更多的关心和陪伴，为老人创造良好的生活环境，均是子女孝顺父母的体现。但是杨某平作为姚某美的儿子，在母亲重病住院期间，未能积极探望照顾，在母亲出院后，既未予以探望、照顾，也很少联系杨甲华、杨乙华询问、关心母亲的身体状况，杨某平自身亦存在较大的过错。故对杨某平主张杨甲华、杨乙华各支付精神损害赔偿金1万元的诉讼请求，结合杨甲华、杨乙华侵权行为的过错程度，本院认为杨某平主张的数额过高，依法予以调整为100元，望双方都能以此为契机，重新审视自己、更加包容他人，改善关系、修复亲情，成为和睦友爱的一家人。

湖北省武汉市洪山区人民法院依据《中华人民共和国民法总则》第三条、第八条，《中华人民共和国侵权责任法》第二条、第六条、第十五条、第二十二条、第二十六条规定，作出如下判决：

一、杨甲华、杨乙华于本判决生效之日起十日内就未告知杨某平其母姚某美去世事实及火化时间一事书面向杨某平赔礼道歉（道歉内容由本院审核），如杨甲华、杨乙华拒绝履行，本院将在网络媒体或武汉市级报刊上刊登本判决书主要内容，费用由杨甲华、杨乙华负担；

二、杨甲华、杨乙华于本判决生效之日起十日内赔偿杨某平精神损害赔偿金100元；

三、驳回杨某平其他诉讼请求。

【法官后语】

近亲属对死者进行祭奠，是中华民族传统文化的传承，是近亲属表达对死者哀悼与怀念的一种方式，也是近亲属对死者一种精神寄托的情感表达形式。从权利主体来看，祭奠权是死者近亲属人格利益的重要体现，近亲属的身份虽然随着死者的死亡事实消灭，但是死者的人格精神利益并未消失。就此而言，保护近亲属合法的祭奠权，实际是保护近亲属的精神利益。从权利客体来看，祭奠权的内容包括一系列权利义务，具体包括对死者死亡事实的知情权、对遗体进行告别的权利、妥善安葬死者的权利、相关丧葬事项的决定权、对死者进行悼念的权利等，而祭奠权的义务包括通知死者近亲属死亡事实的义务、对遗体进行妥善保管的义务、不得妨害近亲属祭奠的义务等。

祭奠权系基于近亲属与死者之间的身份关系而产生的人格利益，保护的是逝者近亲属的精神利益，不会因死者近亲属没有履行某种义务而丧失。本案中，原告之母姚某美去世后以及遗体进行火化时，两被告均未通知原告到场。虽然原告在姚某美病重期间未履行赡养老人的义务，甚至未能做到时常探望老人，但原告对生母的祭奠权益并不会因没有履行赡养义务而丧失。原告享有对死者死亡事实的知情权、对遗体进行告别的权利以及对死者进行悼念等权利。两被告未告知原告母亲去世及火化的事实，构成对原告祭奠权的侵犯，两被告应当承担相应的赔偿责任。

在司法实务中，祭奠权纠纷的诉求往往针对精神损害赔偿而提出，因为侵权人的行为一般有违公序良俗，给祭奠权人带来精神痛苦。根据《最高人民法院关于确定民事侵权精神损害赔偿责任若干问题的解释》第一条及第三条之规定，因人身权益或者具有人身意义的特定物受到侵害，自然人或者其近亲属向人民法院提起诉讼请求精神损害赔偿的，人民法院应当依法予以受理；死者的姓名、肖像、名誉、荣誉、隐私、遗体、遗骨等受到侵害，其近亲属向人民法院提起诉讼请求精神损害赔偿的，人民法院应当依法予以支持。在判断是否给祭奠权人造成精神损害时应当根据精神损害的构成要件来判断，包括侵害祭奠权的行为是否具有违法性、侵权人是否具有主观过错、是否给权利人造成严重精神损害事实以及严重精神损害事实与侵权人的行为之间是否具有因果关系。在实践中，当事人遭受的精神痛苦或损害往往难以以物化的标准来衡量，故精神损害赔偿的数额往往难以认定。确定侵害祭奠权精神损害赔偿数额应综合考虑行为人的主观过错及事后的态度、侵权行为的具体情节以及墓地受损害的程度、死者近亲属的精神损害程度及后果等情况。本案中，两被告未通知原告母亲去世的消息，侵犯了原告合法享有的祭奠权，对原告造成了较大的精神痛苦，应当承担对原告支付精神损害抚慰金的侵权责任。然而，原告为人子女，在母亲重病期间，疏于对母亲的探望照顾，很少联系两被告询问、关心母亲身体情况，自身存在较大过错。人民法院对原告请求的精神损害抚慰金数额进行大幅调减，体现了对人格权益的依法保护，同时旨在改善关系、修复亲情，弘扬中华民族重亲情、重家庭、重孝道的优良传统和社会主义核心价值观。

编写人：湖北省武汉市洪山区人民法院　李惠

54

侵权纠纷的可仲裁范围

——许某、王某诉博某环境集团人格权案

【案件基本信息】

1. 裁判书字号

北京市第一中级人民法院（2020）京01民终3218号民事裁定书

2. 案由：人格权纠纷

3. 当事人

原告（上诉人）：许某、王某

被告（被上诉人）：博某环境集团

【基本案情】

许某、王某向法院起诉请求：1. 判决博某环境集团违法获取其证券账户信息并据此向其发行股票的行为无效，撤销相应的发股登记手续；2. 判令博某环境集团以发布公告、公司门口张贴及登报等合理方式向其进行赔礼道歉；3. 判令博某环境集团向其支付精神损害赔偿2万元。

博某环境集团在首次开庭前提出主管异议申请，称涉案协议第16.2条约定有仲裁条款，本案属于涉案协议项下争议，应当适用仲裁条款，法院应裁定驳回对方的起诉。

【案件焦点】

1. 本案纠纷是否属于仲裁协议约定的仲裁适用范围；2. 本案纠纷是否符合法定仲裁适用范围。

【法院裁判要旨】

北京市海淀区人民法院经审理认为：本案双方的争议焦点在于本案纠纷是否受涉案协议仲裁条款的约束而应当提交仲裁。涉案仲裁条款约定的仲裁事项为“凡因本协议所发生的或与本协议有关的任何争议”，因此，双方在签订和履行涉案协议过程中发生的合同纠纷或侵权纠纷均应通过仲裁解决。本案为侵权纠纷，许某、王某诉称的博某环境集团非法获取其证券账户信息的侵权行为系博某环境集团为履行涉案协议而发生的，故本案纠纷属于涉案仲裁条款范围。此外，许某、王某在依据涉案仲裁条款向北京仲裁委员会申请的以博某环境集团为被申请人的，要求解除涉案协议的仲裁案件中，主张博某环境集团违反涉案协议先支付现金的约定，非法获取其证券账户进行违法发股，二人在本案中诉称的侵权行为所产生的人格权侵权责任与涉案协议项下的违约责任存在竞合关系，二人即使选择以侵权纠纷为由提起诉讼，仍应受到涉案仲裁条款的约束，不应允许当事人通过事后选择诉因而逃避仲裁条款的适用。综上所述，博某环境集团的异议成立，应驳回许某、王某对博某环境集团的起诉。

北京市海淀区人民法院依照《中华人民共和国民事诉讼法》第一百二十四条第二项、第一百五十四条第一款第三项，《最高人民法院关于适用〈中华人民共和国民事诉讼法〉的解释》第二百零八条第三款、第二百一十六条规定，裁定：

驳回许某、王某的起诉。

裁判后，许某、王某提起上诉。

北京市第一中级人民法院经审理认为：首先，本案纠纷是否属于仲裁协议约定的仲裁适用范围。根据《购买资产协议》第16.2条约定，凡因该协议所发生的或与该协议有关的任何争议，应当通过仲裁解决。许某、王某主张的侵权争议为，博某环境集团未经其许可而非法获取、使用其证券账户向其发行股票，造成非法发行股票的后果，侵害其隐私权。因此，双方此项争议的实质在于，博某环境集团取得、使用许某、王某证券账户信息的行为是否系因《购买资产协议》发生或与该协议有关。判断特定争议是否系因合同所发生或与该合同有关，应当以争议内容是否属于合同项下权利义务的范围为标准。《购买资产协议》为股权转让协议，向许某、王某证券账户发行股票系博某环境集团的主要合同义务之一。尽管《购买资产协议》并未就博某环境集团如何取得许某、王某的账户信息作出约定，但取得账户信息是发行股票的前提，是义务履行必不可少的组成部分。故博某环境集团取得许某、王某的证券账户信息，属于《购买资产协议》项下的权利义务范围，显然与《购买资产协议》有关。

其次，本案纠纷是否符合法定仲裁适用范围。《中华人民共和国仲裁法》第二条规定，平等主体的公民、法人和其他组织之间发生的合同纠纷和其他财产权益纠纷，可以仲裁。第三条规定，下列纠纷不能仲裁：（一）婚姻、收养、监护、扶养、继承纠纷；（二）依法应当由行政机关处理的行政争议。可见，法律规定以当事人之间法律关系性质作为标准，排除了不平等主体之间，以及涉及身份关系、当事人不能自由处分实体权利的法律关系，而并未将侵权纠纷排除在仲裁范围之外。判断侵权纠纷是否属于可仲裁范围，应当以双方纠纷是否涉及当事人的财产权益，而非被侵害的客体是否为财产权作为判断标准。许某、王某以隐私权被侵害为由提起诉讼，并提出了确认发股行为无效、撤销发股登记手续以及博某环境集团赔礼道歉并给予精神损害赔偿的诉讼请求，但其所主张的侵权事实及损害结果，并没有涉及私生活安宁被侵扰、个人信息被公开等与个人隐私直接相关的非财产权益。因此，本案侵权诉讼属于《资产购买协议》中仲裁条款约定的仲裁范围，亦符合《中华人民共和国仲裁法》关于仲裁范围的规定。许某、王某在其已经提起的仲裁案件中，并未主张博某环境集团非法获取其账户信息、非法发行股票行为的违约责任的情况下，本案中并不涉及对于博某环境集团的行为是否构成违约责任与侵权责任竞合的判断，故该竞合问题不属于本案主管问题的审理范围，亦不影响本案的处理结果。

北京市第一中级人民法院依照《中华人民共和国民事诉讼法》第一百七十条第一款第一项、第一百七十一条规定，裁定：

驳回上诉，维持原裁定。

【法官后语】

对于双方当事人存在有效仲裁协议，而一方当事人以另一方当事人在合同履行过程中侵害其权利为由提起诉讼，法院应通过两个层次的分析来判定案件是否为法院主管范围。

一、案件是否在仲裁协议约定的仲裁适用范围内

我国仲裁法并未明确将侵权纠纷列入仲裁范围，不过也未将其排除在可仲裁范围之外。此外，最高人民法院《第二次全国涉外商事海事审判工作会议纪要》第七条明确规定，“涉外商事合同的当事人之间签订的有效仲裁协议约定了因合同发生的或与合同有关的一切争议均应通过仲裁方式解决，原告就当事人在签订和履行合同过程中发生的纠纷以侵权为由向人民法院提起诉讼的，人民法院不享有管辖权。”可见，侵权纠纷可以仲裁，在涉外商事海事的审判实践中已支持这一观点。

既然侵权纠纷可以仲裁，那么合同当事人之间提起的侵权纠纷是否应提交仲裁则应按照合同中仲裁条款的具体约定来进行判断。实践中，仲裁条款通常约定为概括性仲裁条款，一般表述为“合同项下产生的或者与合同有关的一切争议均要提交仲裁解决”，从文义解释来看，若合同双方之间的争议与合同有关，无论性质如何，该争议均应当受仲裁条款的约束。那么如何解释“与合同有关的争议”？我们认为，判断特定争议是否系因合同所发生或与该合同有关，应当以争议内容是否属于合同项下权利义务的范围为标准。根据《最高人民法院关于适用〈中华人民共和国仲裁法〉若干问题的解释》第二条规定，当事人概括约定仲裁事项为合同争议的，基于合同成立、效力、变更、转让、履行、违约责任、解释、解除等产生的纠纷都可以认定为仲裁事项。因此，如果合同当事双方之间的侵权纠纷与上述事项有关，则该侵权纠纷应受仲裁条款的约束。

假如当事人并未作上述这么清晰的约定，而仅约定合同争议提交仲裁，在表述上未采用“或与本合同有关的一切争议”之类的措辞，该如何处理？如果采用文义解释，会得出两种矛盾的观点：一是侵权行为均是在签订和履行合同过程中产生的，由此推论侵权纠纷仍属于仲裁条款的范围之内；二是当事人提起的是侵权之诉，约定的是合同争议，所以不受仲裁条款约束。两种观点均有

各自逻辑，故应分析哪种处理方式更为合理。综合分析，在此类案件中，只要当事人之间存在有效的仲裁协议，侵权之诉一般交由仲裁更为妥当。首先，如果坚持在案件被定性为侵权纠纷时就应由法院管辖的话，那么实际上就是为一方当事人提供了规避仲裁条款的途径。案件的定性在很大程度上取决于原告选择何种诉由，即原告可以通过自己的诉讼行为来使仲裁条款得不到执行，致使双方当事人合意签订的仲裁条款的执行容易为一方当事人所操控，程序上并不公平。其次，从避免诉讼程序和仲裁程序之间的冲突的角度来说，根据有效仲裁条款将争议交付仲裁更有利于争议的妥善解决。如果同一案件仲裁程序和诉讼程序都能够进行的话，造成的不仅是解决纠纷的资源浪费，还可能会使案件处理的标准不一。因此，法院在审查该类案件时，如果不存在不在仲裁法定适用范围的情形时，以存在有效仲裁条款为由裁定驳回起诉是更好的选择。

二、案件是否在仲裁的法定适用范围内

仲裁的本质属性之一是当事人的意思自治。根据我国仲裁法第二条的规定，除合同纠纷之外，“其他财产权益纠纷”也可以通过仲裁来解决。侵权纠纷既有侵害财产权益的，又有侵害人身权益的。对于财产侵权纠纷，属于其他财产权益纠纷，应该可以仲裁。对于人身侵权纠纷，应不具有可仲裁性。我国仲裁法虽未明确排除人身侵权纠纷的可仲裁性，但仲裁法第二条从正面规定合同纠纷和其他财产权益纠纷可以仲裁，第三条从反面规定婚姻、收养、监护、扶养、继承纠纷以及行政争议不可仲裁，除行政争议外，不能仲裁的民事纠纷具有共同性，即与纠纷当事人的人身性，特别是当事人的身份性密不可分。因此，根据上述法律规定，可以推断人身侵权纠纷不可仲裁。

正是因为人身侵权纠纷的不可仲裁性，意图逃避仲裁条款规制的一方当事人，往往独辟蹊径，以合同另一方当事人在履行合同的过程中侵害其人身权益为由，向法院提起诉讼。法院在处理此类案件时，因双方存在仲裁协议，应尽可能尊重当事人的意思自治，不能仅以当事人的诉因来认定案件的性质，还应结合原告所主张其被侵害权益类型的构成要件，分析所主张的侵权行为及损害后果指向的是财产权益还是人身权益，对于指向财产权益的，应以双方存在有效仲裁协议为由裁定驳回起诉；对于确实指向人身权益的，因不在仲裁的法定适用范围，应立案审理。

编写人：北京市第一中级人民法院　叶康喜

55

生活安宁权的法律保护与侵权责任认定

——丁某诉徐甲、徐乙一般人格权案

【案件基本信息】

1. 裁判书字号

北京市第三中级人民法院（2020）京 03 民终 10226 号民事判决书

2. 案由：一般人格权纠纷

3. 当事人

原告（被上诉人）：丁某

被告（上诉人）：徐甲、徐乙

【基本案情】

1994 年 11 月 8 日，徐甲作为买方与北京某发展公司签订《北京市外销商品房预售契约》，购买北京市朝阳区某房屋（以下简称涉案房屋）。

2012 年 4 月 19 日，徐甲作为甲方与乙方案外人黄某签订《房屋买卖合同》，徐甲将涉案房屋出卖给黄某，双方约定："甲方愿意将该房屋出卖给乙方。鉴于甲方还没有取得房屋产权证书，甲方同意将该房屋购买权转让给乙方。双方同意，于 2012 年 4 月 25 日由甲方将房屋正式交付给乙方。双方交付完成后，该房屋的所有权、使用权及其他相关权益均归乙方。"因发生争议，黄某作为申请人将其与徐甲的纠纷向北京仲裁委员会申请仲裁，请求：确认《房屋买卖合同》有效并要求继续履行。北京仲裁委员会作出（2014）京仲裁字第0202号裁决书，裁决：徐甲与黄某于2012年4月19日签署的《房屋买卖合同》有效，徐甲继续履行《房屋买卖合同》。

后丁某与黄某签订《房屋租赁合同》，约定黄某将涉案房屋出租给丁某居住，租用期限自2018年3月17日起至2020年3月16日止。合同到期后，双方口头约定丁某续租该房屋两年。

2019年12月17日至2020年1月8日，徐甲、徐乙等人先后三次进入丁某租赁的涉案房屋，丁某均报警，民警先后三次到现场协调并曾告知当事人可通过诉讼解决。

黄某称：涉案房屋系徐甲从黄某处借款的抵押房屋，是小产权房，无房产证，双方约定如徐甲还不了钱，借款和利息就当作黄某的购房款，房子归黄某；徐甲于2012年4月15日将房屋交给黄某，黄某于2018年3月将房屋出租给丁某。

丁某起诉请求法院认定徐甲、徐乙侵犯丁某一般人格权，应停止侵权、赔礼道歉。

【案件焦点】

1. 徐甲、徐乙实施的侵入丁某居住场所的行为是否侵害了丁某的人格权；2. 徐甲、徐乙是否应当向丁某承担侵权责任及责任承担方式。

【法院裁判要旨】

北京市朝阳区人民法院经审理认为：人格权系自然人享有的基于人身自由、人格尊严产生的人格权益。自然人在其居住场所具有享受生活安宁、渴望得到健康舒适环境而不受他人影响、侵扰的合法权益，此种权益与人身自由相关，系非财产性权益，应归于人格权的范畴。行为人对自然人所享有的合理个人空间实施滋扰，如超过一般社会容忍限度后，造成对自然人生活安宁的破坏，侵害其合法人格权益，应承担侵权责任。

徐甲与黄某签订房屋买卖合同，该合同由生效法律文书确定有效应继续履行，黄某于2012年4月25日实际占有房屋，无证据证明该占有系非法。丁某从黄某处租赁涉案房屋，不违反法律、行政法规强制性规定。徐甲如对此有异议，可与黄某通过民事诉讼解决相关争议，现徐甲、徐乙未经允许强行进入丁某合法居所，长时间滞留，以致丁某多次报警寻求解决，足以证明其对丁某的生活安宁造成了严重侵害。

上述侵权并非持续性侵权行为，法院对丁某要求停止侵权的诉讼请求不予支持。丁某要求徐甲、徐乙就其侵权行为赔礼道歉，符合法律规定，予以支持。丁某就上述侵权行为已要求赔礼道歉，该诉的性质为给付之诉，法院对该诉讼请求支持的前提是认定本案侵权之债的形成，本案纠纷的解决亦意味着丁某就本案侵权法律关系需要诉讼救济或保护的法律利益不复存在，故法院对丁某主张确认侵权的诉讼请求不再单独支持。依照《中华人民共和国侵权责任法》第二条、第六条、第十五条规定，判决：

一、徐甲、徐乙于判决生效之日起七日内就其未经许可强行进入涉案房屋而侵害丁某生活安宁的侵权行为向丁某赔礼道歉（如徐甲、徐乙拒绝履行该义务，则由法院选择一北京市发行报刊刊登判决书主要内容，刊登费用由徐甲、徐乙承担）；

二、驳回丁某的其他诉讼请求。

徐甲、徐乙不服一审判决，提起上述。北京市第三中级人民法院同意一审法院裁判意见。依照《中华人民共和国民事诉讼法》第一百七十条第一款第一项规定，判决：

驳回上诉，维持原判。

【法官后语】

2021 年 1 月 1 日起施行的《中华人民共和国民法典》（以下简称《民法典》），正式将私人生活安宁作为隐私的内容之一，纳入隐私权的保护范围。《民法典》颁布和施行前，将生活安宁权作为人格权予以保护在司法实践中已经达成共识。

一、生活安宁权的性质与内容

私人生活的安定宁静是自然人获得自尊心和安全感的前提和基础，自然人对于自己的私人生活享有安宁利益。该利益是保有其自足精神状态免受他人不当侵扰的人格利益。[①] 生活安宁权是自然人享有的维持安稳宁静的私生活状态，并排除不法侵扰的权利。[②] 生活安宁权旨在保护自然人安稳宁静的私生活利益，实现自然人的人格尊严和人格自由，其符合人格权以人格利益为客体，以维护和实现人格平等、人格尊严、人身自由为目标的权利特征，属于人格权的一种。

生活安宁权的内容主要包括：其一，日常生活安宁，即自然人对自己的生活享有的不受他人打扰的权利；其二，住宅安宁，即自然人对其所居住的场所（包括私人住宅、临时居住的宾馆房间）享有的不受他人侵扰的权利；其三，通讯安宁。其中，私人住宅是受权利人绝对支配的私密空间，其不仅仅是单纯的物，更是权利人人格性权利的载体，是实现自然人生活安宁的重要场所。

二、侵害生活安宁权的侵权责任构成要件

生活安宁权作为一种人格权，受到侵权责任法的调整与保护，侵害人格权的侵权责任是基于过错责任原则的一般侵权责任，故侵害生活安宁权的责任构成要件应当符合一般侵权责任的构成：

第一，违法行为。生活安宁权系具有对世性特征的绝对权，其要求义务主体承担不作为的消极义务，侵害生活安宁权的行为通常表现为积极的作为：侵扰行为，如侵入、窥探、骚扰他人的私密空间，拍摄、窥视、窃听他人的私密活动或以微信、电话等信息媒介进行通讯侵扰；不可量物侵入，如噪声、异味气体、电磁波等不可量物对住宅安宁的侵扰。第二，损害事实。表现为权利人私人生活领域内应有的安宁秩序被破坏，权利人通常因此遭受精神损害。需要注意的是，只要行为人侵扰了他人的私人生活安宁，则不论其是否公开相关的私人信息，均构成对他人私人生活安宁的侵害。[③] 第三，因果关系。违法行为与损害后果之间应当存在相当的因果关系。第四，主观过错。行为人应当具有

① 方乐坤：《安宁利益的类型和权利化》，载《法学评论（双月刊）》2018年第6期。

② 刘保玉、周玉辉：《论安宁生活权》，载《当代法学》2013年第2期。

③ 王利明：《生活安宁权：一种特殊的隐私权》，载《中州学刊》2019年第7期。

侵害他人生活安宁权的故意或过失。

三、《民法典》对生活安宁权的立体保护

《民法典》明确规定除法律另有规定或者权利人明确同意外，任何组织或者个人不得实施侵扰他人私人生活安宁的行为。在侵权行为的认定方面，《民法典》明确列举了侵害生活安宁权的行为方式；在侵权责任承担方式方面，《民法典》增加了人格权行为禁令制度，可有效预防损害发生、防止损害扩大。《民法典》关于生活安宁权的规定，不仅从正面确认了私人生活安宁的人格利益属性，而且从反面排除了对生活安宁权的不法侵害行为。自然人的生活安宁权益已被纳入隐私权保护范畴，成为具体人格权，权利人主张生活安宁权、及时制止侵害生活安宁权的不法行为将具有更加充分的法理基础和法律依据，自然人安稳宁静的美好幸福生活得到了法律更加充分的保障。本案审理于《民法典》实行之前，但是所确立的未经许可强行进入他人房屋构成侵害他人生活安宁的裁判思路符合《民法典》关于隐私权保护的立法要义。

编写人：北京市第三中级人民法院 巴晶焱 石艳明

56

后人对祖辈尊称的名号能否重复使用的问题是否属于法律调整范畴

——郑某甲诉郑某乙人格权案

【案件基本信息】

1. 裁判书字号

福建省泉州市泉港区人民法院（2020）闽0505民初2822号民事裁定书

2. 案由：人格权纠纷

3. 当事人

原告：郑某甲

被告：郑某乙

【基本案情】

2020年，郑某甲、郑某乙所在宗族筹备修订族谱一事，并自发组建了编谱理事会。由编谱理事会通知宗族成员按有关世系传承、公号尊称等相关事项填报登记载谱。在信息上报中，郑某甲发现，郑某乙登记送编的入谱人丁登记表中将郑某乙的祖父“公号”上报为“某龍”。

郑某甲认为，郑某甲的祖母于1923年过世时就已设立祖宗牌位，尊称郑某甲的祖父为“某龍”公、郑某甲的祖母为“某龍”妈。而郑某乙祖父于1953年逝世时设立祖宗牌位的“公号”为“某華”公。根据编谱相关规定，“每辈公号不能重复，若有重复者：按每批次中让大改小。留前改后，自动更正，避免矛盾”。因此，“某龍”公号是专属于郑某甲祖父使用，郑某乙祖父的“公号”应为“某華”。

郑某乙则认为，自1970年流传至今的历史家族族谱载明郑某乙祖父的字辈是“某龍”，2006年上报作族谱的字表也是上报字辈“某龍”，只是后来被人篡改为“某華”。从祖宗牌位封面可看出，牌位信息包含字辈、姓名、配偶、子孙等信息，即使辈分相同，也具有十分明显的区别，“公号”重名并非侵权，相关编谱规定已经干涉了郑某乙祖父的姓名使用权，应属无效。

【案件焦点】

祖辈“公号”能否重复的问题是否属于法律调整范畴。

【法院裁判要旨】

福建省泉州市泉港区人民法院经审理认为：本案系因原被告各自祖父过世后在修订族谱时就所谓的“公号”能否重复引发的纠纷。所谓“参天之树，必有其根；怀山之水，必有其源”，宗族、宗祠文化是中国特有的民俗传统文化，根于血缘，而后修族谱、建祠堂、祭祀祖先、帮贫济困、传播文化等，在帮助海内外华人寻根问祖、缅怀先祖、激励后人、协作发展等方面起到了积极作用，对于宗族、宗亲间开展的不违反法律规定的相关活动应予以尊重。原被告均系郑姓同一宗族人，各自祖父的牌位均供奉于同一宗祠，双方均参与该宗族自行发起、组织的族谱修订活动。族谱是一种以表谱形式记载一个以血缘关系为主体的宗族世系繁衍和重要人物事迹的特殊图书体裁，承载了宗族的历史、文化和情感，具有特殊意义，在历史发展中从“官修”变为“私修”，且民间各宗族之间对修订族谱均自行制定了相应管理规则，由此可见修订族谱的行为属于宗族内部行为。原被告所述修订族谱中所谓祖先的“公号”，实为后人对先人的尊称，寄托着后人对先人的哀思，维系着宗族关系，并不涉及公民的姓名权、名誉权。对于“公号”的形成、变更，亦受相关乡约民俗、宗族制度所规范，不属于法律调整的范畴，对于“公号”能否重复问题，应由宗族成员自行协商处理，不属于人民法院受理民事诉讼的范围，故原告的起诉依法应予驳回。本案审理范围仅限于原告的诉讼请求，故对超出原告诉讼请求的部分不予审查处理。福建省泉州市泉港区人民法院依照《中华人民共和国民事诉讼法》第一百一十九条第四项、第一百五十四条第一款第三项和《最高人民法院关于适用〈中华人民共和国民事诉讼法〉的解释》第二百零八条第三款规定，裁定：

驳回原告的起诉。

【法官后语】

人格权始于出生，终于死亡。人死亡后其作为人的基本人格已经丧失，因此，不再享有权利。但是其名誉、姓名、肖像中的社会性利益因素仍应当予以保护。《中华人民共和国民法典》第九百九十四条对死者人格利益保护作了明确规定：死者的姓名、肖像、名誉、荣誉、隐私、遗体等受到侵害的，其配偶、子女、父母有权依法请求行为人承担民事责任；死者没有配偶、子女且父母已经死亡的，其他近亲属有权依法请求行为人承担民事责任。但本案中原告所主张的祖辈“公号”系在宗族中为祖辈创设的名号，亦是后辈对祖辈的尊称，

“公号”能否重复的问题并不涉及自然人的姓名权、名誉权，也不涉及死者的人格利益。在这个共识的前提下，本案在审理过程中形成了两种观点。一种观点认为，既然原告请求保护的实体权利并未受到侵害或者说诉争标的并不涉及其所主张的实体权利，那么原告的起诉并不具备实体权利保护要件，其请求法院保护的实体权利不符合法律规定的条件，无实体意义上的胜诉权。因此应当判决驳回原告的诉讼请求。另一种观点认为，祖辈“公号”能否重复问题应由宗族内部自行协商处理，不属于法律调整的范畴，即不属于人民法院民事诉讼的范围，原告无程序意义上的诉权。因此，原告的起诉应予以驳回。笔者赞同后一种观点，具体评析如下：

一、诉争标的引发的纠纷有无通过法院判决解决的必要性

本案系因农村事务引发的纠纷，但诉争标的较为罕见，其本质是宗族、宗祠文化下的产物。宗祠之称出自汉代，宗族通过祠堂祭祀祖先、供奉先人灵位、宗亲聚会、团结子孙。宗祠文化的繁荣在某种意义上是各历史时期政通人和、国泰民安的一种具象。近年来因大力弘扬优秀的民族传统文化，加强了对宗族、宗祠文化的干预和引导，促其重新焕发了生机。群众自行捐助重修祠堂、族谱，完善宗族历史资料和人员信息等，为海内外华人寻根问祖提供帮助，增强宗族成员凝聚力，促进团结协作，在推动农村经济发展方面也起到了积极作用。值得注意的是，目前我国并未对宗祠设立登记制度，实践中许多宗祠理事会是未经登记的社会组织，宗族、宗祠的管理更多的是依靠同宗族成员的自治。从发挥宗族、宗祠良性价值以及促进宗族成员和睦相处上着手，在不涉及违法的前提下，法院尊重宗族、宗祠在合法范围内的自治性，更符合农村的风俗习惯，也更有利于宗族、宗祠中优秀传统文化的发展。祖辈“公号”能否重复问题，实质是宗族内部管理问题，应由宗族成员自行协商处理，在不触及法律划定的行为边界时，不适宜通过法院的民事审判程序来加以处理，也就失去了通过法院判决解决的必要性。

二、法院能否通过判决实际解决诉争标的引发纠纷的实效性

2015年5月施行的立案登记制，是我国为了逐步消除司法实践中的权力本

位和国家本位的不良影响，不断扩大法院受案范围，以最大限度保护当事人诉权的改革成果，其精神实质是引导当事人依法行使诉权。本案在判断原告提起之诉是否具有诉的利益时，着重从保障当事人诉权的角度进行考虑，尽量扩大诉权的保障范围。只有具备了诉的利益，法院才会对案件进行审判，诉权才能得到保护。但司法资源是有限的，法院不可能解决社会上所有的争议；法律调整的范围和深度也是有限的，并非对所有问题都适用，也不能调整人的全部行为。比如友谊、爱情、信仰、纯学术争议等就不能通过诉讼解决。祖辈“公号”不涉及自然人的姓名权、名誉权，是宗族内部管理问题，由法院作出否定原告胜诉权的诉讼价值判断，并不能实质性地解决纠纷，原告提起的本案诉讼并不具备诉的利益。事物的发展是与时俱进的，宗族、宗祠文化亦是如此。祖辈“公号”能否重复，随着时代发展和观念更迭，宗族内部规则可能面临修改、变更，宗祠文化向来强调“和”的元素，不管是“守旧”还是“维新”，都是民事主体内部的价值选择，不应进入法律调整的范畴。

三、驳回起诉是否符合《中华人民共和国民法典》的立法宗旨

《中华人民共和国民法典》第一条规定：“为了保护民事主体的合法权益，调整民事关系，维护社会和经济秩序，适应中国特色社会主义发展要求，弘扬社会主义核心价值观，根据宪法，制定本法。”由此可见，民事诉讼活动的要义以适应中国特色社会主义发展要求、弘扬社会主义核心价值观为根基。对于民事关系之外的宗族内部事务，本案裁定驳回起诉，显示了司法对传统民族文化的充分尊重，避免了激化村民内部矛盾，同时也引导当事人友善协商、遵守规则，促进社会安定和谐。

编写人：福建省泉州市泉港区人民法院　唐超颖

57

侵扰自然人生活安宁的行为构成对隐私权的侵犯

——牛某辰诉某银行朝阳公园支行隐私权案

【案件基本信息】

1. 裁判书字号

北京市丰台区人民法院（2020）京0106民初15528号民事判决书

2. 案由：隐私权纠纷

3. 当事人

原告：牛某辰

被告：某银行朝阳公园支行

【基本案情】

2017年3月8日，牛某辰在某银行朝阳公园支行申请个人账户开户。当天，牛某辰由某银行朝阳公园支行协助其在开卡机上办理开户，填写个人信息时，牛某辰预留了个人尾号为4058的手机号。开户过程中，牛某辰点开了屏幕显示的阅读存款须知，该须知第十条载明“申请人自愿同意某银行按照其留存的手机号码或电子邮箱等信息向申请人发送相关营销咨询”的内容，该部分内容为加黑加粗字体。牛某辰认可开卡时有点开《须知》这一步骤，但称没有其签名，当时排队人多，银行工作人员告诉其点击确认，其没有浏览须知的内容，点击确认后就继续操作了。

开户成功后，牛某辰尾号为4058的手机号收到106924139××××号码发送的多条短信。其中，2019年8月16日至27日的三条短信内容分别为：“【某银行】尊敬的牛某辰，您获得1次参与抽笔记本电脑、美的烤箱等豪礼活动的机会！戳××××. cn/n3z。[回@5TD退订短信]”“【某银行】牛某辰贵宾，100%中奖机会，最高30元！还可抽视频会员。戳××××. cn/b5z。[回@5TD退订短信]”“【某银行】牛某辰贵宾，100%中奖机会，最高30元！可抽视频会员。速戳××××. cn/q5w。[回@5TD退订短信]”。牛某辰于8月26日向106924139××××号码发送内容为“@5td”的短信一条，于28日发送内容为“@5TD”的短信一条。牛某辰尾号为4058的手机号于2020年1月11日收到106923409××××号码发送的短信一条，内容为：“【某银行】生日就要开心过！今天是您的生日，祝您生日快乐，心想事成！我们为您准备了寿星专属礼盒，快拆开看属于您的惊喜吧，详情请戳××××. cn/FmvnZ2F00QXI.［回@5TD退订］”；于2月11日收到10692939××××号码发送的短信一条，内容为：“【某银行】某银行App可免费申领电子社保卡啦！戳××××. cn/hks领取，轻松查社保、测养老金，还能抽华为手机[回@5TD退订短信]”。牛某辰当日回复“@5TD”。上述短信退订未成功。为退订营销短信，2020年2月至3月，牛某辰多次与某银行人工客服沟通要求退订未成功。3月13日，牛某辰到某银行朝阳公园支行现场要求退订营销短信。后某银行朝阳公园支行通过手动方式取消向牛某辰发送营销短信。牛某辰在办理现场退订营销短信当日，向某银行朝阳公园支行提供了其个人邮箱。后牛某辰该邮箱分别于2020年3月25日、7月22日收到某银行发送的营销邮件。庭审中，牛某辰称，其未授权某银行朝阳公园支行向其个人邮箱发送营销邮件，对该营销邮件，某银行朝阳公园支行称并非该行发送。

为证明营销短信发送、退订模式及未成功退订原因，某银行朝阳公园支行提交为其提供平台技术服务的某望公司出具的《关于某银行客户退订营销短信失败的情况说明》一份，载明：客户手机：（尾号）4058，营销短信退订失败的问题，因系统码号配置错误，回复的号码是106929399××××，与某银行报备进行接收码号10692939××××不一致，导致退订短信未能成功推送给某银行，此情况是因我司系统故障造成。

庭审中，某银行朝阳公园支行当庭向牛某辰口头道歉，并愿意对牛某辰要求的支出及赔偿金进行补偿。牛某辰当庭接受了某银行朝阳公园支行的口头道歉，但仍坚持要求某银行朝阳公园支行进行书面道歉并在官网或公众号显著位置公告三日。

【案件焦点】

某银行发送营销短信侵扰牛某辰生活安宁的行为是否构成对牛某辰隐私权的侵犯。

【法院裁判要旨】

北京市丰台区人民法院经审理认为：隐私权是指自然人享有的对自己的个人秘密和个人私生活进行支配并排除他人干涉的一种人格权。公民的隐私权受到侵害的，有权要求停止侵害，消除影响，赔礼道歉，并可以要求赔偿损失。牛某辰在某银行朝阳公园支行开户设卡，后牛某辰根据其收到的某银行朝阳公园支行的营销短信内容多次回复退订，但均未成功。直至通过现场要求方式，才得以退订。上述某银行朝阳公园支行在牛某辰发送退订短信后仍然向其发送营销短信的行为，侵扰了牛某辰的私人生活安宁，应当认定对牛某辰隐私权构成侵犯，某银行朝阳公园支行应当承担相应的法律后果。故对牛某辰要求某银行朝阳公园支行赔礼道歉的诉讼请求，予以支持。关于道歉方式，需要指出的是，赔礼道歉的目的在于表达诚恳的歉意，获得对方的谅解。某银行朝阳公园支行在本案审理过程中已经当庭向牛某辰进行了口头道歉，本院记入笔录，牛某辰亦当庭接受了某银行朝阳公园支行的口头道歉。故某银行朝阳公园支行在法庭庭审中的道歉已经足以达到相应的程度，无需书面形式，无需以在官网或公众号显著位置公告的形式对外公开。某银行朝阳公园应在今后的工作中更加认真严谨，杜绝此类现象的发生。牛某辰因维权产生了一定损失，某银行朝阳公园支行当庭亦表示愿意进行补偿，对此本院不持异议。牛某辰关于要求某银行朝阳公园支行支付精神损害赔偿金的诉讼请求，考虑到牛某辰多次退订营销短信未果，该营销短信侵扰了牛某辰的私人生活安宁，造成了牛某辰精神上的痛苦，故对该项诉讼请求，予以支持。

北京市丰台区人民法院依据《中华人民共和国侵权责任法》第二条、第三条、第六条、第十五条，《中华人民共和国民事诉讼法》第六十四条，《最高人民法院关于适用〈中华人民共和国民事诉讼法〉的解释》第九十条规定，作出如下判决：

一、某银行朝阳公园支行于本判决书生效后七日内赔偿牛某辰损失共计1147.88元；

二、某银行朝阳公园支行于本判决书生效后七日内向牛某辰支付精神损害抚慰金1元；

三、驳回牛某辰的其他诉讼请求。

【法官后语】

本案为侵扰自然人个人生活安宁的典型案例，关于生活安宁权，一般认为系指自然人享有的维持安稳宁静的私人生活状态，并排除他人对其不法侵扰的权利。

在国内，个人生活安宁是否属于隐私权的一部分，是否能够在隐私权的范围内予以保护，学界一直以来都有不同观点。传统观点认为隐私权是指自然人享有的对自己的个人秘密和个人私生活进行支配并排除他人干涉的一种人格权。随着社会生活不断发展，越来越多的学者认为，隐私权的保护不应局限于对私密空间、私密活动、私密信息等物理方面的保护，还应包括对于个人享有宁静生活的心理和精神状态的保护，包括对于个人生活安宁的保护，个人生活安宁的具体表现形式应包含住宅安宁权、空间安宁权、通信安宁权等等。

在立法方面，原《中华人民共和国侵权责任法》第二条规定侵害公民隐私权的行为应依法承担侵权责任。但《中华人民共和国民法典》出台前，《中华人民共和国民法通则》及《中华人民共和国侵权责任法》对隐私权的具体含义及权利范围并未作出明确规定。《中华人民共和国民法典》出台后，其第一千零三十二条明确规定：自然人享有隐私权。任何组织或者个人不得以刺探、侵扰、泄露、公开等方式侵害他人的隐私权。隐私是自然人的私人生活安宁和不愿为他人知晓的私密空间、私密活动、私密信息。其第一千零三十三条规定，除法律另有规定或权利人明确同意外，任何组织或者个人不得实施下列行为：（一）以电话、短信、即时通讯工具、电子邮件、传单等方式侵扰他人的私人生活安宁……至此，民法典正式将“个人生活安宁权”纳入隐私权范畴。

本案原告以隐私权纠纷案由起诉。承办法官经审查作出如下考量：第一，隐私权为人格权，系自然人基于人身自由、人格尊严而产生的权利。从充分尊重与保护公民个人权利的角度出发，对人格权的保护不应僵化，应结合社会生活发展的现实需要综合确定权利保护的边界。同时，虽然本案起诉时，民法典尚未正式施行，但民法典已出台并对自然人生活安宁权保护作出了明确规定，故应当参照民法典的立法原意进行裁判。被告在原告通过各种途径多次退订后仍向其发送营销信息，从客观上确实干扰了原告的通讯生活安宁，影响了原告充分享有安静舒适的私人生活空间，故应认定构成对原告隐私权的侵犯。第二，对于人格权的保护系基于自然人的自然权利，而非合同约定。本案被告作为金融机构，因业务需要获知原告通讯信息，应妥善保管，不得滥用。即便如被告所述原告在办理业务时同意接收营销信息，在原告明确表示退订后，被告亦应立即停止推送，对于无视原告意愿而强行发送营销短信的行为，应承担相应的侵权责任。第三，基于技术需要，被告可以选择第三方合作商管理数据信息，但不能以第三方合作商的原因免除其侵权责任。基于上述考量，法院最终判决被告构成对原告隐私权的侵犯，承担相应的侵权责任。

对于个人生活安宁的保护是社会经济发展的必然要求，对于个人充分享有私人生活安宁进而全面保护个人隐私具有重要意义。银行等相关金融机构应谨慎地对待其获取的自然人个人信息，切实承担应有的社会责任，在使用信息时应兼顾商业利益与自然人权利，尊重自然人个人意愿，营造文明有序、平等和谐的社会环境。

编写人：北京市丰台区人民法院　谭静琦　吴艳萍

ISBN 978-7-5216-2512-7

9 787521 625127 >

图书在版编目（CIP）数据

中国法院2022年度案例．人格权纠纷/国家法官学院，最高人民法院司法案例研究院编．—北京：中国法制出版社，2022.2

ISBN 978-7-5216-2512-7

Ⅰ.①中… Ⅱ.①国…②最… Ⅲ.①人格-权利-民事纠纷-案例-汇编-中国 Ⅳ.①D920.5

中国版本图书馆CIP数据核字（2022）第025266号

策划编辑：李小草　韩璐玮（hanluwei666@163.com）
责任编辑：王熹　　封面设计：李宁

中国法院2022年度案例．人格权纠纷

ZHONGGUO FAYUAN 2022 NIANDU ANLI . RENGEQUAN JIUFEN

编者/国家法官学院，最高人民法院司法案例研究院
经销/新华书店
印刷/三河市紫恒印装有限公司
开本/730毫米×1030毫米　16开　　印张/16.25　字数/214千
版次/2022年2月第1版　　2022年2月第1次印刷

中国法制出版社出版
书号 ISBN 978-7-5216-2512-7　　定价：68.00元

北京市西城区西便门西里甲16号西便门办公区
邮政编码：100053　　传真：010-63141600
网址：http：//www.zgfzs.com　　**编辑部电话：010-63141833**
市场营销部电话：010-63141612　　**印务部电话：010-63141606**

（如有印装质量问题，请与本社印务部联系。）